Le Guide Pratique des Meilleures Astuces-Minute

Le présent ouvrage a été conçu pour vous donner une information aussi exacte que possible sur les sujets traités. Bien que tous les efforts aient été faits pour vérifier l'exactitude de l'information et des opinions exprimées ici, l'éditeur ne saurait nullement en être tenu responsable, n'étant en aucun cas prestataire d'un service autre que celui d'imprimer et de diffuser l'ouvrage.

Les informations concernant le domaine de la santé contenues dans ce livre sont destinées à la seule et unique information du lecteur et ne sauraient en aucun cas constituer un guide médical d'auto-traitement. Il est conseillé au lecteur de toujours consulter son médecin ou un autre professionnel de la santé compétent lorsqu'il a besoin de renseignements et de conseils de nature médicale.

ISBN : 2-908554-93-3

Le Guide Pratique des Meilleures Astuces-Minute

Simplifiez-vous la vie...
Gagnez du temps
et de l'argent !

Vous soigner, réparer, recycler, cuisiner, rénover, économiser, jardiner, bricoler...

En 2 temps, 3 mouvements, avec ce que vous avez sous la main !

Inès Peyret

Sommaire

USAGES INHABITUELS ET ASTUCIEUX DE VOS PRODUITS COURANTS

Introduction

Ce que vous avez entre les mains est un outil pour gérer le stress. Non, il n'y a pas erreur sur la marchandise ! C'est bien le livre promis sur les trucs et astuces d'hier et d'aujourd'hui. Mais c'est surtout un livre qui vous permettra de rester zen et de gérer les petites crises du quotidien en utilisant uniquement des produits courants, ceux que vous avez tous dans vos placards. C'est le pari de cet ouvrage. Si vos placards sont complètement vides en permanence, c'est que vous avez un hélicoptère à disposition pour vous approvisionner à tout moment ou que vous avez fait l'impasse sur le monde matériel. Dans les deux cas, ce livre n'est pas pour vous. Ce n'est pas non plus un livre pour survivre sur une île déserte sans Vendredi. Ce cas de figure fera l'objet d'une prochaine publication.

Ce livre s'adresse au commun des mortels confronté aux petits problèmes qui gâchent une soirée à moins de pouvoir sauver la situation en utilisant les moyens du bord. Ces astuces rapides, rusées et économiques feront de vous un as de la débrouillardise, un peu comme ce héros capable de réparer une chaudière avec un cintre, un pot de yaourt et du chewing-gum usagé. Des trucs malins d'hier et des astuces d'aujourd'hui que nous avons testés pour vous.

Imaginez un scénario catastrophe pour un samedi soir : le chat a fait pipi sur le tapis du salon, vous n'avez plus de gingembre frais, vos cheveux sont ternes et le boss de votre mari vient dîner dans 2 heures. Bien évidemment, il n'y a pas un seul magasin ouvert et le secteur du premier livreur de pizza s'arrête à 50 km de chez vous. Normalement, ça devrait être la panique totale, l'alerte rouge. Plus maintenant. Respirez un grand coup, souriez et dites-vous que vous pouvez gérer la situation avec ce que vous avez sous la main. Commencez par attaquer l'objet du délit du chat avec de l'eau gazeuse pour chasser illico la vilaine odeur tenace. Plus de gingembre frais ? No problemo : un peu de gingembre en poudre, du poivre blanc, du jus de citron et le tour est joué ! Le boss n'y verra que du feu. Quant à vos cheveux, l'eau de cuisson du riz que vous servirez à table leur donnera un brillant incomparable. Toutes ces recettes vous permettront de traiter les petits tracas domestiques, soucis de santé et urgences esthétiques sans crise de nerfs, sans crise de couple et sans risques écologiques, avec des produits courants indispensables et économiques comme le vinaigre, le bicarbonate, le dentifrice ou les épices de vos placards.

SANTÉ – HYGIÈNE ET BEAUTÉ

Votre santé

Faire face aux petites urgences des problèmes de santé de A à Z quand vous n'avez pas de médicament sous la main

Il ne s'agit en aucun cas de jouer les médecins, mais plutôt de vous proposer *des remèdes maison ou quoi faire en attendant la venue du médecin*. Vous pourrez traiter rapidement les petits bobos. L'idée, c'est de le faire avec ce qu'on a sous la main.

Le stock de base pour soigner les petits bobos se trouve dans les placards de la cuisine et de la salle de bain. A condition, bien entendu, d'avoir un minimum d'épices, d'herbes culinaires, de l'ail, des oignons, des pommes de terre et quelques tisanes. Indispensable aussi le vinaigre blanc et le vinaigre de cidre, du citron, de la vodka et du cola. Sans oublier les *must* absolus comme le bicarbonate, l'alcool à 70° ou 90°, le dentifrice qui doit impérativement être en pâte et blanc, le déodorant, la mousse à raser blanche elle aussi, en bombe ou en tube, et quelques autres. Utilisés seuls ou associés, ils peuvent faire de vrais miracles.

ACNÉ, BOUTONS

Si vous découvrez avec horreur que quelques affreux boutons squattent votre épiderme, respirez un grand coup et dites-vous que ça arrive à tout le monde. Mais si ! Même les stars ne sont pas épargnées. Pour attaquer ces indésirables, précipitez-vous dans votre cuisine ou votre salle de bain et concoctez-leur un cocktail dont ils se souviendront.

Ail et miel
Écrasez 1 gousse d'ail au presse-ail pour en exprimer le jus. Mélangez à 1 cuiller à soupe de miel et lotionnez de cette mixture l'objet de votre désespoir. Attendez 15 minutes avant de rincer.

Ail et vinaigre de cidre
Recueillez le jus de 2 gousses d'ail et ajoutez-le à la même quantité de vinaigre de cidre. Appliquez ce mélange radical au coucher.

Cannelle et Miel
Le soir au coucher, recouvrez les vilaines pustules avec une pâte composée de 3 cuillers à café de miel et 1 cuiller à café de cannelle en poudre. Rincez à l'eau le lendemain matin. Persévérez pendant au moins 2 semaines pour retrouver une peau sans défaut.

Citron
Un jus de citron ou de citron vert que vous appliquez le soir et rincez le lendemain viendra à bout des boutons. Pour décupler l'action du jus de citron, vous pouvez lui adjoindre, en quantités égales, du vinaigre de cidre et du sel.

Citron vert et lait
Lotionnez régulièrement votre visage avec 1 jus de citron vert ajouté à un verre de lait. Boutons, points noirs et peau craquelée disparaîtront rapidement.

Collyre
Si vous avez du collyre sous la main, n'importe lequel fera l'affaire, mettez-en quelques gouttes sur l'affreux bourgeon pour en

atténuer la couleur. Elle passera du cramoisi au rose pâle plus facile à camoufler.

Concombre
Épluchez un morceau de concombre, broyez-le et étalez cette purée vert pâle sur le rouge vif de vos boutons.

Dentifrice
Asséchez et faites désenfler rapidement un bouton en le recouvrant, le soir au coucher, avec un peu de dentifrice ordinaire blanc à la menthe, uniquement en pâte, jamais en gel.

Flocons d'avoine
Faites une bouillie avec 2 cuillers à soupe de flocons d'avoine et 2 cuillers à soupe d'eau. Appliquez-la sur le visage pendant 15 minutes, tous les jours pendant une semaine. Évitez d'ouvrir la porte dans cet état.

Genièvre
Faites une décoction anti-boutons en jetant 50 gr de baies de genièvre dans 1 litre d'eau que vous faites bouillir pendant 20 minutes. Laissez refroidir et conservez le précieux liquide dans un flacon au réfrigérateur pendant 3 jours au maximum. Lotionnez le visage avec cette potion matin et soir.

Menthe
Soignez votre peau en appliquant tous les soirs quelques gouttes de jus de feuilles de menthe fraîche sur tout ce qui vous pose un problème : acné, eczéma, piqûres et autres irritations.

Menthe et flocons d'avoine
Broyez des feuilles de menthe et mélangez à des flocons d'avoine. Appliquez cette bouillie sur le visage pendant 20 minutes.

Miel et jus d'orange
Mélangez une demi-tasse de miel dans une demi-tasse de jus d'orange pour en tartiner les boutons. Laissez agir 5 minutes et rincez.

Noix de muscade

Préparez une petite pâte avec de la noix de muscade râpée dans du lait froid pour faire un sort aux sujets de votre désespoir. Ils devraient disparaître sans laisser de traces.

Sel

Vos placards sont vides ? S'il vous reste un peu de sel, vous êtes sauvée. Faites dissoudre une demi-cuiller à café de sel dans un petit verre d'eau tiède. Lotionnez le bouton délicatement. Le sel fait désenfler le coupable et en atténue les rougeurs.
Pour une action express, ajoutez 1 cuiller à café de sel dans 3 cuillers de vinaigre de cidre. Appliquez et rincez à l'eau tiède après 30 minutes.

Vicks VapoRub®

Terrassez les boutons en les tamponnant avec un peu de Vicks VapoRub®.

Vinaigre de cidre ou d'alcool et eau

Restaurez le pH de la peau avec un mélange moitié vinaigre moitié eau.

AÉROPHAGIE / BALLONNEMENTS

Pour éviter de souffrir d'abominables crises d'aérophagie comme Michel Piccoli dans La Grande Bouffe, *buvez un grand verre d'eau gazeuse. S'il ne suffit pas à vous soulager, essayez quelques autres remèdes.*

Anis, aneth ou fenouil

Aux premiers signes de ballonnement, mâchez furieusement une poignée de grains d'anis, d'aneth ou de fenouil. La désagréable sensation de ressembler à une baleine échouée disparaîtra rapidement avec, en prime, une haleine délicatement parfumée pour le reste de la journée.
Comme un malheur arrive rarement seul, cette affreuse sensation de ballonnement est accompagnée d'ignobles flatulences. Dans

ce cas, mâchez des graines de fenouil et faites infuser en urgence 1 cuiller à soupe de graines d'anis ou de gingembre frais râpé dans une tasse d'eau bouillante. Ingurgitez rapidement cette potion pour calmer les borborygmes gênants. Pendant le laps de temps nécessaire pour que le remède agisse, accusez le chien ou le chat en cas de défaillance.
Si les coupables qui vous ont mise dans cet état sont des membres de la famille des haricots, n'oubliez pas de les faire cuire avec quelques tranches de pomme de terre ou 1 cuiller à soupe de bicarbonate ou 1 cuiller à soupe de vinaigre de cidre ou le contenu d'une canette de cola.

Bicarbonate
Mixez un petit cocktail effervescent pour effacer l'acidité en mélangeant dans un demi-verre d'eau : 1 cuiller à soupe de vinaigre de cidre, une demi-cuiller à café de bicarbonate, une demi-cuiller à café de sucre et buvez pendant que ça pétille.
L'aspirine est parfois difficile à digérer. Évitez ce petit problème en l'avalant avec un verre d'eau additionnée d'une demi-cuiller à café de bicarbonate.

Camomille
Pour une digestion zen, faites infuser une poignée de fleurs de camomille dans une tasse d'eau bouillante pendant 15 minutes. Ce remède est excellent pour les bébés qui souffrent de colique. Ajoutez un quart de tasse d'eau à un quart de tasse de cette infusion et donnez-la à votre bébé avant chaque biberon.

Canada Dry®
En cas d'attaque de flatulences, buvez un Canada Dry® ou n'importe quelle autre boisson gazeuse au gingembre.

Cannelle
La cannelle aide à digérer les nourritures trop riches, évite les ballonnements et soulage les aigreurs d'estomac. Faites infuser 2 cuillers à café de cannelle dans 1 tasse d'eau bouillante pendant 15 minutes. Filtrez et buvez ce breuvage parfumé bien chaud.

Cannelle et miel

Saupoudrez 1 cuiller à café de cannelle dans 2 cuillers à soupe de miel à prendre avant les repas.

Carvi (cumin) ou coriandre

Une infusion préparée avec 10 g de graines de carvi plongés dans une tasse d'eau bouillante pendant 10 minutes et dégustée après chaque repas calme les digestions agitées.

Citron vert et bicarbonate

Une cuiller à café de citron vert avec 1 pincée de bicarbonate dans 1 verre d'eau combat l'acidité avec une rare efficacité. Cet humble remède réduit les effets néfastes de l'indigestion et calme les fureurs de l'estomac.

Coriandre

En prévention contre ces désagréments, il suffit parfois d'une infusion de graines de coriandre après le repas. Jetez 1 cuiller à soupe de graines dans 1 tasse d'eau bouillante. Laissez infuser pendant 10 minutes, filtrez et buvez bien chaud.

Gingembre

Une cuiller à soupe de gingembre frais râpé dans 1 cuiller à café de jus de citron vert à la fin du repas chasse les ballonnements, facilite la digestion de la nourriture épicée et redynamise la vie de couple... Alors n'hésitez pas à cuisinez avec du gingembre, à manger du gingembre confit et à boire des infusions de gingembre. C'est bon pour tout.

Laurier

Le laurier ne vous donnera pas l'immortalité mais au moins il vous aidera à digérer. Il suffit pour cela de faire infuser 10 g de feuilles de laurier dans 1 tasse d'eau bouillante pendant 10 minutes. Filtrez et buvez 3 tasses par jour loin des repas. Et voilà.

Menthe poivrée

Une petite menthe après le repas vous fera le plus grand bien. Infusez 2 cuillers à café de menthe séchée dans une tasse d'eau bouillante pendant 15 minutes, filtrez et buvez. Cette tisane est excellente pour les bébés également. La recette pour les petits est la même que pour l'infusion de camomille.
Vous pouvez aussi mâchouiller des feuilles de menthe fraîche après le repas et même pendant, si vous aimez la sauce à la menthe anglaise.

Verveine

L'herboriste Marie-Antoinette Mulot recommande des décoctions de verveine pour aider les digestions difficiles. Faites tremper 50 g de verveine dans 1 litre d'eau pendant 10 minutes. Amenez à ébullition pendant 10 secondes et laissez infuser pendant 10 minutes. Buvez 4 tasses par jour loin des repas.
La verveine, aussi appelée « guérit-tout », soulage également les flatulences.

Shiatsu

Pour en finir avec les flatulences, il faudra vous déchausser et trouver, sur le coup de pied, le point de rencontre entre l'os du gros orteil et le deuxième orteil, environ à 4 doigts en partant de la base des orteils vers la cheville. Appuyez fermement sur ce point pendant 1 minute et relâchez. Recommencez plusieurs fois.

Retournez le pied, la plante vers vous et, sur la voûte plantaire, trouvez 1 point à 1 doigt du début de la voûte plantaire en partant de la partie la plus charnue du pied. Appuyez pour éliminer les gaz et stimuler la circulation.
Trouvez 1 point sur votre poignet, à 2 doigts de la base du poignet, entre le radius et le cubitus, et appuyez dessus fermement pour soulager un estomac congestionné.

AIGREURS OU BRÛLURES D'ESTOMAC

L'acide gastrique est presque aussi corrosif que l'acide de batterie. La sensation d'aigreur que l'on ressent est due au relâchement d'un sphincter qui a des défaillances et qui laisse remonter des reflux acides de l'estomac dans l'œsophage. Pour lutter contre ce désagrément, les médicaments ne manquent pas. Faites du sport, évitez le tabac, l'alcool et le café.

Amandes

Un remède classique consiste à manger une poignée d'amandes. Elles soulagent aussi rapidement que les antiacides pharmaceutiques et sont nettement plus agréables à manger.

Banane

Une humble banane bien mûre, excellent antiacide elle aussi, suffit parfois à soulager un estomac en feu.

Basilic

Neutralisez les brûlures d'estomac, les nausées et même les flatulences en mâchant allègrement quelques feuilles de basilic frais.

Bicarbonate

Consultez votre médecin avant de prendre du bicarbonate. S'il n'y a pas de contre-indications, vous pouvez soulager vos aigreurs d'estomac avec une demi-cuiller à café de bicarbonate dilué dans un demi-verre d'eau. Attendez 2 heures avant de reprendre un autre verre de ce breuvage.

Bicarbonate, sucre, vinaigre de cidre ou citron

Mélangez dans un demi-verre d'eau une demi-cuiller à café de bicarbonate, une demi-cuiller à café de sucre, 1 cuiller à soupe de vinaigre ou de citron et buvez pendant que ça pétille.

Canada Dry® ou toute autre boisson gazeuse au gingembre

Si vous avez 1 petite bouteille de Canada Dry® sous la main, mettez fin à vos misères en avalant son contenu.

Cannelle et miel

La cannelle prévient les aigreurs d'estomac si on pense à avaler, avant le repas, 1 cuiller à café de cannelle mélangée à 2 cuillers à soupe de miel.

Clou de girofle

Mâchouillez un clou de girofle et rongez-le aussi longtemps que possible. Le seul effet secondaire indésirable dont vous serez affligé(e), et ce n'est pas dramatique, est l'haleine de quelqu'un qui sort de chez son dentiste.

Concombre et menthe

Bannissez vos aigreurs avec un jus de concombre frais. Et comme deux précautions valent mieux qu'une, ajoutez deux poignées de feuilles de menthe à votre concombre. Centrifugez et buvez-le lentement après les repas.

Curcuma

Cette racine jaune, proche du gingembre, est une plante médicinale privilégiée de la médecine védique pour ses qualités digestives et son action sur les blessures et les coupures. Le curcuma stimule la digestion et prévient l'acidité. Si vous ne l'utilisez pas en cuisine pour ensoleiller vos plats, ce qui est bien dommage, prenez-en une demi-cuiller à café avant les repas.

Gingembre

Une cuiller à soupe de gingembre frais râpé ou 1 g de gingembre en poudre par jour est aussi efficace que n'importe quel médicament antiacide, avec en plus un petit coup de fouet.

Pomme de terre

Un verre de jus de pomme de terre est un breuvage au goût qui soulage instantanément les brûlures d'estomac très particulier.

Vinaigre de cidre

Mieux vaut prévenir que guérir. Prévenez donc bien des souffrances inutiles avec 2 cuillers à café de vinaigre de cidre et 2 cuillers à café de miel dilués dans 1 verre d'eau avant les repas.

Shiatsu

Pour stopper la sensation d'acidité et de brûlure d'estomac, localisez un point sur le coup de pied, au point de rencontre de l'os du 2e et du 3e orteil. Appuyez fermement et recommencez.

Sur le dessus du pied, à la pliure entre le pied et la jambe, dans l'articulation de la cheville, il y a un petit creux. Appuyez dans ce creux pour effacer les brûlures d'estomac.

Vous avez l'impression que votre estomac est en feu et qu'il va exploser ? Massez la palmure entre le 2e et le 3e orteil.

ALLAITEMENT

Les petits problèmes d'allaitement stressent grand nombre de mamans. Si c'est le cas pour vous, essayez ces astuces qui ont fait leurs preuves.

Aloe vera

Cette plante, dont les vertus médicinales sont connues depuis les temps bibliques, devrait être un *must* dans chaque maison. Elle ne demande pas beaucoup d'entretien et, en cas de gerçures ou de brûlures, il suffit de casser la pointe de l'une de ses feuilles et d'appliquer le suc sur les mamelons fissurés ou gercés. Vous pouvez aussi préparer des réserves. Coupez la plus grosse tige, faites une incision le long de la nervure centrale avec un couteau très aiguisé et recueillez la gelée du haut vers le bas. Faites-la tomber dans un petit pot de verre que vous aurez pris soin d'ébouillanter et de sécher. Cette gelée, qui devient liquide, se conserve au réfrigérateur pendant des mois. Mélangez soigneusement avant de l'utiliser.
Mettez du miel sur le mamelon avant de présenter le sein à votre bébé pour effacer l'amertume de l'aloe.

Bains de seins
Plongez vos seins engorgés et douloureux pendant 5 minutes plusieurs fois par jour dans un lavabo rempli d'eau chaude. Massez-les pour faire sortir le lait et les désengorger.

Baume à lèvres
Un petit coup de baume à lèvres sur les mamelons endoloris évitera des gerçures douloureuses.

Huile d'olive
Appliquez un peu d'huile d'olive sur les mamelons gercés pour qu'ils cicatrisent rapidement. Inutile de rincer avant d'allaiter, les bébés ne se plaignent pas du goût.

Miel
Le miel encourage les bébés à téter et empêche les mamelons gercés de s'infecter. Recouvrez le miel avec de la gaze pour éviter qu'il reste collé à vos dessous.

Pack de glace
Pour éviter d'avoir mal aux mamelons, mettez de la glace pilée dans un gant de toilette et appliquez ce pack sur les mamelons avant d'allaiter.

Persil
Des compresses de persil frais ou séché soulagent les seins enflés et douloureux. Faites une décoction de persil frais ou séché. Enfermez 2 bonnes poignées de persil frais ou sec dans un linge ficelé avec un élastique. Mettez un quart de litre d'eau dans une casserole, amenez à ébullition, ajoutez le persil et laissez frémir pendant 10 minutes. Appliquez le persil frais bouilli et refroidi sur les seins ou, si vous avez utilisé du persil séché, appliquez le linge avec le persil toujours enfermé dedans, en compresse pendant 5 minutes. Renouvelez plusieurs fois par jour.

Pomme de terre

Épluchez et râpez une pomme de terre que vous appliquez directement sur le sein douloureux et recouvrez d'un linge. Ce cataplasme va calmer l'inflammation et déboucher les canaux. Renouvelez lorsque le cataplasme est sec.

Sauge

Pour soulager les seins très engorgés, préparez une infusion de feuilles de sauge. Mettez 3 cuillers à soupe de feuilles de sauge dans 1 tasse d'eau bouillante. Laissez infuser un quart d'heure. Vous pouvez boire jusqu'à 3 tasses de cette tisane par jour.

ALLERGIES

Les allergies sont provoquées par des facteurs aussi divers que la poussière, le pollen ou les acariens. Si vous vous réveillez couverte de boutons, commencez par chercher la cause de l'allergie. Pour parer au plus pressé et éviter de vous gratter jusqu'au sang, essayez l'un des remèdes suivants.

Bicarbonate

Mélangez du bicarbonate à de l'eau pour en faire une pâte à tartiner sur les démangeaisons. Vous pouvez aussi ajouter un paquet de bicarbonate à l'eau de votre bain et faire trempette pendant 30 minutes.

Gingembre

Épluchez et émincez 2 cm de gingembre frais et faites-le infuser dans 1 tasse d'eau bouillante pendant 10 minutes. Filtrez et sucrez avec 1 cuiller à café de miel. Buvez 4 tasses par jour.

Vernis à ongle

Si le métal de votre montre, d'un bracelet ou autre bijou provoque des allergies ou laisse des traces sur votre bras, passez une fine couche de vernis incolore sur la surface en contact avec la peau.

AMPOULES

L'envie vous a pris de bêcher furieusement votre jardin, sans retenue et vous voilà avec des ampoules aux mains !

En prévention

Adhésif

Si vous n'avez pas de sparadrap, mettez du ruban adhésif très résistant, comme celui utilisé pour assurer l'étanchéité de gaines de ventilation, le raccordement de tuyaux, de canalisations en métal ou en plastique, aux endroits où vous risquez d'avoir des ampoules. N'oubliez pas de le tester sur une petite surface de peau pour vous assurer que vous ne faites pas d'allergie à ce produit.

Sparadrap

Mettez du sparadrap aux endroits où vous risquez d'avoir des ampoules. Pour retirer le sparadrap sans douleur, mouillez-le avec de l'éther, du dissolvant, de l'alcool ou de la vodka.

Citron ou mercurochrome

S'ils risquent de souffrir, frottez vos pieds ou vos mains avec du jus de citron ou du mercurochrome, en insistant sur les endroits sensibles.

Déodorant

Vaporisez vos pieds avec du déodorant très concentré pour éviter la formation d'ampoules.

Fécule de maïs ou talc

Frottez de la fécule ou du talc sur vos pieds et mettez-en dans vos chaussettes et vos chaussures pour éviter la friction entre la chaussure et le pied.

Thé

Prenez des bains de pieds dans du thé noir 2 fois par jour, tous les jours pendant 3 semaines avant de partir en randonnée ou de courir un marathon. Comptez 4 sachets de thé par litre d'eau chaude.

Vaseline
Étalez une généreuse couche de vaseline sur les endroits sensibles des pieds et les points de friction avec la chaussure.

Vodka
Le mal est fait et vous n'avez pas de pansement seconde peau. Alors priez pour qu'il vous reste de la vodka : si l'ampoule est ouverte, désinfectez-la et anesthésiez-la avec de la vodka. Anesthésiez-vous par la même occasion si la souffrance est intense.

APHTES

Dans son Sonnet 35, *Shakespeare évoque les aphtes détestables qui vivent dans les plus beaux boutons et donne la recette pour les soigner. Dans* Roméo et Juliette *ainsi que dans* Peines d'amour perdues, *il recommande le plantain pour soigner les plaies. Si vous n'en avez pas sous la main, vous trouverez de quoi vous soigner dans vos placards.*

Basilic
En Afrique du Nord, on soigne les aphtes avec des bains de bouche au basilic. Faites bouillir une poignée de feuilles fraîches pendant 10 minutes. Laissez refroidir avant de filtrer et de procéder à vos bains buccaux plusieurs fois par jour.

Bicarbonate
Les vrais durs l'appliquent plusieurs fois par jour, tel quel sur l'aphte ou sous forme de pâte en le mélangeant avec un peu d'eau. Ça brûle un peu mais ça marche. Si ce traitement est trop agressif pour vos muqueuses buccales, optez pour les bains de bouche en mélangeant 1 cuiller à café de bicarbonate à une demi-tasse d'eau tiède. Faites au moins 4 bains par jour, de préférence après les repas et au coucher. La douleur devrait s'estomper au bout de 24 heures et les aphtes disparaître en trois jours.

Citron et miel
Diluez 1 jus de citron dans 1 verre d'eau tiède, ajoutez 1 cuiller à café de miel et faites des bains de bouche plusieurs fois par jour.

Huile de ricin
Tamponnez les aphtes plusieurs fois par jour avec un peu d'huile de ricin sur un Coton-Tige®.

Eau oxygénée
Les bactéries buccales battront en retraite avec 1 volume d'eau oxygénée diluée dans 3 volumes d'eau, en bains de bouche 2 fois par jour. Ne prolongez pas ce traitement qui attaque l'émail des dents.

Oignon
Si vous n'avez pas de rendez-vous galant, appliquez un bout d'oignon cru sur l'aphte.

Oseille
Pas d'oignon ? Essayez les feuilles d'oseille fraîche dont les vertus antiseptiques et astringentes sont connues et utilisées depuis l'Antiquité.

Papaye
En cas de rendez-vous, galant ou pas, et si vous avez une papaye fraîche sous la main, remplacez l'oignon par la papaye.

Romarin
Anéantissez vos aphtes en vous gargarisant avec une décoction de romarin. Mettez 25 g de feuilles de romarin dans un demi-litre de vin rouge. Faites bouillir 5 minutes et infuser 15 minutes. Cette décoction, antiseptique et cicatrisante, dynamite les aphtes et les maux de gorge.

Sauge
Une infusion de feuilles de sauge est un excellent remède que les Indiens d'Amérique utilisaient pour assécher les aphtes et faire des bains buccaux. Et si vous êtes en panne de feuilles fraîches, appliquez une pincée de sauge en poudre sur la partie douloureuse.

Sel
Même si vos placards sont désespérément vides, il vous reste sûrement un peu de sel. Alors faites fondre 1 cuiller à café de sel dans 1 verre d'eau bouillie tiédie et voilà, vous avez un bain de bouche efficace et pas cher.

Thé
Trempez un sachet de thé dans de l'eau tiède et pressez-le contre l'aphte aussi longtemps que possible. L'acide tannique du thé accélère la guérison.

ASTHME

Un militaire grec a consacré un site internet aux asthmatiques célèbres. Parmi eux, on trouve Vivaldi, Beethoven, le tsar Pierre le Grand et Che Guevara, qui a soutenu sa thèse de médecine sur les allergies.

Si vous avez oublié votre inhalateur…

Café
Buvez 2 bonnes tasses de café bien fort. La caféine aide à dilater les voies respiratoires.

Cola
Pas le temps de faire un café ? Buvez 2 canettes de soda au cola.

Curcuma
Aux premiers signaux d'avertissement d'une velléité d'attaque, jetez un quart de cuiller à café de curcuma dans un quart de verre d'eau tiède et buvez à petites gorgées.

Vinaigre de cidre
Pour stopper les prémices d'une crise d'asthme, prenez 1 cuiller à café de vinaigre de cidre.
Si vous avez du mal à respirer, trempez 2 bandes de tissu imbibées de vinaigre et enroulez-les autour des poignets.

BLEUS, BOSSES ET ŒIL AU BEURRE NOIR

Oubliez les steaks des boxeurs, serrez les dents en appliquant un pack de glace sur les bleus, les bosses et les yeux au beurre noir. Pour préparer ce pack, mettez des glaçons pilés dans un sachet en plastique et posez-le sur vos bobos.

Vous n'avez pas de glaçons ?
Un sachet de légumes surgelés fera l'affaire. Les plus ergonomiques sont les sachets de petits pois. Si vous n'en avez pas, prenez ce que vous avez et donnez la forme voulue au sachet avec quelques coups de marteau.

Préparez un pack pour la prochaine fois
Remplissez 1 sac pour congélateur avec 2 tasses d'eau et 1 tasse d'alcool ou de vodka. Fermez le sac, secouez-le un peu et mettez-le au congélateur. L'alcool empêchera l'eau de geler complètement. Vous n'aurez pas un bloc de glace mais une espèce de bouillie gelée plus facile à appliquer. N'oubliez pas de mettre une étiquette indiquant ce qu'il y a dans le sachet.

Essence de térébenthine
Toutes les maladroites qui se donnent des coups de marteau sur les doigts pendant les séances de bricolage ou pour préparer les glaçons, ou celles qui se coincent les doigts dans la porte, doivent impérativement avoir une bouteille d'essence de térébenthine dans leurs placards. Immédiatement après l'accident, trempez votre doigt meurtri dans la térébenthine pendant 5 minutes ou jusqu'à ce que la douleur s'estompe. Ça soulage et, ce qui ne gâte rien, votre ongle ne noircira pas.
Pour pouvoir continuer à travailler, sortez le ruban adhésif pour fixer solidement votre doigt en compote contre le doigt le plus proche. Cette attelle de fortune le protégera.

Huile d'olive et gingembre

Pour éviter que votre bosse ne ressemble à un œuf de pigeon ou, dans le pire des cas, à un œuf de poule, râpez 5 cm de gingembre frais dans une demi-tasse d'huile d'olive et massez la meurtrissure avec cette mixture.

Miel et piment de Cayenne ou Tabasco®

Tartinez du miel sur un linge, saupoudrez généreusement de piment de Cayenne, de n'importe quel autre piment en poudre ou de 20 gouttes de Tabasco®, et appliquez cette compresse collante et brûlante sur la partie meurtrie. Le bleu et la douleur diminueront rapidement.

Oignon et sel

Confectionnez un cataplasme, dont l'odeur vous empêchera de vous évanouir, en râpant un bel oignon auquel vous ajoutez 2 cuillers à café de sel. Appliquez le tout sur la surface blessée.

Pomme de terre

Râpez 1 pomme de terre et mettez ce cataplasme grisâtre sur le bleu ou la bosse pendant 1 bonne heure.
Si c'est le pied ou la main qui est en charpie, râpez une pomme de terre et un oignon que vous mettez dans une petite cuvette d'eau chaude avant d'immerger votre pauvre membre blessé.

> Pour traiter rapidement un doigt ou un orteil enflé et blessé, creusez une pomme de terre, enfoncez l'extrémité gonflée dans le tubercule et laissez l'amidon faire son œuvre.

Œuf

Vous venez de fermer violemment un tiroir en oubliant un doigt dedans. Dès que vous aurez retrouvé vos esprits, filez au réfrigérateur, prenez un œuf cru et enlevez juste assez de coquille pour y plonger le doigt. Allez jusqu'au jaune et trempez votre doigt dedans. La douleur devrait cesser presque immédiatement.

Tabasco®

Une bonne rasade de Tabasco® sur la zone sensible anesthésiera la douleur. Attention, si elle est près de l'œil, maniez le Tabasco® avec précaution.

Vanille

Vous venez de vous cogner ? Sortez immédiatement votre flacon d'essence de vanille et frottez la bosse avec le délicieux liquide.

Vinaigre

Point de vanille dans vos placards ? Eh bien tant pis, faites une compresse de vinaigre, mais si le bleu ou la bosse est près de l'œil, évitez de faire couler du vinaigre dans l'œil.
Un coup de marteau sur le doigt ? Vous vous êtes coincé le doigt dans la porte ? Trempez le doigt dans un verre de vinaigre.

Vaseline

Immédiatement après vous être fait une grosse bosse, appliquez de la vaseline dessus pour éviter de vous retrouver avec un œuf de pigeon bleu sur le front.

BRÛLURES

Les recettes proposées pour traiter les brûlures sont destinées aux petits accidents domestiques. Commencez par faire couler de l'eau froide sur la partie brûlée aussi rapidement que possible après l'accident, et maintenez-la sous l'eau au moins pendant 10 minutes. Puis, appliquez l'un des produits suivants sur les dégâts.

Aloe vera

L'aloe est très efficace également pour les coups de soleil, coupures, démangeaisons, égratignures, piqûres d'insectes et autres problèmes de peau.
Appliquez un peu de gel d'Aloe vera et renouvelez l'application les premières heures. Les résultats sont généralement très rapides.

Banane

L'utilisation de la peau de banane ne se limite pas à celle qui consiste à la laisser traîner aux endroits stratégiques pour faire glisser vos ennemis. C'est aussi une alliée de choix contre les brûlures si vous appliquez la face interne contre la peau qui a souffert.

Bicarbonate

Trempez un linge dans de l'eau glacée additionnée d'une bonne rasade de bicarbonate. Appliquez en compresse sur la brûlure. Renouvelez les compresses jusqu'à disparition de la sensation de brûlure.
Si vous vous êtes brûlé avec de l'acide, comme de l'acide chlorhydrique ou de l'acide de batterie, rincez immédiatement avec de l'eau froide et appelez le médecin.

Blanc d'œuf

Excellent aussi, le blanc d'œuf, à condition de l'appliquer immédiatement sur les parties brûlées ou ébouillantées.

Dentifrice

Étalez une bonne couche de dentifrice sur la brûlure. Laissez sécher et ne rincez pas avant plusieurs heures. Le dentifrice évite les cloques et accélère la guérison.

Gingembre

Lotionnez les parties brûlées avec du jus de gingembre frais. Le soulagement est quasi immédiat.

Lait

Baignez les brûlures légères (au premier degré) dans du lait entier pendant 15 minutes environ.

Miel

Une étude indienne[1] montre que le miel est aussi efficace sur les brûlures que le traitement classique à la sulfadiazine d'argent. Appliquez une couche de miel sur la brûlure et recouvrez d'une gaze.

Moutarde

La moutarde, et ses moult indications thérapeutiques, est parfaite pour les petites brûlures. La plus pratique est celle conditionnée en flacon plastique et utilisée pour décorer les hot dogs. Facile à appliquer, elle soulage la douleur et minimise les risques d'ampoules et de cicatrices.

Oignon

Broyez un oignon cru et appliquez cette bouillie sur les brûlures de toutes sortes, y compris celles dues aux liquides bouillants. Recouvrez avec du film alimentaire ou un bandage. Renouvelez la bouillie plusieurs fois par jour.

Pomme de terre

Râpez une pomme de terre crue, vieille de préférence car plus riche en amidon et donc plus efficace, pour en faire un cataplasme anti-brûlure apaisant.

Sauce de soja

Versez une bonne rasade de sauce sur la brûlure. Les cuisiniers chinois ne jurent que par elle.

Sucre en poudre

Une vilaine brûlure ne s'infectera pas si vous la saupoudrez de sucre en poudre.

Thé

Préparez un thé très fort, noir de préférence, et attendez qu'il soit tiède avant de lotionner la partie brûlée.

Thym

Faites infuser une poignée de thym dans une tasse d'eau bouillante. Laissez refroidir et lotionnez la partie brûlée avec précaution.

---

1. [A prospective randomized clinical and histological study of superficial burn wound healing with honey and silver sulfadiazine ; Burns, Vol. 24, 1998].

Vanille
Étalez quelques gouttes d'extrait de vanille sur les parties douloureuses.

Vaseline
En 1859, un pharmacien de Brooklyn, Robert Augustus Cheesebrough, apprend des ouvriers qui travaillent dans les champs de pétrole de Pennsylvanie que la gelée résiduelle qui englue les tubes de forage accélère la guérison des brûlures. Il purifie la mixture et la baptise Gelée de pétrole Vaseline. Recouvrez vos bobos avec cette gelée.

Vicks VapoRub®
Appliquez immédiatement du Vicks® sur la brûlure pour éviter la formation de cloques et calmer la douleur.

> Si vous vous êtes brûlé la langue ou le palais
> Prenez 1 grosse cuillerée de crème fouettée et, avec la langue, pressez-la sur vos pauvres parois buccales endolories.
>
> Si vous vous êtes brûlé la gorge avec une boisson trop chaude
> Avalez 2 cuillers à soupe d'huile d'olive pour soulager la douleur et tapisser la gorge d'un film protecteur.

Glace à l'eau ou granité
C'est le pack de glace buccal et en plus, vous pouvez choisir le parfum qui vous tente.

Lait
Du lait, frais, concentré en tube ou en boîte, fera office de bain buccal calmant. Rincez-vous la bouche jusqu'à ce que la douleur s'atténue.

Sel
Les bains de bouche à l'eau salée accélèrent la guérison. Faites fondre 1 cuiller à café de sel dans 1 verre d'eau chaude et faites des bains tous les 15 minutes.

Sucre
Vous avez l'impression d'avoir passé la langue sur les braises du barbecue ? Passez-la sous l'eau froide et réparez les dégâts en versant 1 cuiller à café de sucre sur ce mini-rôti.

Vanille
Procédez comme précédemment et versez quelques gouttes d'extrait de vanille sur l'endroit brûlé.

CALS ET AUTRES DURILLONS

Dans Autant en emporte le vent, *Ashley regarde les mains de Scarlett et déclare : « Elles sont belles parce qu'elles sont fortes et que chaque cal est une médaille, Scarlett, chaque ampoule est un prix de bravoure et d'abnégation. »*

C'est Hippocrate qui, le premier, décrit les cals et les cors et recommande de les enlever. À cet effet, il invente des instruments qui sont les premiers scalpels connus de l'Histoire.

> Pour prévenir les cals, cors et autres durillons, prenez des bains de pieds au moins trois fois par semaines dans de l'eau additionnée de vinaigre de cidre et de gros sel.

Ail, camomille et citron
Débarrassez-vous des cals et des cors avec une petite préparation. Faites infuser 1 sachet de camomille dans une demi-tasse d'eau bouillante pendant 15 minutes. Passez une gousse d'ail épluchée au presse-ail et pressez un demi-citron. Mélangez l'ail avec 1 cuiller à café de citron et 1 cuiller à café de camomille. Appliquez un peu de cette mixture sur le cal ou le cor et recouvrez d'un sparadrap. Renouvelez la pâte 2 fois par jour.

Aspirine et citron
Sauf si vous êtes allergique à l'aspirine, broyez-en une, mélangez avec quelques gouttes de jus de citron pour en faire une pâte à tartiner sur l'objet du délit. Recouvrez avec du film étirable et

enveloppez votre pied dans une serviette chaude pendant 10 minutes. Retirez le film et l'aspirine. Frottez le cal avec une pierre ponce.

Fraises

Pour chasser les cals, écrasez des fraises avec du sucre brun et de l'huile d'olive. Mélangez bien et frottez vigoureusement cette préparation sur les cals. Rincez et enveloppez vos pieds dans deux serviettes chaudes pendant 10 minutes.

Huile d'olive et vinaigre

Mélangez 2 cuillers à soupe d'huile d'olive avec 1 cuiller à café de vinaigre et frottez vos cals avec cette vinaigrette.

Sucre, bicarbonate et citron

Mélangez 1 demi-tasse de sucre brun avec 2 cuillers à soupe de bicarbonate et quelques gouttes de jus de citron. Massez énergiquement vos cals et rincez-les soigneusement.

Thé

Avant de jeter vos sachets de thé infusés, utilisez-les en compresses sur les cals pendant 30 minutes par jour pendant 2 semaines. Un bain de pieds quotidien d'1 demi-heure par jour pendant 3 semaines dans du thé noir bien fort fait le même effet.

Vicks VapoRub®

Massez du Vicks® sur vos cals et recouvrez d'un sparadrap. Renouvelez l'opération pendant plusieurs jours.

CORS

Dans son Dictionnaire des idées reçues, *Gustave Flaubert explique que le verbe « extirper » ne s'emploie que pour les hérésies et les cors aux pieds. Pour extirper le vôtre…*

Ail
Coupez une lamelle d'ail que vous appliquez sur le cor en la maintenant avec du sparadrap. Répétez la procédure jusqu'à ce que le cor disparaisse.

Ail et pomme de terre
Broyez une tranche de pomme de terre épluchée dans un presse-ail. Faites subir le même sort à 2 gousses d'ail. Mélangez ces 2 purées et enduisez abondamment le cor de cette préparation. Maintenez le tout en place avec de la gaze et un sparadrap. Renouvelez l'opération toutes les 24 heures.

Baume à lèvres
Passez du baume à lèvres plusieurs fois par jour sur votre cor pour le ramollir.

Citron ou ananas
Prenez un bain de pied chaud pendant 15 minutes, appliquez le blanc d'une peau de citron ou la face interne d'une peau d'ananas sur le cor, fixez avec un sparadrap ou du film alimentaire étirable. Renouvelez l'opération 3 jours de suite, ou plus si nécessaire. Le cor devrait disparaître sans faire de résistance.

Eau
Tuez dans l'œuf un cor naissant en le plongeant pendant 15 minutes dans de l'eau tiède, puis poncez délicatement la peau morte. Hydratez avec une crème nourrissante ou de l'huile.

Huile de ricin
Tamponnez le cor pendant plusieurs jours de suite avec de l'huile de ricin. Poncez la peau morte et hydratez.

Poireau

Coupez et faites macérer des feuilles de poireau dans du vinaigre pendant 24 heures. Appliquez-les en cataplasme sur le cor le soir au coucher, recouvrez avec du film alimentaire étirable pour la nuit. Répétez l'opération tous les soirs pendant 1 semaine. Puis prenez un bain de pied et retirez la disgracieuse excroissance.

Rhubarbe

Si le problème est récurrent, préparez une lotion anticors que vous pourrez conserver au réfrigérateur. Emincez des feuilles de rhubarbe et mettez-les dans un bocal hermétique avec de l'huile d'olive et quelques gousses d'ail. Laissez macérer pendant 2 semaines à l'abri de la lumière. Appliquez quelques morceaux de feuilles sur le cor et maintenez en place avec un sparadrap ou du film alimentaire étirable.

Thé

Conservez vos sachets de thé usagés pour les appliquer pendant 30 minutes tous les jours pendant 1 semaine ou 2. Le cor devrait disparaître sans problème.

Vaseline

Appliquez de la vaseline sur le cor pour ramollir la peau et favoriser la guérison.

Vinaigre de cidre

Trempez un petit bout de tissu dans du vinaigre de cidre et nouez-le autour de l'orteil atteint. Laissez en place pendant la nuit. Le vinaigre ramollit la peau dure. Renouvelez le traitement aussi longtemps que nécessaire pour faire disparaître le cor.
Vous pouvez aussi remplacer le bout de tissu par de la mie de pain trempée dans du vinaigre que vous mettez sur le cor et maintenez en place avec du film alimentaire étirable.

CHOLESTÉROL

Dans son film Supersize me, *Morgan Spulock multiplie son taux de cholestérol par deux avec un régime 100 % McDonald® pendant un mois. Après le film, sur les conseils de sa diététicienne préférée, il a réparé les dégâts en se nourrissant uniquement de légumes à l'eau.*

Avocats, pommes, noix, flocons d'avoine, oignons crus

Mangez des avocats, des pommes, des noix, des flocons d'avoine, des oignons crus et tous les aliments qui font baisser le cholestérol.

Huile de colza ou de noix

Consommez 2 cuillers à soupe quotidiennes d'huile de colza non raffinée ou de noix, riches en oméga 3.

Miel et cannelle

Remplacez la confiture par un mélange de cannelle et de miel que vous tartinez directement sur le pain.
Préparez aussi une tisane de cannelle en ajoutant 2 cuillers à soupe de miel, 3 cuillers à café de cannelle dans un demi-litre d'eau bouillante. Buvez ce mélange après les repas.

CICATRICES

Pour guérir les coupures et les blessures sans qu'il y ait de cicatrice, cassez un œuf frais, décollez la membrane qui tapisse la coquille et appliquez la partie mouillée sur la plaie.

CIRCULATION VEINEUSE

Les petits problèmes de circulation du sang vous gâchent la vie. Voici quelques remèdes de cheval ou phytotraitements pour tenter d'y remédier. Les plus téméraires pourront se rouler dans la neige et se fouetter énergiquement avec un bouquet de branches de bouleau comme le veut la tradition finlandaise.
Les autres se contenteront d'une tisane.

- Allongez-vous, le dos à plat et mettez les jambes contre le mur pendant 30 minutes environ.
- Passez vos jambes au jet d'eau froide, de bas en haut sous la douche.
- Surélevez le pied de votre lit.
- Faites du sport.

Prenez des bains de pieds avec du :

Gingembre
Râpez suffisamment de gingembre frais pour remplir une tasse, ajoutez à 2 litres d'eau chaude et prenez un bain de pieds pendant au moins 15 minutes. Essuyez vos pieds soigneusement. Vous vous sentirez revigoré(e).

Thym
Vous pouvez faire la même chose avec du thym pour encourager une bonne circulation.

Buvez de la tisane :

Verveine
La verveine a un effet tonique et décongestionnant sur la circulation veineuse et les jambes lourdes. Préparez des infusions avec 20 g de verveine dans 1 tasse d'eau bouillante 2 à 3 fois par jour.

Cassis
Faites une cure de cassis frais pendant la saison. Le reste de l'année, prenez du cassis congelé ou en jus.

CONJONCTIVITE

Alors que Victor Hugo souffre de conjonctivite à répétition, la rumeur circule qu'il est devenu aveugle. Il écrit à un ami : « [...] j'ai lu dans les journaux anglais des détails authentiques sur ma cécité : ce qui m'a rassuré c'est que je les ai lus ! »

Bicarbonate

Pour vous rincer l'œil ou même les deux, rien de tel qu'un bain oculaire préparé avec un quart de cuiller à café de bicarbonate dans une demi-tasse d'eau bouillie refroidie.

Camomille

Faites infuser pendant 5 minutes 1 cuiller à café de fleurs de camomille séchées dans 1 tasse d'eau bouillante. Filtrez et laissez refroidir avant d'y baigner votre œil en feu 3 fois par jour.

Citron vert

Le jus de citron vert est bien pratique pour les conjonctivites. Quelques gouttes dans un peu d'eau bouillie refroidie instillées plusieurs fois par jour soulageront vos yeux douloureux. Apparemment, l'utilisation régulière du mélange d'1 goutte de citron dans 4 gouttes d'eau de rose permettrait d'éviter les problèmes de cataracte.

Curcuma

Pour soulager une conjonctivite ou une ophtalmie aiguë, faites infuser 1 cuiller à soupe de curcuma dans 1 tasse d'eau bouillante. Laissez refroidir. Trempez 1 linge dans cette solution et appliquez cette compresse sur la ou les paupières. Utilisez-la aussi pour nettoyer l'œil ou les yeux s'il y a un écoulement.

Fenouil

Faites bouillir 1 cuiller à café de graines de fenouil dans 2 tasses d'eau pendant 5 minutes et procédez comme pour la camomille.

Huile de ricin

Mettez une demi-goutte d'huile de ricin dans les yeux 3 fois par jour.

Miel

Osez 1 ou 2 gouttes de miel directement dans l'œil. Ça ne fait pas mal. Si vous préférez les bains d'yeux, faites dissoudre 3 cuillers à soupe de miel dans 2 tasses d'eau bouillante que vous laissez tiédir avant de vous en servir.

Persil

Pour soigner les conjonctivites, les inflammations oculaires et les orgelets, faites infuser une bonne poignée de persil dans 1 bol d'eau bouillante pendant 10 minutes. Trempez 1 linge dans l'infusion de persil, allongez-vous avec cette compresse sur les paupières pendant 15 minutes. Renouvelez 2 fois par jour, jusqu'à ce que soulagement s'ensuive.

Pomme ou pomme de terre rouge râpée

Râpez 1 pomme ou 1 pomme de terre rouge et appliquez ce cataplasme sur l'œil ou les yeux atteints pendant 30 minutes, 1 fois par jour. Au bout de 2 ou 3 jours, la conjonctivite devrait disparaître.

Thé

Le thé contient des antioxydants puissants qui combattent les infections virales et bactériennes et contribuent à réduire l'inflammation. Passez sous l'eau froide un sachet de thé noir, plus riche en tannins, et mettez-le sur l'œil pendant 10 minutes. Répétez plusieurs fois par jour. Vous pouvez compléter en donnant un petit bain de thé très léger à l'œil ou aux yeux endoloris.

CONSTIPATION

Henri IV, qui souffrait de constipation et prenait des laxatifs, écrivit à la Marquise de Verneuil : « Mon menon, je viens de prendre médecine afin d'être gaillard pour exécuter toutes vos volontés. » Pour traiter ce problème, il n'y a pas toujours de réponses, mais il est bon de s'aider dans le quotidien de petits moyens pratiques.

Ail

Quelques gousses d'ail dans la salade ou dans d'autres plats donnent d'excellents résultats. Et pour lutter contre une haleine aillée, mâchez du persil, des grains de café ou des graines de cardamome.

Banane

Mangez 1 ou 2 bananes bien mûres, le matin à jeun, pour accélérer un transit paresseux.

Carotte

Buvez plusieurs verres de jus de carotte par jour. Ce breuvage est excellent pour la digestion, donne bonne mine et, en plus, il stimule les intestins.

Citron vert

Le jus d'1 citron vert dans 1 verre d'eau chaude le matin à jeun favorise la sécrétion de bile et le transit.

Dattes, figues ou pruneaux séchés

Faites tremper 6 dattes, figues ou pruneaux dans un verre d'eau chaude. Laissez refroidir avant de boire l'eau et de manger les fruits.

Huile d'olive

Prenez, si vous arrivez à l'avaler telle quelle, 1 cuiller à soupe d'huile d'olive le matin à jeun et le soir après le dîner. Celles et ceux que cette pratique répugne peuvent noyer l'huile dans un grand verre de jus d'orange, du cola ou une boisson gazeuse passée au mixeur. Le résultat est tout à fait buvable.

Miel

Le miel est un laxatif doux. Commencez par prendre 1 cuiller à soupe 3 fois par jour, tel quel, sur vos tartines ou dans les boissons.

Tournesol

Une poignée de graines de tournesol par jour, sans leur enveloppe dure, non salées, régularise le transit intestinal.

Pomme

1 ou 2 pommes par jour suffisent parfois à redynamiser le système digestif.

Son

Si vous prenez des céréales le matin, ajoutez 1/3 de tasse de son à votre produit préféré. Sinon, mangez quelques tranches de pain au son.

Vinaigre de cidre
Deux cuillers à café dans 1 verre d'eau 2 fois par jour relancent la machine.

Shiatsu

Pour stimuler l'élimination, trouvez, sur le dos de la main, dans la palmure, le point de rencontre entre le pouce et l'index et appuyez fermement pendant au moins 2 minutes.

Sur le dessus de l'avant-bras, à 4 doigts en partant de la pliure du poignet pour remonter vers le coude, entre le radius et le cubitus, se trouve un point sur lequel il faut appuyer pour stimuler les intestins paresseux. Pliez le bras et, avec le pouce, appuyez fermement sur le petit creux qui se trouve à mi-chemin entre le coude et la pliure du coude.

COUP DE BLUES

Si vous vous mettez à penser comme Woody Allen, lorsqu'il dit que dans la vie il n'y a que l'horreur et le malheur, n'attendez pas une minute de plus. Courez à la cuisine, fouillez dans vos placards et préparez-vous de quoi vous remonter le moral.

Bananes, dattes, figues et autres fruits secs, chocolat, lentilles, carottes, pomme de terre, etc.
Mangez ! Pas tout en même temps mais l'un de ces aliments (la liste n'est pas exhaustive) qui aident à chasser les angoisses et les coups de blues. Ils contiennent tous du tryptophane, un précurseur de la sérotonine, dont les effets calmants et euphorisants sur l'humeur sont connus.

Basilic et sauge
Faites infuser un quart de cuiller à café de basilic et une demi-cuiller à café de sauge dans 1 tasse d'eau bouillante. Filtrez et buvez cette infusion 2 fois par jour.

Camomille
Une infusion de fleurs de camomille donne de bons résultats avec les enfants déprimés.

Cardamome
Buvez une infusion de graines de cardamome dans 1 tasse d'eau 2 fois par jour. Ou ajoutez de la cardamome dans votre café ou votre thé.

Epinards
Si votre dépression est liée à un manque de vitamines B, mangez des épinards.

Lavande
Respirez de la lavande pour vous détendre. Et buvez des infusions de lavande 3 fois par jour. Jetez 1 ou 2 cuillers à café de fleurs de lavande séchées dans 1 tasse d'eau bouillante. Laissez infuser 10 minutes, filtrez et buvez bien chaud.

Verveine
Une petite infusion de verveine soulage la dépression accompagnée de maux d'estomac.

Vinaigre de cidre
Prenez 2 cuillers à café dans 1 verre d'eau, 3 fois par jour pour chasser le blues lié à un manque de potassium.

COUPS DE SOLEIL

Si, après vous être exposé au soleil sans protection, vous vous retrouvez avec le look de homard bouilli de Michel Blanc dans Les Bronzés, *il ne vous reste plus qu'à réparer les dégâts douloureux.*

Amidon en bombe
Celles qui amidonnent encore leurs vêtements pourront attraper leur bombe pour vaporiser leur coup de soleil et calmer la douleur.

Aloe vera

Appliquez un peu de gelée sur les brûlures plusieurs fois par jour.

Aspirine

À condition de la prendre dans les 24 heures, l'aspirine court-circuite tout le processus de brûlure et atténue la douleur et les rougeurs.

Bicarbonate

Dissolvez 2 cuillers à soupe de bicarbonate dans un peu d'eau. Trempez un linge dans ce mélange et appliquez cette compresse sur la partie brûlée. Si vous avez pris un coup de soleil sur une grande surface, ajoutez 1 tasse et demie de bicarbonate et une demi-tasse de fécule de maïs à un bain tiède et plongez-vous dedans aussi longtemps que possible. Ne vous essuyez pas en sortant. Laissez la peau sécher à l'air libre.

Citron

Mélangez le jus de 3 citrons dans 2 tasses d'eau froide pour lotionner délicatement la peau douloureuse. Le citron atténue la sensation de brûlure, désinfecte la peau et accélère le processus de guérison.

Concombre

Passez des rondelles de concombre froid sur les parties brûlées.

Fécule de maïs

Mélangez de la fécule avec un peu d'eau pour faire une pâte à poser sur la brûlure.

Jaune d'œuf

Pour atténuer la sensation de brûlure associée à un coup de soleil, il suffit d'étaler un jaune d'œuf sur la peau rouge.

Lait

Faites des compresses de lait entier ou de lait concentré, à renouveler toutes les 2 heures. Rincez-vous entre 2 applications pour éviter de laisser dans votre sillage de puissantes senteurs de lait tourné.

Lait en poudre

Si vous n'avez que du lait en poudre, mélangez 250 g de lait en poudre dans 75 cl d'eau. Ajoutez des glaçons broyés et 2 cuillers à soupe de sel. Appliquez en compresses comme pour le lait entier.

Oignon

Roulez un oignon avec la peau sur le plan de travail en appuyant fortement pour en exprimer le suc. Coupez-le en 2 et passez l'odoriférant bulbe sur la peau brûlée.

Pomme de terre

Comme pour soulager les conjonctivites, râpez une pomme de terre (ou plusieurs selon l'étendue des dégâts) pour en faire un cataplasme. L'amidon du talentueux tubercule rafraîchit et apaise l'épiderme en feu.

Sauge

Vous avez pris un coup de soleil sur le visage, ô imprudente créature que vous êtes, et le résultat est catastrophique. Il ne vous reste plus qu'à préparer une décoction de feuilles de sauge. Jetez 1 cuiller à soupe de feuilles de sauge dans 2 tasses d'eau froide. Faites bouillir pendant 10 minutes. Laissez refroidir et lavez-vous le visage avec cette préparation apaisante.

Thé

Faites un thé bien fort, avec 6 sachets par litre d'eau. Laissez refroidir et lotionnez délicatement les parties meurtries. Pour soulager un “scalp” brûlé, préparez une bonne tasse de thé vert et laissez refroidir. Faites un shampooing puis massez délicatement la peau endolorie de votre crâne avec le thé vert. Il atténuera la pelade, la sensation de brûlure et les démangeaisons qui accompagnent ce genre d'accident.
En prime, vos cheveux seront merveilleusement brillants.
Jetez une douzaine de sachets de thé dans l'eau de votre bain et prélassez-vous dedans pendant 30 minutes.

Tomate

Pour atténuer la sensation de brûlure associée à un coup de soleil, prenez 1 tomate bien mûre et broyez-la pour tartiner les parties du corps brûlées. Une boîte de jus de tomate ou de sauce tomate fera très bien l'affaire si vous n'avez pas de tomates fraîches en stock.

Vinaigre de cidre

Mélangez 2 tasses de vinaigre de cidre dans 2 tasses d'eau. Appliquez sur les brûlures avec du coton pour soulager la douleur. Répétez aussi souvent que nécessaire pour maintenir la peau humide. Vous éviterez les cloques et la pelade disgracieuses.

Yaourt

Enduisez la peau meurtrie de yaourt nature aux ferments lactiques ou d'un mélange de yaourt et de fraises écrasées. Laissez agir pendant 20 minutes. Rincez à l'eau fraîche.

COUPURES ET BLESSURES

Pour soigner les gros bobos des petits casse-cou, faites comme Rambo et débrouillez-vous avec ce que vous avez sous la main.

Aloe vera

Appliquez un peu de gelée sur la coupure plusieurs fois par jour pour accélérer la cicatrisation.

Antiacide liquide

Les consommateurs d'antiacides liquides traditionnels comme le Maalox® ou le Xolaam®, pourront en tamponner leurs écorchures et leurs égratignures.

Banane

Posez l'intérieur d'une peau de banane directement sur la blessure et maintenez en place avec du sparadrap. Renouvelez la peau toutes les 3 ou 4 heures.

Basilic
Soulagez les petites coupures en les frottant avec des feuilles de basilic froissées.

Baume à lèvres
Guérissez rapidement les coupures faites avec du papier ou le rasoir en les recouvrant de baume à lèvres.

Bicarbonate et vinaigre
Saupoudrez du bicarbonate sur la coupure ou la blessure au-dessus d'une cuvette d'eau chaude. Versez du vinaigre sur le bicarbonate et une fois que le mélange a fini de mousser, trempez la blessure dans l'eau.

Cannelle
Lavez soigneusement la blessure avant de la saupoudrer de cannelle, à la fois antibactérienne et anesthésiante.
Pour accélérer la guérison d'une grosse coupure, préparez un cataplasme avec du clou de girofle en poudre. Mélangez avec un peu d'eau tiède pour faire une pâte. Appliquez sur la blessure et recouvrez d'une compresse chaude.

Curcuma
Pour accélérer la guérison, saupoudrez directement de la poudre de curcuma sur vos coupures et vos blessures. Recouvrez d'un film étirable ou d'un linge.
Renforcez cette action avec une infusion de curcuma. Jetez 2 cuillers à café de curcuma dans 1 tasse d'eau bouillante, couvrez et laissez infuser pendant 5 minutes. Buvez tout jusqu'à la dernière goutte et répétez le traitement toutes les 2 heures.

Film étirable
Appliquez du film étirable ou un sachet en plastique propre sur la coupure ou la blessure et appuyez pendant 5 à 10 minutes pour arrêter le saignement.

Miel

Le miel, antibactérien et antibiotique, peut être appliqué sur les coupures, les blessures infectées et les piqûres d'insectes. C'est l'un des médicaments les plus anciens. Il figure dans le Veda, qui daterait de 5000 av. J.-C. ; sur des tablettes sumériennes de 4000 av. J.-C. et dans un texte médical couché sur papyrus en 3000 av. J.-C. qui le recommande pour les blessures à la tête parce qu'il « protège la blessure de l'air et des infections ». Hippocrate, qui s'était plongé dans les papyrus, affirme qu'il guérit les abcès et les plaies infectées et le recommande pour nettoyer les plaies et les ulcères sur les lèvres. Pendant la Première Guerre mondiale, les médecins allemands utilisaient du miel et de l'huile de foie de morue pour soigner les blessures par balles. Ce n'est qu'avec la vulgarisation des antibiotiques que le miel a cessé d'être utilisé par la médecine. Elle risque pourtant d'y revenir. D'abord parce que les antibiotiques, ce n'est plus automatique et que des études montrent que le miel est, dans certains cas, supérieur aux antibiotiques lorsqu'il est utilisé pour combattre des bactéries qui leur résistent.[2]

Œuf

Cassez 1 œuf frais pour récupérer la fine membrane qui tapisse la coquille. Appliquez-la sur la blessure. Elle adhérera immédiatement à la plaie qui guérira sans douleur et sans cicatrice.

Piment de Cayenne, Tabasco® ou poivre

Une coupure qui saigne abondamment ? Faites comme les Incas. Recouvrez-la d'une bonne dose de piment de Cayenne en poudre qui arrête l'écoulement de sang, désinfecte et favorise la cicatrisation. A défaut de piment de Cayenne, n'importe quel piment en poudre, du Tabasco® ou du poivre gris moulu fera l'affaire. Piment et poivre ne brûlent pas autant qu'on pourrait l'imaginer. Indispensables en cas d'urgence, ces épices antibactériennes devraient figurer en bonne place dans toutes les trousses de secours.

---

2. [Dunford C. Cooper R. A. Molan P.C.: Using honey as a dressing for infected skin lesions, Nursing Times, NT Plus 96 (14), (2000)].

En cas de saignements internes, y compris les saignements de nez, buvez un verre d'eau avec 2 cuillers à café de piment ou de Tabasco® toutes les 15 minutes.

Pomme de terre

Si vous vous êtes coupé avec du papier, appliquez une tranche de pomme de terre sur la coupure et maintenez en place pendant un moment. Puis essuyez avec du papier.

Sauge

Les vieilles blessures infectées et purulentes guériront rapidement avec une décoction de feuilles de sauge. Amenez à ébullition 2 poignées de feuilles de sauge dans un demi-litre d'eau froide. Laissez bouillir pendant 10 minutes. Lorsque la préparation est tiède, filtrez et lavez la plaie.

Sucre

Saupoudrez les blessures ouvertes avec du sucre en poudre pour tuer les bactéries, éliminer la peau nécrosée et favoriser la guérison. Commencez par mettre de la vaseline sur le pourtour de la blessure pour maintenir le sucre en place. Puis saupoudrez un peu de sucre directement sur la blessure. Recouvrez d'un pansement. Renouvelez l'opération 2 fois par jour.

Thé

Trempez un sachet de thé dans de l'eau chaude et appliquez-le sur la coupure pour soulager et arrêter le saignement.

Vodka

Un bon désinfectant pour les coupures et les blessures lorsqu'on n'a rien d'autre sous la main. Ça brûle mais c'est efficace pour prévenir les infections et accélérer la guérison.

COURBATURES

Si vous avez des courbatures parce que vous suivez un entraînement pour intégrer un corps d'élite ou si votre corps ressent le poids des ans, les remèdes ci-dessous ne suffiront sûrement pas. Mais pour les courbatures ordinaires, torticolis, nuque douloureuse ou autres muscles endoloris, ça marche bien.

Alka-Seltzer® Aspirine effervescente ou paracétamol effervescent et bicarbonate

Videz un demi-tube d'Alka-Seltzer®, d'aspirine effervescente ou de paracétamol effervescent dans un bain très chaud, ajoutez 1 tasse de bicarbonate et restez dans l'eau pendant 30 minutes au moins.

Bicarbonate

Ajoutez 2 tasses de bicarbonate dans un bain aussi chaud que possible. Faites trempette pendant 30 minutes pour détendre vos muscles endoloris.

Gingembre

Râpez 10 cm de gingembre frais ou prenez 2 cuillers à soupe de gingembre en poudre que vous ajoutez à 2 tasses d'eau froide. Amenez à ébullition, réduisez le feu et laissez mijoter jusqu'à ce que l'eau devienne jaune. Videz cette décoction dans l'eau de votre bain. Détendez-vous dans l'eau bien chaude pendant une demi-heure.

Gingembre, piment, poivre et huile d'olive

Mélangez un quart de cuiller à café de gingembre en poudre, 1 pincée de piment ou 2 gouttes de Tabasco® et 1 pincée de poivre dans 1 cuiller à soupe d'huile d'olive. Laissez reposer pendant 15 minutes. Massez vos muscles endoloris avec cette préparation.

Glace

Appliquez un pack de glace enveloppé d'une serviette sur les grosses courbatures pendant 10 minutes d'affilée. Renouvelez ce traitement de choc plusieurs fois pendant les 2 premiers jours de souffrance.

Huile de romarin

Pour fabriquer une huile de massage, versez un demi-litre d'huile d'olive dans un bocal hermétique. Hachez grossièrement 2 poignées de romarin frais que vous ajoutez à l'huile. Fermez bien le bocal et laissez reposer pendant 1 semaine. Filtrez l'huile et conservez-la au réfrigérateur.

Tabasco®

Un petit massage avec du Tabasco® anesthésie temporairement les douleurs musculaires. Et si vous éprouvez une sensation de brûlure, appliquez une fine couche de dentifrice sur le Tabasco® séché pour calmer le feu.

Vinaigre de cidre

Soulagez vos courbatures avec 3 bonnes tasses de vinaigre de cidre dans un bain très chaud.

CRAMPES

Ce cauchemar des sportifs frappe aussi les sédentaires au repos. À part le manque d'étirement, les crampes peuvent êtres dues à un manque de potassium, de vitamine P, ou parce que vous n'avez pas assez bu d'eau. Alors mangez des bananes et buvez.

Pour soulager une crampe dans la jambe ou dans le pied, appuyez fermement sur le milieu de la lèvre supérieure, ou pincez-la, pendant 20 ou 30 secondes. C'est le méridien qui est relié aux jambes et aux pieds.

Si vous avez une crampe au mollet, levez-vous et appuyez sur le talon de votre pied en y mettant tout votre poids ou tirez sur ses orteils vers vous pendant quelques secondes. Si ça ne marche pas, passez les jambes et les pieds sous l'eau chaude pendant 5 minutes. La chaleur détendra les muscles, ce qui aidera à atténuer la crampe.

Les pauvres malheureux sujets aux crampes prendront une douche chaude avant de se coucher, en insistant sur la partie de la jambe habituellement crispée par les crampes.

Pour calmer les crampes nocturnes, levez-vous et prenez une douche aussi chaude que possible pour détendre les muscles.

Bicarbonate

Préparez chaque jour une solution de réhydratation salée-sucrée, aussi appelée *solution des GIs* aux Etats-Unis. Ajoutez 1 cuiller à café bien bombée de bicarbonate, 1 cuiller à café de sel et 4 bonnes cuillers à soupe de sucre à 1 litre d'eau minérale. Et buvez cette solution au cours de la journée.

Citron, sucre et sel

Une autre version de la solution de réhydratation est composée de 2 cuillers à soupe de citron, 1 cuiller à soupe de sucre et 1 cuiller à café de sel dans un grand verre d'eau.

Moutarde

En cas de crampe dans la jambe, avalez 1 bonne cuiller à café de moutarde. Si vous avez souvent des crampes, pensez à acheter de la moutarde douce, nettement plus facile à avaler sans pleurer.

Orange, sucre et sel

Ajoutez 1 cuiller à soupe de sucre et 1 cuiller à café de sel dans un grand verre de jus d'orange.

Schweppes® ou tout autre boisson au quinquina

Les crampes dans les mollets vous réveillent la nuit ? Au coucher, buvez une canette de Schweppes® Indian Tonic qui contient du quinquina, une plante qui relaxe les muscles.

Vinaigre de cidre et miel

En prévention, mélangez 2 cuillers à café de vinaigre de cidre et 1 cuiller à café de miel dans 1 verre d'eau chaude et buvez matin et soir. C'est très efficace.

CRISE D'ANGOISSE

Pour soulager rapidement une crise d'angoisse, prenez un sac en papier, tenez-le autour de la bouche, expirez et inspirez lentement et régulièrement dans le sac. C'est bizarre mais ça marche !

Banane
Faites comme certains musiciens qui mangent des bananes pour calmer le trac avant de monter sur scène.

Basilic
Au Gabon, beaucoup d'orateurs mâchent des feuilles de basilic pour se donner du courage et parler plus aisément en public.

CYSTITE

Une habituée des cystites déclare : « La cystite, ça fait du bien quand ça s'arrête. » Une autre victime de ce problème, apparemment très traumatisée, n'hésite pas à comparer la cystite à une « mort vivante ». Si vous êtes sujette à ce problème, commencez par boire beaucoup d'eau ou de tisane. Puis continuez avec du :

Bicarbonate
En cas de crise, prenez un demi-verre d'eau avec une demi-cuiller à café de bicarbonate toutes les 2 heures, sauf si vous suivez un régime pauvre en sel ou si vous souffrez d'hypertension. Si vous détestez le goût du bicarbonate, vous pouvez parfumer le breuvage avec de l'extrait de vanille ou un bonbon à la menthe.

En prévention, buvez 1 verre d'eau minérale avec 1 cuiller à café de bicarbonate 2 fois par jour.

Bicarbonate, aspirine et jus de citron
Dès que vous sentez qu'une cystite risque de se déclarer, prenez 1 verre d'eau avec 1 cuiller à café de bicarbonate, 2 aspirines, sauf si vous êtes allergique à l'aspirine, et 2 cuillers à café de jus de citron pour mettre fin à toute velléité d'infection.

Cannelle
Préparez une tisane de cannelle. Faites infuser 1 cuiller à café de cannelle, ou 1 ou 2 bâtons de cannelle, dans 1 tasse d'eau bouillante pendant 15 minutes. Filtrez et buvez au moins 4 tasses par jour.

Citron
Le citron, jaune ou vert, soulage la sensation de brûlure provoquée par les cystites. Prenez 1 cuiller à soupe de jus de citron vert dans 1 verre d'eau minérale toutes les heures.

Concombre, citron vert et miel
Buvez 1 verre de jus de concombre avec 1 cuiller à soupe de jus de citron vert et 1 cuiller à café de miel plusieurs fois par jour.

Miel et cannelle
Ajoutez 2 cuillers à soupe de cannelle, 1 cuiller à café de miel à 1 grand verre d'eau tiède et buvez ce doux breuvage 3 fois par jour.

Consultez votre médecin si vous ne constatez pas d'amélioration au bout de 2 jours.

DÉMANGEAISONS, IRRITATIONS

Dans Knock *de Jules Romain, un patient explique au bon docteur : « Quand j'ai dîné, il y a des fois que je sens une espèce de démangeaison ici. Ça me chatouille, ou plutôt ça me grattouille. » Ce à quoi Knock répond : « Attention. Ne confondons pas. Est-ce que ça vous chatouille, ou est-ce que ça vous grattouille ? »*
Que ça grattouille ou que ça chatouille, essayez ces remèdes :

Aloe vera
Mettez un peu de gelée sur les irritations plusieurs fois par jour. (Voir recette page 24).

Banane
L'intérieur d'une peau de banane bien mûre appliquée directement sur les irritations, les brûlures ou les furoncles calme la douleur rapidement.

Bicarbonate
Mélangez du bicarbonate à la même quantité d'eau pour faire une pâte à appliquer sur la démangeaison. Recouvrez de film alimentaire étirable ou d'une gaze maintenue par du sparadrap. Vous pouvez aussi ajouter une demi-tasse de bicarbonate à l'eau de votre bain.

Camomille et vinaigre
Faites infuser 5 cuillers à soupe de fleurs de camomille dans 2 tasses d'eau bouillante pendant 15 minutes. Ajoutez 1 cuiller à soupe de vinaigre. Lotionnez vos bobos 3 fois par jour.

Citron
Calmez vos démangeaisons en les badigeonnant avec du jus de citron.

Coriandre
Broyez un bouquet de coriandre fraîche pour en exprimer le jus et appliquez-le là où ça gratte.

Glace
Un pack de glace soulage les démangeaisons. Enveloppez le pack de glace dans une serviette avant de le placer sur la peau qui vous torture.

Miel
Une fine couche de miel sur la peau atteinte désinfecte et accélère la guérison.

Oignon
Broyez 1 oignon cru, ajoutez du sel et appliquez sur les surfaces sensibles. Recouvrez de film alimentaire étirable.

Petits pois
Faites bouillir des petits pois et récupérez l'eau de cuisson pour lotionner la peau irritée.

Pomme de terre
Frottez une pomme de terre crue sur la peau irritée tous les jours jusqu'à la guérison.

Sauge et farine complète
Froissez une poignée de feuilles de sauge fraîches et infusez-les pendant 1 heure dans un demi-litre d'eau bouillante. Filtrez et appliquez sur les démangeaisons. Lorsque la peau est mouillée, saupoudrez-la généreusement de farine complète et laissez sécher. Ce remède est excellent pour soulager toutes sortes de démangeaisons intenses comme celles provoquées par les allergies, l'eczéma, le psoriasis, etc.

Vinaigre de cidre
Remplacez le savon par 1 cuiller à café de vinaigre dans une demi-tasse d'eau. Vous pouvez aussi ajouter 1 tasse de vinaigre à l'eau de votre bain.

Vos pulls en laine et en mohair vous piquent la peau ?
Lorsque vous les lavez, ajoutez de l'après-shampooing à l'eau de rinçage. Vous n'aurez plus aucune démangeaison.

DÉSHYDRATATION

N'attendez pas d'être déshydraté pour boire. Buvez beaucoup d'eau. Si le mal est fait, il faut vous réhydrater rapidement.

Bicarbonate
Préparez chaque jour la solution de réhydratation salée-sucrée des GIs mentionnée dans la rubrique *Crampes* : 1 cuiller à café bien bombée de bicarbonate, 1 cuiller à café de sel et 4 bonnes cuillers à soupe de sucre diluées dans 1 litre d'eau minérale. Buvez cette solution au cours de la journée.

Citron, sucre et sel
Vous pouvez aussi diluer 2 cuillers à soupe de jus de citron, 1 cuiller à soupe de sucre et 1 cuiller à café de sel dans 1 grand verre d'eau.

Orange, sucre et sel
Ajoutez 1 cuiller à soupe de sucre et 1 cuiller à café de sel dans 1 grand verre de jus d'orange.

Vinaigre de cidre et miel
Mélangez 2 cuillers à café de vinaigre de cidre et 1 cuiller à café de miel dans 1 verre d'eau chaude et buvez.

DIARRHÉE

En cas d'attaque, il faut boire beaucoup pour éviter la déshydratation. Buvez une solution de réhydratation, de l'eau et des jus de fruits auxquels vous ajouterez, par verre de liquide, 1 cuiller à café de sucre, une demi-cuiller à café de sel et une demi-cuiller à café de bicarbonate.

Banane
Mangez des bananes pas encore mûres. Elles absorberont l'eau dans les intestins mis à mal par le « Tango Tanzanien ».

Carottes
Les carottes cuites peuvent calmer le problème.

Cannelle
Préparez 1 infusion de cannelle avec 2 cuillers à café de cannelle dans 1 tasse d'eau bouillante. Laissez infuser pendant 15 minutes.

Cannelle et poivre de Cayenne
Ce mélange détonnant est d'une grande efficacité pour resserrer des intestins quelque peu distendus par l'affliction qui vous frappe. Ajoutez un quart de cuiller à café de cannelle et 1/8 de cuiller à café de piment à 2 tasses d'eau bouillante. Laissez mijoter

pendant 20 minutes. Laissez refroidir et buvez un quart de tasse toutes les 30 minutes.

Citron vert

Pressez 1 citron vert que vous ajoutez à 1 verre d'eau minérale tiède. Buvez par petites gorgées en 15 minutes.

Clou de girofle

Vous êtes foudroyé par une gastro. Préparez vite une infusion de clous de girofle pour stopper la diarrhée. Faites infuser 1 cuiller à café de clous de girofle en poudre dans 1 tasse d'eau bouillante pendant 20 minutes. Filtrez et buvez.

Confiture de mûres

Si vous avez de la confiture de mûres dans vos placards, mangez-en 1 cuiller à café toutes les 3 heures.

Fécule de maïs

Mélangez 1 cuiller à café de fécule dans 1 verre d'eau et buvez cette potion au goût peu appétissant. Renouvelez l'opération toutes les 4 heures.

Flocons d'avoine

Mangez-les nature, sans lait. Ils absorberont l'eau de votre système en surrégime.

Gingembre

Un peu de gingembre soulage les crampes provoquées par ce que les Mexicains appellent « la vengeance de Montezuma ». Faites infuser 1 cuiller à café de gingembre en poudre dans 1 tasse d'eau bouillante. Sucrez si vous le souhaitez et buvez 3 tasses par jour.

Miel

Prenez une demi-cuiller à café de miel toutes les heures pour désinfecter vos intestins contaminés par des indésirables appelés salmonelle, *Escherichia coli* ou shigelle.

Noix de muscade

Préparez 1 cuiller à soupe de farine, 1 cuiller à café de noix de muscade, 1 cuiller à café de sucre et 1 pincée de sel dans un verre d'eau. Cette mixture stoppe rapidement la diarrhée.

Orange

Mélangez un demi-verre de jus d'orange avec 1 cuiller à soupe de sucre, 1/6 de cuiller à café de sel et 1 verre d'eau. Donnez 2 cuillers à soupe de ce mélange aux enfants toutes les 2 heures.

Riz

Faites cuire du riz dans une grande quantité d'eau salée avec 1 cuiller à café de sel. Buvez l'eau et mangez le riz.

> **Une recette chilienne pour contrer la diarrhée** recommande de préparer un café de riz. Ouvrez la fenêtre de la cuisine parce qu'il va y avoir de la fumée. Faites revenir à sec, dans une poêle, 1 cuiller à soupe de riz. Juste avant que le riz ne devienne noir, ajoutez 1 cuiller à café de sucre. Le riz doit brûler et c'est là que ça fume ! Versez le mélange refroidi dans un filtre à café et ajoutez de l'eau bouillante. C'est assez effroyable au goût mais d'une efficacité redoutable.

Vinaigre de cidre

Prenez 1 cuiller à café de vinaigre de cidre avec 1 cuiller à café de miel dans 1 verre d'eau, 4 fois par jour.

DIGESTION DIFFICILE

Les malheureux en proie aux problèmes digestifs se feront des infusions, des décoctions et autres potions pour soulager leurs maux. Avec de la verveine officinale par exemple, qu'il faudrait toujours avoir dans ses placards. Cette plante magique, dédiée à Vénus, aurait aussi le pouvoir de ranimer les amours mortes. Selon la légende, les amoureux éconduits – avec ou sans problèmes digestifs – qui souhaitent rallumer la flamme éteinte auraient intérêt à se frotter les mains avec de la verveine...

> **En prévision d'excès et abus divers** auxquels vous projetez de succomber, buvez avant le repas une tisane de camomille faite avec 5 fleurs infusées pendant 10 minutes dans une tasse d'eau bouillante.

Si le mal est fait…

Aspirine effervescente, bicarbonate, sucre et extrait de vanille
Jetez 2 aspirines dans 1 verre d'eau, attendez qu'elles soient bien dissoutes pour ajouter une demi-cuiller à café de bicarbonate, 1 cuiller à café de sucre et quelques gouttes de vanille. Le soulagement ne se fait pas attendre.

Bicarbonate
Toutes les boîtes de bicarbonate indiquent que leur produit soulage les indigestions à raison d'une demi-cuiller à café pour un demi-verre d'eau.

Bicarbonate, sucre, vinaigre de cidre ou citron
Aux premiers signes de lourdeur, mélangez, dans un demi-verre d'eau, une demi-cuiller à café de bicarbonate, une demi-cuiller à café de sucre, 1 cuiller à soupe de vinaigre ou de citron et buvez pendant que ça pétille. Ajoutez 1 aspirine si vous avez mal à la tête.

Camomille
Calmez les spasmes de votre système avec une camomille. Infusez 2 cuillers à soupe de fleurs de camomille dans 2 tasses d'eau bouillante pendant 20 minutes. Filtrez et buvez très lentement.

Cannelle et miel
Variez les plaisirs en mélangeant 1 cuiller à café de cannelle dans 2 cuillers à soupe de miel, à prendre avant les repas.

Cardamome
Les papyrus égyptiens et les textes védiques vantaient déjà ses vertus 1500 ans avant Jésus-Christ. Les Romains lui accordaient

une place de choix en cuisine pour combattre les digestions difficiles après les banquets, à tel point que le fisc romain s'empressa de la taxer lourdement. Le botaniste allemand Jakob Theodor Tabernaemontanus conseille, dans son *Nouveau Livre des Épices*, de la moudre et de la mélanger au miel pour soigner les problèmes digestifs.

Cardamome, cannelle, gingembre, miel et vanille :
Préparez un petit cocktail d'épices avec 1 cuiller à café de cardamome en poudre dans l'équivalent d'1 tasse d'eau bouillante. Ajoutez 1 petit bâton de cannelle ou une demi-cuiller à café de cannelle en poudre, 1 cuiller à café de gingembre frais râpé, et laissez frémir pendant 10 minutes. Filtrez, ajoutez 1 cuiller à café de miel, 3 gouttes de vanille et buvez.

Coriandre ou cumin
Après les plats trop gras, évitez de souffrir en buvant une infusion de coriandre ou de cumin. Jetez 1 cuiller à café de graines de coriandre ou de cumin dans 1 tasse d'eau bouillante pendant 10 minutes, filtrez et buvez après des repas trop riches. Ajoutez des graines de cumin aux plats lourds, difficiles à digérer et aux fromages très gras.

Coriandre et fenouil
Vous avez trop mangé ? Faites chauffer à sec dans une poêle, sans les brûler, 1 cuiller à café de graines de coriandre et 1 cuiller à café de graines de fenouil avec un peu de sel. Mâchez-les longuement.

Gingembre
Épluchez et émincez 2 cm de gingembre frais et faites infuser dans 1 tasse d'eau bouillante pendant 10 minutes. Filtrez et sucrez avec 1 cuiller à café de miel.

Gingembre et menthe
Ajoutez 1 cuiller à café de menthe à l'infusion au gingembre ci-dessus pour en faire un remède encore plus efficace.

Huile de lavande

Dans un bocal hermétique en verre transparent, mettez 1 litre d'huile d'olive et 100 g de fleurs de lavande (fraîches ou sèches). Placez le bocal au soleil pendant 3 jours. Le 4e jour, filtrez à travers 1 filtre à café ou une compresse de gaze et pressez pour exprimer le suc des fleurs dans le bocal. Recommencez la même opération 4 ou 5 fois en ajoutant à chaque fois de nouvelles fleurs. Fermez le bocal et conservez au réfrigérateur. Prenez 5 ou 6 gouttes de cette huile sur un morceau de sucre pour digérer.

Laurier

Les Romains pensaient qu'il protégeait de la foudre. Il vaut mieux le réserver aux sauces et aux indigestions. Faites infuser 10 g de feuilles de laurier dans 1 tasse d'eau bouillante pendant 10 minutes. Filtrez et buvez 3 tasses par jour, loin des repas.

Menthe ou romarin

Après les excès, réparez les dégâts avec 1 cuiller à soupe de menthe fraîche ou de romarin dans une tasse d'eau bouillante pendant 15 minutes.

Menthe, citron vert et miel

Broyez une poignée de feuilles de menthe fraîche et mélangez 1 cuiller à café de jus de menthe avec 1 cuiller à café de citron vert et 1 cuiller à café de miel. Prenez cette mixture 3 fois par jour.

Verveine

L'herboriste Marie-Antoinette Mulot recommande des décoctions de verveine pour soulager les digestions difficiles. Faites tremper 50 g de verveine dans 1 litre d'eau pendant 10 minutes. Amenez à ébullition pendant 10 secondes et laissez infuser pendant 10 minutes. Buvez 4 tasses par jour loin des repas.

Vinaigre de cidre

Buvez lentement 2 cuillers à soupe de vinaigre de cidre dilué dans 1 verre d'eau pendant le repas. Si vous n'aimez pas le goût du vinaigre de cidre, ajoutez un peu de miel, sauf si vous surveillez votre poids.

Shiatsu

Le Shiatsu vous donnera aussi un coup de pouce pour stimuler vos fonctions digestives défaillantes.
Mettez les mains sur les hanches, placez les pouces à côté de la colonne vertébrale et appuyez bien fort pour soulager indigestion et maux d'estomac.

Placez les doigts à 5 cm de part et d'autre de votre nombril et appuyez pour favoriser la digestion.

Tournez votre pied gauche, plante vers vous.
Trouvez le point où le coussinet à la base du gros orteil se termine et la voûte plantaire commence.
Appuyez plusieurs fois sur ce point puis renouvelez l'opération sur le pied droit.

ECZÉMA

Pendant le tournage de La Belle et la Bête, *pendant neuf mois, la peau de Jean Cocteau se couvre d'eczéma, comme si un sortilège le rapprochait de la pauvre bête sentimentale.*
L'un des remèdes préconisés à l'époque de Perrault, auteur du conte, était de mettre une pomme de terre dans sa poche.

Camomille
Faites bouillir 50 g de fleurs de camomilles dans 1 litre d'eau, laissez infuser pendant 10 minutes. Filtrez et lotionnez la peau abîmée plusieurs fois par jour.

Cannelle et miel
Mélangez, en parties égales, de la cannelle en poudre et du miel. Appliquez cette mixture sur vos maux le soir. Recouvrez d'une gaze et rincez le lendemain.

Citron
Un peu de jus de citron sur les plaques d'eczéma plusieurs fois par jour atténue les démangeaisons.

Cresson
Mangez du cresson, c'est bon pour tout. Faites-en mijoter dans un peu d'eau pendant 20 minutes pour lotionner vos bobos. Filtrez et laissez refroidir. Appliquez cette verte potion sur la peau plusieurs fois par jour. Elle est également recommandée pour adoucir les peaux desséchées par le vent, le soleil et le froid.

Curcuma et huile de noix de coco
Préparez une pâte jaune en mélangeant, en quantités égales, du curcuma en poudre et de l'huile de noix de coco. Elle calme l'eczéma, les boutons et autres démangeaisons qui vous gâchent la vie. N'oubliez pas de rincer cet onguent coloré avant de sortir.

Flocons d'avoine ou son
Un bon bain à l'avoine ou au son adoucit la peau et calme les démangeaisons. Mettez 1 tasse de flocons d'avoine ou de son dans un petit sac de tissu ou un bas bien ficelé pour éviter de tremper dans une bouillie peu ragoûtante. Attachez le petit sac sous le robinet et faites couler votre bain. Immergez-vous pendant 30 minutes et utilisez le sachet d'avoine comme gant de toilette.

Huile d'amande douce
Si vous souffrez d'eczéma sec, hydratez régulièrement votre peau avec de l'huile d'amande douce.

Huile de lavande
Cette huile, dont la recette figure ci-dessus dans la rubrique *Digestion*, soulage aussi les irritations de l'eczéma sec.

Noix de muscade
Râpez une noix de muscade, ajoutez un peu d'eau pour faire une pâte à étaler sur les plaques d'eczéma.

Sauge
Une décoction de sauge très serrée soulage les démangeaisons. Faites bouillir 100 g de feuilles de sauge dans un litre d'eau pendant 5 minutes. Laissez tiédir, filtrez et appliquez cette potion magique en compresses.

Vinaigre de cidre et huile de bain pour bébé

Ce mélange calme les démangeaisons. Versez une bonne rasade de vinaigre de cidre dans votre bain, une petite rasade d'huile pour bébé et jetez-vous dans cette vinaigrette ! La quantité de vinaigre dépend de la gravité de l'eczéma.

ENGELURES

Dans le film de Raoul Walsh, Du sang sur la Neige, *Errol Flynn recommande de tuer des lapins, de les évider et d'envelopper les pieds gelés dans les peaux encore chaudes pour lutter contre les engelures. C'est terriblement barbare, mais dans le Grand Nord, la vie n'est pas facile pour les humains et encore moins pour les lapins. Au XVIIe siècle, par les périodes de grand froid, le vinaigrier Maille, installé à Dijon, faisait distribuer de la moutarde aux pauvres de la ville pour soigner leurs engelures. L'histoire ne dit pas s'ils n'en profitaient pas pour assaisonner les lapins. Quant aux malheureux qui n'avaient ni lapin ni moutarde, il ne leur restait plus que leurs yeux pour pleurer. Avant d'entreprendre quoi que ce soit, commencez par passer les parties gelées sous l'eau froide, puis essayez l'un des remèdes suivants :*

Aloe vera

Un peu de sa précieuse sève adoucit la peau et accélère la guérison. Au bout de quelques jours, vos engelures ne seront plus qu'un mauvais souvenir et vous n'aurez pas le sang des lapins sur les mains !

Banane

On ne sait pas par quel miracle l'intérieur de la peau d'un fruit tropical réussit à guérir les engelures, mais ça marche. Placez la peau de banane sur la partie gelée et renouvelez plusieurs fois par jour.

Cognac et sel

Dans son autobiographie, *The Moon's a Balloon*, David Niven raconte que pendant le tournage de *La Panthère Rose*, alors qu'il skie par –35°, la partie la plus intime de son anatomie est gelée. Il explique que pour la dégeler, il la met à tremper dans un bon verre de cognac...

Si, comme ce pauvre David, vous vous retrouvez avec des extrémités gelées, versez-vous un verre de cognac (inutile de sacrifier la cuvée spéciale de 25 ans d'âge), ajoutez 2 cuillers à café de sel et frictionnez furieusement vos pieds, vos mains ou toute autre partie atteinte avec ce cognac salé. Au bout de la troisième application, vous devriez venir à bout des engelures récalcitrantes.

Huile d'olive

Faites tiédir de l'huile d'olive au bain-marie et lotionnez délicatement les engelures plusieurs fois par jour.

Pomme de terre

Faites cuire des pommes de terre et écrasez-les comme pour préparer une purée. D'ailleurs, rien ne vous empêche de faire d'une pierre deux coups et de servir une purée au repas qui suivra les soins. Ajoutez du sel à la purée et appliquez-la en cataplasme bien chaud sur vos bobos.

Si vous préférez une lotion au cataplasme, broyez des pommes de terre crues lavées mais non épluchées, saupoudrez cette bouillie avec du sel. Attendez 15 minutes et pressez pour recueillir le liquide que vous mettrez sur les engelures.

Vinaigre et sel

Faites chauffer du vinaigre avec du sel. Appliquez-le aussi chaud que possible sur les parties gelées. Vous pouvez aussi faire prendre un bain à vos pieds ou vos mains dans un mélange tiède d'eau, de vinaigre et de sel. Terminez par un petit massage avec de l'huile d'olive.

ENTORSE ET FOULURE

Pour faire dégonfler rapidement l'hématome d'une foulure ou d'une entorse à la cheville ou au poignet, appliquez un pack de glace pendant les premières 48 heures. Essayez de le garder pendant 5 à 10 minutes plusieurs fois par jour.
A partir du troisième jour et pas avant, utilisez la chaleur pour favoriser la guérison. Mettez une bouillotte sur l'entorse plusieurs fois par jour en faisant attention de ne pas vous brûler.

Chou
Pour le traitement par le chaud, placez quelques feuilles de chou sur la partie foulée et mettez une bouillotte chaude par-dessus.

Coriandre
Pour faire désenfler la partie meurtrie, préparez une infusion de coriandre avec 1 cuiller à café de graines dans 1 tasse d'eau bouillante. Laissez infuser pendant 10 minutes, filtrez et buvez 4 tasses par jour.

Curcuma, citron vert et sel
Préparez une pâte assez épaisse avec 3 cuillers à soupe de curcuma en poudre, 1 cuiller à café de sel et un demi-jus de citron. Appliquez-en une bonne couche sur la partie enflée pour soulager et la faire désenfler.

Gingembre
Râpez la valeur d'une demi-tasse de gingembre frais, mettez dans un petit sac ou un collant noué. Plongez-le dans un demi-litre d'eau que vous faites bouillir pendant 15 minutes. Sortez, laissez un peu refroidir et appliquez ce petit boudin sur votre entorse ou votre foulure.

Gingembre et curcuma
Mélangez en quantités égales du gingembre et du curcuma en poudre avec un peu d'eau chaude. Appliquez sur les parties douloureuses 2 fois par jour.

Pomme de terre

Épluchez 1 pomme de terre et gardez les épluchures pour envelopper la cheville. Maintenez-les en place avec du film alimentaire étirable le plus serré possible. Gardez ce bandage toute la nuit. Vous aurez une sensation de tiraillement assez forte, mais persévérez.

Romarin

Mettez 25 g de feuilles de romarin dans un demi-litre de vin rouge. Faites bouillir 5 minutes et infusez 15 minutes. Appliquez cette décoction en compresses chaudes sur les entorses, foulures et torticolis.

Vinaigre

Trempez un linge dans du vinaigre et enveloppez votre cheville ou votre poignet avec. Recouvrez avec un film étirable ou un plastique et faites un bandage pour la nuit.

Strapping

Faites un *strapping* pour soutenir et reposer votre cheville. Si vous n'avez pas d'adhésif de sportif, prenez du sparadrap. Coupez une première bande, qui doit être assez longue pour partir de l'os externe de la cheville, passer sous le pied et arriver à l'os interne de la cheville. Poser votre talon sur le milieu de la bande, puis faites remonter les 2 extrémités en U, de part et d'autre de la cheville, juste à l'arrière de l'os de la cheville. Coupez une deuxième bande qui doit aller en U aussi, de l'arrière du pied jusqu'à la base des orteils. Elle doit recouvrir la première et former avec elle un angle à 90°. Coupez une troisième bande identique à la première et que vous collez pour qu'elle chevauche légèrement la première, puis une quatrième, qui chevauche légèrement la seconde et vous continuez jusqu'à ce que qu'il y ait 4 bandes horizontales et 4 bandes verticales. Le pied et la cheville sont bien recouverts.

ENVIE DE FUMER

Avant de songer à utiliser les électrochocs pour guérir votre addiction, il y a quelques méthodes moins dissuasives, mais qui peuvent donner un petit coup de pouce.

Banane
Le magnésium, le potassium et les vitamines contenus dans les bananes calment les envies de nicotine.

Bicarbonate
D'après des recherches à la clinique Mayo, si vous n'êtes pas au régime sans sel, lorsque le manque de nicotine commence à vous tarauder, mélangez 2 cuillers à café de bicarbonate dans 1 verre d'eau et buvez pendant que ça fait des bulles.

Flocons d'avoine
En Inde, pour soigner les accros à l'opium, on leur donne des flocons d'avoine pour alcaliniser le corps. Apparemment ça marche aussi pour la nicotine.

Radis
En Chine, les fumeurs qui veulent arrêter se préparent une petite potion de jus de radis râpés et de miel.

Réglisse
Aux Antilles on mâchouille des bâtons de réglisse.

Sel
Mettez un peu de sel sur le bout de la langue dès que l'envie de fumer se fait sentir.

Massage

Massez la paume de la main gauche avec le pouce droit (ou inversement) dans le sens des aiguilles d'une montre.
Puis avec le pouce et l'index massez chaque doigt, de la base au bout.
Étirez bien les doigts en les poussant vers l'arrière avec la paume de la main opposée.
Pressez la palmure située entre le pouce et l'index avec le pouce et l'index de la main opposée pendant 30 secondes.
N'oubliez pas de faire l'autre main avec la même application.

Pincez tout le pourtour de l'oreille avec le pouce et l'index, en partant du haut vers le bas.

Tirez sur le lobe et massez-le longuement.
Massez l'arrière de l'oreille avec l'index.
Massez le reste de l'oreille avec le pouce et l'index.
Faites subir le même traitement à l'autre oreille.

ÉPINES, RONCES, ÉCHARDES

On ne sait pas trop quelle était l'écharde dans la chair de saint Paul, mais c'est sûr qu'elle tourmentait beaucoup le pauvre garçon. On voit déjà ce que donne une épine dans le pied. Si vous avez eu la mauvaise idée de vous rouler dans les rosiers plutôt que dans le foin, ne laissez pas les épines, les échardes et autres piquants vous gâcher la vie. Débarrassez-vous-en le plus rapidement possible.

Bas ou collants

Agrippez ces envahisseurs avec un bas ou un collant. C'est avec les petites épines fines, comme celles de cactus, que les mailles des bas ou des collants sont les plus performantes.

Bicarbonate

Préparez une pâte avec une demi-cuiller à café de bicarbonate et quelques gouttes d'eau. Étalez sur l'endroit squatté par l'écharde ou l'épine et recouvrez d'un sparadrap pendant 2 heures. En séchant, la pâte fait monter les toxines à la surface, y compris l'écharde. Il ne vous reste plus qu'à l'attraper avec une pince à épiler.

Colle universelle

Recouvrez l'épine de colle et laissez sécher. Retirez la colle séchée qui se détachera sans difficulté en entraînant l'épine.

Joint de silicone

Vous avez un tube de joint de silicone ? Bravo. C'est le moment de vous en servir. Regardez bien dans quel sens l'épine ou l'écharde est rentrée dans la chair. Puis mettez-en une grosse goutte sur le gêneur et attendez que ça sèche. Une fois que le produit est bien sec, attrapez un petit bout du joint et tirez-le dans le sens opposé de la pénétration de l'épine. Si tout va bien, elle devrait ressortir collée au joint.

Huile

Si vous décidez d'attaquer l'épine avec une épingle et une pince à épiler, faites tremper la partie envahie dans un peu d'huile tiède pendant quelques minutes. Vous pourrez ensuite l'extraire plus facilement.

Oignon, tomate ou miel

Pour faire ressortir une écharde bien enfoncée, utilisez une tranche d'oignon ou de tomate que vous maintenez sur la peau abîmée avec un sparadrap. Si vous n'avez pas d'oignon ou de tomate, essayez le miel. L'écharde devrait remonter à la surface. Attrapez-la avec une aiguille stérile et une pince à épiler.

Sparadrap ou ruban adhésif

Avant d'attraper votre pince à épiler, essayez plutôt le sparadrap ou le ruban adhésif que vous collez sur l'épine avant de le décoller. Ils permettent de retirer la plupart des épines et des échardes sans douleur et sans effort.

Sel

Pour extraire une épine récalcitrante, ramollissez d'abord la peau du doigt ou du pied dans un bain d'eau chaude additionnée d'1 cuillère à soupe de gros sel pendant 5 minutes. Vous pourrez alors extraire l'épine facilement avec une pince à épiler ou une aiguille stérile. N'oubliez surtout pas de désinfecter.

ERYTHÈMES

L'érythème, du grec eruthêma, *« rougeur » est une rougeur congestive de la peau. Soignez et prévenez les fesses rouges de votre bébé avec quelques produits simples mais efficaces.*

Bicarbonate

Ajoutez 1 cuiller à café de bicarbonate dans l'eau du bain de votre bébé. Et une demi-tasse dans votre bain, si vous avez des érythèmes.

Curcuma

Pour soulager les érythèmes fessiers de votre bébé, saupoudrez un peu de curcuma dans vos mains pour masser ses rougeurs.

Fécule de maïs

Saupoudrez de la fécule sur les irritations.

Miel

Le miel soulagera aussi les fesses de votre bébé. Laissez-les à l'air pendant 15 minutes puis appliquez délicatement du miel sur les érythèmes fessiers avant de lui remettre une couche.

Huile d'amande douce, citron et citron vert

Mélangez 4 cuillers à soupe d'huile d'amande douce, 1 cuiller à café de jus de citron et 1 cuiller à café de jus de citron vert. Massez les érythèmes avec ce mélange pour retrouver une peau satinée. Et utilisez ce mélange pour traiter les herpès, le psoriasis et le lupus.

Huile d'olive
L'application régulière d'huile d'olive sur les fesses de votre bébé prévient les érythèmes.

Vaseline
Idem pour la vaseline.

EXTINCTION DE VOIX

Racine recommandait le Sirop des Chantres à son ami Boileau pour soigner son extinction de voix. Un sirop qui doit son nom aux chantres de la cathédrale Notre-Dame de Paris qui l'utilisaient régulièrement dans les cas d'aphonie et d'enrouement. A défaut de sirop, essayez quelques trucs simples.

Cannelle et gingembre
Gargarisez-vous au moins 3 fois par jour avec une infusion de cannelle et de gingembre. Faites infuser 1 cuiller à café de cannelle et 1 cuiller à café de gingembre dans 1 tasse d'eau bouillante pendant 10 minutes. Filtrez et gargarisez-vous.

Chou
Nettoyez une dizaine de feuilles de chou. Coupez-les en morceaux que vous passerez au mixeur. Mettez cette bouillie de chou dans une casserole et ajoutez le même volume de sucre. Faite cuire 5 ou 6 minutes. Laissez refroidir cette mixture avant de la mettre en bouteille. Prenez-en 8 cuillères à soupe par jour.

Citron, miel et glycérine
Mélangez le jus d'1 citron, 2 cuillers à soupe de miel et 1 cuiller à café de glycérine. Gargarisez-vous aussi souvent que nécessaire.

Gingembre
Épluchez une petite racine de gingembre et coupez-la en rondelles. Mettez-les dans une casserole d'eau. Amenez à ébullition, réduisez le feu et laissez frémir pendant 15 minutes. Filtrez, ajoutez 3 cuillers à soupe de miel. Buvez lentement. Renouvelez aussi souvent que nécessaire.

Vinaigre de vin et sel

Vous avez perdu votre voix ? Prenez un bain de pieds que l'herboriste Marie-Antoinette Mulot appelle « le bain de diva ». Ajoutez, à de l'eau aussi chaude que vous pouvez la supporter, une bonne dose de sel et 2 verres de vinaigre de vin. Faites faire trempette à vos pieds aussi longtemps que possible.

FATIGUE

« La fatigue est la ruine du corps », dit un proverbe arabe. N'attendez pas d'être trop fatiguée pour réagir avec tous les moyens à portée de main.

Un coup de barre ?

Buvez un grand verre d'eau froide.
Mangez un morceau.

Passez-vous les mains, les bras et le visage à l'eau.

Passez les avant-bras sous le robinet d'eau froide pendant 2 ou 3 minutes.

Passez énergiquement une brosse à ongle sur les paumes des mains et tac, ça repart ! Vous allez avoir une petite poussée d'adrénaline qui vous donnera un coup de tonus immédiat.

Appliquez une bouillotte chaude dans le creux de la pliure des genoux.
Voyez rouge ! Trouvez quelque chose d'un beau rouge vif à regarder.
Le rouge stimule, il fait monter la température corporelle et la pression artérielle. Bref, c'est un excitant et il donne de l'appétit.

Faites quelques exercices

Ouvrez grand les fenêtres et respirez profondément.
Roulez les épaules d'avant en arrière, puis d'arrière en avant. Haussez-les vers les oreilles puis serrez les omoplates. Faites chaque exercice une vingtaine de fois.

Camomille
Faites bouillir 50 g de fleurs de camomille dans 1 litre d'eau, laissez infuser pendant 10 minutes, filtrez et ajoutez à l'eau de votre bain.

Citron et pamplemousse
Pour vous requinquer, préparez-vous un petit cocktail vitaminé moitié jus de citron et moitié jus de pamplemousse.

Coriandre
Une infusion de graines de coriandre vous donnera un petit coup de fouet. Jetez 1 cuiller à soupe de graines dans 1 tasse d'eau bouillante. Laissez infuser pendant 10 minutes, filtrez et buvez chaud après le repas.

Lavande
Une petite infusion de lavande vous remettra sur pied. Jetez 1 cuiller à soupe de lavande dans 1 tasse d'eau bouillante. Laissez infuser pendant 10 minutes, filtrez et buvez 3 tasses de l'odorant breuvage entre les repas.

Miel, banane et citron
En cas de baisse de régime vers 11 heures, écrasez une banane et ajoutez 1 cuiller à café de miel et le jus d'un demi-citron. Turbo garanti.

Miel et cannelle
Si vous avez régulièrement un coup de pompe dans la journée, prenez 2 cuillers à café de miel et une demi-cuiller à café de cannelle dans une tasse d'eau bouillante. Laissez infuser

10 minutes et buvez 3 fois par jour. Les résultats devraient se faire sentir au bout d'une semaine.

Sel de mer
Préparez-vous un bain chaud dans lequel vous faites fondre 1 kilo de gros sel de mer. Détendez-vous dans l'eau salée pendant 15 minutes.

Thym
Pour vous redynamiser, jetez-vous dans un bain de thym. Faites bouillir 500 g de thym dans 4 litres d'eau pendant 5 minutes et laissez infuser 10 minutes. Filtrez et ajoutez cette décoction à l'eau de votre bain.

FURONCLES

Apparemment, les furoncles sont parfois des châtiments divins. La sixième plaie d'Égypte était une épidémie de furoncles et le pauvre Job a été puni avec des furoncles. Pour ceux qui, comme Job, souffrent de leurs pustules, quelques recettes ont fait leurs preuves.

Ail et vinaigre de cidre
Passez quelques gousses d'ail au presse-ail et appliquez la purée qui en sort sur les furoncles pour les faire mûrir. Lorsque le furoncle se vide, lavez la plaie avec un mélange de purée d'ail et de vinaigre.

Bicarbonate
Préparez une pâte avec du bicarbonate et de l'eau, enduisez le furoncle et recouvrez le tout d'une compresse chaude pour soulager vos souffrances et faire mûrir le monstrueux bubon.

Lorsque le furoncle se vide, lavez soigneusement la plaie avec un désinfectant ou une tasse d'eau chaude additionnée de 2 cuillers à soupe de citron, de vinaigre ou de vodka. Recouvrez d'une gaze stérile. Pendant quelques jours d'affilée, retirez le pansement pour faire des compresses avec du désinfectant, de l'eau citronnée ou vinaigrée, 2 ou 3 fois par jour pendant 15 minutes. Puis couvrez la plaie d'un pansement.

Chou

Une feuille de chou frais scotchée sur l'affreuse pustule mettra fin à ses velléités d'évolution.

Citron

Passez un citron au micro-ondes pendant 8 minutes, coupez-le en 2 et évidez-le pour mettre la pulpe sur le furoncle. Maintenez-la en place pendant 1 heure.
Lorsque le furoncle s'ouvre, lavez soigneusement la plaie et procédez comme indiqué ci-dessus dans la rubrique *Bicarbonate*.

Concentré de tomate

Enduisez le furoncle avec du concentré de tomate pour qu'il se vide. Puis lavez la plaie et procédez comme dans la rubrique *Bicarbonate*.

Gingembre et vinaigre

Du gingembre en poudre s'avère très efficace en cataplasmes. Mélangez 1 cuiller à café de gingembre avec un peu d'eau et quelques gouttes de vinaigre. Étalez cette pâte sur le furoncle, recouvrez d'un sparadrap. Une fois le furoncle vidé, désinfectez soigneusement la plaie.

Pain et lait

Pour faire mûrir un furoncle rapidement, faites tremper du pain dans un peu de lait salé chaud. Mettez cet emplâtre mou sur le furoncle et recouvrez d'une gaze et d'un sparadrap. Désinfectez la plaie après l'évacuation des humeurs.

Tapioca et pomme de terre

Mélangez 1 pomme de terre crue, épluchée et râpée à 1 cuiller à café de tapioca « cuisson rapide » et à un peu d'eau pour faire une bouillie bien épaisse et collante. Étalez ce mélange sur une gaze dont vous recouvrez l'éruption cutanée. Fixez la gaze avec du sparadrap. Renouvelez cette opération pendant plusieurs jours, jusqu'à ce que le furoncle soit complètement vidé et que la guérison commence. Cette pâte, très efficace, donne d'excellents résultats avec l'eczéma, les érysipèles, les abcès en tous genres et les lésions herpétiques.

Thé

Trempez 1 sachet de thé dans de l'eau très chaude et appliquez-le, sans l'essorer, sur la pustule. Recouvrez le sachet de ruban adhésif et laissez en place pendant la nuit. Le furoncle devrait se vider le lendemain matin.

GERÇURES, LÈVRES GERCÉES

Au XIIIe siècle, un médecin concocte une crème traitante quelque peu romantique soignant « les gerçures des lèvres produites par un excès de baisers ». Quelle que soit l'origine de vos gerçures, exfoliez vos lèvres en douceur avec de la poudre d'amandes puis massez-les avec du baume à lèvres ou l'un des produits suivants :

Glycérine ou huile de ricin

Un peu de glycérine ou d'huile de ricin fera des miracles sur les lèvres gercées.

Huile de bain pour bébé

Quelques gouttes d'huile sur vos lèvres et adieu les gerçures.

Thé

Démaquillez vos lèvres, passez un sachet de thé sous l'eau chaude et appliquez-le sur vos lèvres. L'acide tannique contenu dans le thé resserre la peau des lèvres et l'hydrate.

Vaseline
Massez vos lèvres avec un peu de vaseline pour qu'elles retrouvent leur douceur.

MAINS ET PIEDS GERCÉS

Concombre
Broyez un morceau de concombre pour l'appliquer sur les parties gercées.

Germe de blé et carottes
Faites une cure de germe de blé et de carottes râpées pour protéger votre peau.

Glycérine et citron
Vous avez les mains et les pieds aussi râpeux que du papier de verre. Agissez sans plus attendre. Ajoutez quelques gouttes de jus de citron à de la glycérine pour enduire vos mains ou vos pieds le soir au coucher. Enfilez des gants ou des chaussettes pour dormir avec ce mélange gluant. Au bout d'une semaine de ce traitement intensif, votre peau aura retrouvé toute sa douceur.

Son
Après de gros travaux manuels, frottez vos mains et vos pieds, s'ils ont souffert, dans un sac de son.

GOUTTE ET RHUMATISMES

À Java, traditionnellement, on frottait du piment sous les ongles des mains et des pieds des malades souffrant de goutte ou de rhumatismes. La légende indique que la sensation de brûlure était tellement insupportable pour la maladie que cette dernière s'empressait de se sauver en courant.

Ail

L'ail a la réputation d'être efficace contre la goutte et les rhumatismes. Si vous le supportez, mangez-en quelques gousses par jour. Et associez l'ail au jus de cerises noires pour redoubler d'efficacité.

Bicarbonate

En prévention, prenez une demi-cuiller à café de bicarbonate avec les repas pour alcaliniser le corps et prévenir les attaques de goutte.

Citron jaune ou vert

Le jus de citron joue aussi un rôle préventif en neutralisant les acides. Buvez 1 jus de citron frais dans un verre d'eau après chaque repas. Pour bien exprimer tout le jus, roulez le citron sur le plan de travail ou la table avant de le presser.

Cerises noires

Plusieurs cuillers à soupe de jus concentré de cerises noires par jour permettent de soulager les douleurs en quelques jours. Pendant la saison des cerises, une dizaine de cerises par jour calment les symptômes de la goutte. Pendant le reste de l'année, des cerises congelées sont tout aussi efficaces. Et si vous sentez que vous allez faire une crise de goutte, mangez aussitôt une trentaine de cerises ou buvez 1 verre de jus de cerises, de préférence loin des repas.

Concombre

Mangez du concombre ou buvez du jus de concombre.

Fraises
Une assiette après chaque repas est un dessert agréable, sain et terriblement efficace pour neutraliser l'acide urique. Le soulagement est très rapide.

Gingembre
Épluchez et émincez 2 cm de gingembre frais. Infusez dans 1 tasse d'eau bouillante pendant 10 minutes. Filtrez et sucrez avec 1 cuiller à café de miel. Buvez 4 tasses par jour.

Sirotez cette infusion torride dans un bon bain au gingembre
Ajoutez 1/3 de tasse de gingembre en poudre à l'eau de votre bain et restez-y pendant une demi-heure. Vous allez transpirer et éliminer l'acide urique des tissus. Prenez une douche après votre bain pour bien éliminer tout le gingembre, qui, s'il sèche sur la peau, risque de provoquer des irritations.

Persil
Usez et abusez du persil, qui est un excellent diurétique.

Piment de Cayenne
Faites bouillir 1 cuiller à soupe de piment de Cayenne dans une tasse de vinaigre de cidre et une tasse d'eau et appliquez sur les articulations douloureuses. Vous pouvez aussi ajouter 2 cuillers à café de Tabasco® à une demi-tasse d'eau chaude et procéder de la même façon.

Raisin
Mangez du raisin, très riche en produits alcalins. Il fait baisser l'acide urique et favorise son élimination.

Safran
Colorez et parfumez vos repas avec du safran qui neutralise l'acide urique.

Vinaigre de cidre
Si vous souffrez d'un excès d'acide urique, d'articulations douloureuses, de goutte ou de tendinite, ajoutez 2 tasses de

vinaigre à l'eau de votre bain et plongez-vous dedans pendant une demi heure.

Vinaigre de cidre et miel

Deux cuillers à café de vinaigre de cidre et 2 cuillers à café de miel dans 1 verre d'eau à chaque repas apportent une amélioration au bout de quelques semaines. Complétez ce traitement par des bains auxquels vous ajoutez 2 tasses de vinaigre.

Vodka et lavande

Remplissez un grand bocal hermétique en verre avec de la lavande fraîche, recouvrez de vodka, fermez le bocal et mettez-le au soleil pendant 3 jours. Filtrez le liquide et frictionnez tout ce qui fait mal avec cette préparation.

Shiatsu

Soulagez vos douleurs en appuyant juste sous le centre du nez vers la lèvre supérieure.

Pressez et massez l'espace entre la partie charnue du pied et la base du gros orteil sur chaque pied ; puis sur le pied gauche uniquement, stimulez un point à mi-chemin entre la base du petit orteil et le talon.

Sur la paume des deux mains, pressez et massez un point sur la partie charnue à la base du pouce directement sous l'index. Puis sur la paume gauche uniquement, stimulez un point qui se trouve à mi-chemin entre la base du petit doigt et du poignet.

Pour toutes les douleurs articulaires, appuyez sur un point situé à 4 doigts sous la rotule, dans l'indentation sur l'os du tibia. Appuyez sur ce point sur les 2 tibias pendant 1 minute, 3 fois par jour.

Pour les douleurs et les raideurs des chevilles, appuyez sur le point qui se trouve dans le grand creux directement devant l'os de la cheville. Appuyez sur ce point sur les 2 pieds pendant 1 minute, 3 fois par jour.

HÉMORROÏDES

Paracelse, médecin et alchimiste suisse du XVIe siècle, recommande la ficaire pour soigner les hémorroïdes. Apparemment, après cinquante ans, une personne sur deux en souffre.

Ail
Insérez une gousse d'ail épluchée et pelée dans le rectum, comme un suppositoire juste après être allé aux toilettes. Gardez-la aussi longtemps que possible. Renouvelez l'opération au coucher et essayez de garder la gousse toute la nuit. L'ail fera désenfler le rectum rapidement. Répétez la procédure tous les jours jusqu'à la disparition du problème.

Citron
Trempez un coton dans du jus de citron et lotionnez la partie douloureuse en serrant les dents parce que ça pique horriblement.

Oignon
Appliquez 1 jus d'oignon avec du sucre sur des hémorroïdes qui saignent.

Pomme de terre
Découpez 1 suppositoire dans 1 pomme de terre épluchée et insérez-le dans le rectum. Les résultats sont rapides. Continuez jusqu'à disparition du problème.

HERPÈS

C'est Hippocrate qui le premier utilise ce terme pour décrire les lésions qui semblaient « ramper » à la surface de la peau des personnes infectées. Puis Hérodote associe les ulcères et les vésicules à de la fièvre. Asséchez rapidement un bouton de fièvre aussi douloureux que disgracieux avec le contenu de vos placards.

Bicarbonate et dentifrice
Mélangez du bicarbonate et du dentifrice et appliquez sur le bouton 3 fois par jour.

Curcuma et citron vert
Faites une pâte avec du curcuma en poudre, le jus d'un demi-citron vert et un peu d'eau. Appliquez-la sur le bouton de fièvre.

Curcuma et miel
Mélangez un quart de cuiller à café de curcuma avec 1 cuiller à café de miel. Recouvrez le bouton de cette préparation.

Fécule de maïs
Ajoutez quelques gouttes d'eau à 1 cuiller à café de fécule de maïs pour faire une pâte. Tartinez ce plâtre sur le bouton.

Glace
Si vous n'avez pas de médicament sous la main, dès les premiers picotements indiquant qu'un bouton de fièvre essaie de percer, frottez l'endroit fatidique avec 1 glaçon pendant 10 minutes toutes les heures. Avec un peu de chance et beaucoup de persévérance, le bouton ne sortira pas.

Huile d'amande douce, citron et citron vert
Mélangez 4 cuillers à soupe d'huile d'amande douce, 1 jus de citron et 1 jus de citron vert. Massez la peau avec ce mélange pour soulager la sensation de brûlure.

Menthe
Buvez des infusions de menthe 2 fois par jour pendant les crises.

Oignon
Dès que vous sentez qu'un bouton de fièvre commence à s'installer, frottez l'emplacement du bouton avec une lamelle d'oignon. Répéter plusieurs fois par jour.

Sauge et gingembre

Préparez une infusion de sauge en ajoutant 3 feuilles dans une tasse d'eau bouillante. Filtrez et ajoutez 1 cuiller à café de gingembre. Buvez plusieurs tasses par jour jusqu'à la disparition du misérable.

Thé

Faites infuser un sachet de thé, noir de préférence, dans une tasse d'eau bouillante pendant 10 minutes. Laissez refroidir avant de lotionner délicatement les lésions douloureuses. Au bout de 4 à 5 jours, une croûte devrait se former.

Vaseline

La vaseline soulage la peau craquelée et desséchée causée par l'herpès.

Vodka

Appliquez de la vodka sur le bouton avec un Coton-Tige®. S'il s'ouvre, lotionnez avec de la vodka pour le dessécher.

HOQUET

Pratiquement tout le monde a une recette pour arrêter le hoquet. Platon recommandait de se gargariser en retenant sa respiration. D'autres prescripteurs moins illustres conseillent de tirer fermement les deux lobes d'oreille en même temps, vers le bas. Ou de mettre une paille dans un verre d'eau et de boire l'eau tout en pressant la pointe des index derrière les oreilles, dans le petit creux où le cou et la mâchoire se rencontrent. On peut aussi appuyer le pouce contre le petit doigt des deux mains et les maintenir en position verticale durant 10 ou 20 secondes, ou encore respirer dans un sac en papier. Pour ce qui est des remèdes culinaires, il y a :

Ananas

Buvez un jus d'ananas.

Anis
Pour les bébés qui ont le hoquet, faites infuser 1 cuiller à café de graines d'anis dans une tasse d'eau bouillante. Filtrez, laissez refroidir et donnez 2 cuillers à café de tisane à votre bébé.

Beurre de cacahuètes
Pour stopper un hoquet, avalez 1 cuiller à café de beurre d'arachide.

Citron
Inclinez la tête vers l'arrière et faites tomber 3 à 4 gouttes de jus de citron au fond de la bouche.
Si ça ne marche pas, pressez le citron et ajoutez le jus à un verre d'eau.

Citron et sel
Coupez le citron en quartiers, saupoudrez un quartier avec du sel et sucez le jus.

Glaçon
Sucez un glaçon.

Miel
Avalez 2 cuillers à soupe de miel pour chasser le hoquet.

Orange
Buvez un jus d'orange.

Sucre
Avalez 1 cuiller à café de sucre sans boire.

Sucre et citron
Trempez un morceau de sucre dans un jus de citron et laissez-le fondre dans la bouche.

HYPERTENSION

Ail
Si vous supportez l'ail, cuisinez avec. Vous pouvez aussi écraser une gousse d'ail que vous faites macérer le soir dans un verre d'eau froide à boire le lendemain matin à jeun.

Betterave
Coupez une betterave crue en tranches et arrosez-les avec un jus de citron frais. Mettez au réfrigérateur pour la nuit et mangez une tranche de betterave par jour.

Gingembre, miel et cumin
Prenez 1 cuiller à café de miel avec 1 cuiller à café de jus de gingembre frais et 1 cuiller à café de cumin en poudre 2 fois par jour.

Piment
Dans vos recettes, remplacez le sel par du piment et du jus de citron.

Vinaigre de cidre
Deux cuillers à soupe de vinaigre de cidre dans 1 verre d'eau peuvent faire baisser la tension.

INSOMNIES

Si vous n'arrivez pas à dormir, essayez le Jin Shin Jyutsu. Cette thérapie basée sur l'énergie propose une série de gestes simples et efficaces pour dormir. Allongé dans votre lit, en commençant par le pouce de la main gauche, prenez chaque doigt, pouce compris, à tour de rôle en le serrant légèrement avec la paume et les doigts de la main droite jusqu'à ce que vous sentiez battre le pouls. Passez au doigt suivant. Une fois que vous aurez serré tous les doigts de la main gauche, faites la même chose avec les doigts de la main droite. Vous devriez vous retrouver avec délice dans les bras de Morphée.

Basilic

Une infusion de basilic pour donner un petit coup de pouce au sommeil. Faites infuser 5 feuilles de basilic frais ou 1 cuiller à café de basilic séché dans 1 tasse d'eau bouillante. Laissez infuser pendant 10 minutes et buvez 1 heure avant de vous coucher.

Bicarbonate

Pour vous détendre, ajoutez une demi-tasse de bicarbonate à l'eau de votre bain.

Citron, orange et miel

Avant de vous coucher, pressez 1 citron et 1 orange, ajoutez les jus à un demi-verre d'eau tiède sucrée avec 2 cuillers à café de miel. Plus le miel est foncé, mieux ça marche.

Huile de sésame

La médecine ayurvédique recommande de se masser la plante des pieds avec de l'huile de sésame.

Pomme

Coupez une pomme en tranches et recouvrez d'un demi-litre d'eau bouillante. Laissez mijoter pendant 1 heure et buvez le soir.

Tilleul

Jetez 2 cuillers à soupe de tilleul dans un demi-litre d'eau. Laissez infuser 10 minutes, filtrez et ajoutez à l'eau de votre bain. Buvez des tisanes de tilleul pour dormir comme un bébé. Faites infuser 1 cuiller à café de tilleul (ou 1 sachet) dans 1 tasse d'eau bouillante. Laissez infuser 10 minutes, filtrez et buvez 3 tasses quotidiennes de ce calmant.

Vinaigre de cidre et miel

Mélangez 2 cuillers à café de vinaigre de cidre avec 2 cuillers à café de miel dans 1 verre d'eau et buvez le soir au coucher. Si vous ne dormez pas une demi-heure plus tard, recommencez.

INTOXICATION ALIMENTAIRE

Dans Les Enchaînés *d'Hitchcock, Alicia (Ingrid Bergman) épouse Alexander Sebastian (Claude Rains), un affreux ancien nazi, pour mieux l'espionner. Lorsqu'il s'en rend compte, avec l'aide de sa harpie de mère, il entreprend d'empoisonner le café d'Alicia pour se débarrasser d'elle. Heureusement que Devlin (Cary Grant) veille sur elle et la sauve en l'emportant dans ses bras puissants et musclés.*

Pendant la Renaissance, l'âge d'or des empoisonnements, on se précipitait sur la moutarde dès la première crampe d'estomac. Les intoxications alimentaires classiques sont très douloureuses. Vous avez l'impression que vous allez mourir à force de vomir. Dédramatisez la situation et demandez plutôt qu'on vous prépare un remède maison.

Curcuma

Une bonne infusion de curcuma toutes les heures vous soulagera. Donnez les indications pour préparer cette potion magique : 2 cuillers à café de curcuma dans 1 tasse d'eau bouillante, couvrir et laisser infuser pendant 5 minutes. Forcez-vous à boire le précieux liquide jusqu'à la dernière goutte.

Piment de Cayenne ou Tabasco®

Mangez du piment pour tuer les bactéries. Au Mexique, on soigne la dysenterie avec des piments. Mélangez un quart de cuiller à café de piment de Cayenne ou 20 gouttes de Tabasco® dans un demi-verre d'eau minérale. Répétez plusieurs fois au cours de la journée.

Solution de réhydratation

Pour ne pas risquer la déshydratation, concoctez-vous la solution de réhydratation de votre choix. Vous trouverez des recettes sous la rubrique *Déshydratation*.

Vinaigre de cidre

Dès les premiers symptômes, prenez 1 cuiller à soupe de vinaigre de cidre sans le diluer. Après, brossez-vous les dents avec du bicarbonate pour éviter que l'émail ne soit attaqué. Répétez toutes les 2 heures si nécessaire.

LENDEMAINS DIFFICILES

« J'ai déjà eu la gueule de bois, mais cette fois-ci, j'ai même mal aux cheveux ! » déclare Rock Hudson à Tony Randall dans Confidences sur l'oreiller. *Pour alléger de telles souffrances et ne pas avoir, au réveil, l'impression d'être passé sous un rouleau compresseur pendant la nuit, il existe quelques trucs qui peuvent vous aider à fonctionner non pas à plein régime, il ne faut pas rêver, mais disons à 50 %. Si vous avez mal à la tête, commencez par empoigner de grosses mèches de cheveux et tirer dessus. Cette séance de torture fait affluer le sang dans le cuir chevelu et soulage les maux de tête.*

Alka-Seltzer®
Pensez à prendre 2 comprimés dans 1 verre d'eau avant de vous coucher pour limiter les souffrances au réveil.

Aspirine et limonade
Vous n'aurez pas mal à la tête si, avant de vous coucher, il vous reste assez de lucidité pour avaler 2 aspirines avec un grand verre de limonade.

Si vous avez oublié la limonade et que le lendemain au réveil vous souffrez, il vous reste :

Aspirine effervescente, bicarbonate et jus de citron
L'une des plus anciennes bandes dessinées américaines, *The Katzenjammer Kids*, (*Pim Pam Poum* en français), doit son nom au terme allemand katzenjammer qui désigne la migraine bien particulière qui suit l'absorption de boissons alcoolisées. Pour la dissiper, mettez 2 aspirines effervescentes, 1 cuiller à café de bicarbonate et 2 cuillers à café de jus de citron dans un verre d'eau, et buvez ce mélange pendant qu'il pétille.

Banane
Si vous vous sentez terriblement barbouillé, mangez une ou deux bananes, excellents antiacides, au petit déjeuner.

Café
Pour chasser votre katzenjammer, buvez 2 bonnes tasses de café bien serré.

Citron vert
Dès le réveil, prenez 2 cuillers à soupe de jus de citron vert et 1 cuiller à café de sucre dans 1 verre d'eau. Buvez lentement cette citronnade qui stabilisera le taux de sucre dans le sang, toujours très bas après des libations copieuses.

Curcuma
Au réveil, si vous vous sentez quelque peu fragilisé par les excès de la veille, buvez des infusions de curcuma toutes les 2 heures, jusqu'à ce que vous vous sentiez revivre. Procédez comme pour les intoxications alimentaires.

Miel
Prenez de 2 à 6 cuillers à café de miel toutes les 20 minutes dès le réveil, selon l'intensité des dégâts. Continuez la cure de miel jusqu'à ce que vous vous sentiez mieux. Puis prenez 4 cuillers de miel avec votre premier repas. Le miel contient du potassium qui aide à diminuer l'envie d'alcool et du fructose qui permet au corps de métaboliser l'alcool plus rapidement.

Piments
Les Indiens Tukano de Colombie utilisent des piments pour soulager la gueule de bois. Après une nuit de beuverie, ils se versent un mélange d'eau et de piments broyés dans les narines. C'est radical pour éclaircir les idées.

Thym
Pour secouer vos neurones, rien de tel qu'une petite décoction de thym. Vous pouvez utiliser du thym sauvage. Mettez 5 ou 6 branches, fraîches ou sèches, dans 1 tasse d'eau froide, que

vous amenez à ébullition. Couvrez et laissez infuser pendant 5 minutes. Filtrez et buvez. Cet aromate d'exception sera aussi, selon Aetius d'Amide, médecin de Justinien Ier, empereur d'Orient (482-565), un remède aux troubles de l'esprit provoqués par les démons.

Toast

Des toasts brûlés au petit déjeuner pour soigner les débordements alcooliques, c'est scientifique... Il y a du carbone dans le toast et le carbone est un filtre qui absorbe les toxines libérées par l'alcool. Cette explication peut également vous servir d'excuse la prochaine fois que vous carboniserez les toasts par inadvertance.

Tomate

Le jus de tomate contient du fructose, c'est peut-être pour cela que le *Bloody Mary,* qui à l'origine s'appelait *The Bucket of Blood*, le « *Seau de Sang* », est un grand favori pour les lendemains difficiles.

MAINS ET PIEDS FROIDS

Vos extrémités sont souvent gelées ? Un dicton esquimau dit :
« Si tu as froid aux pieds couvre ta tête. »
Et si un bonnet ne suffit pas, essayez les épices.

Gingembre et miel

Épluchez et émincez 2 cm de gingembre frais que vous faites infuser dans 1 tasse d'eau bouillante pendant 10 minutes. Filtrez et sucrez avec 1 cuiller à café de miel.

Piment de Cayenne ou Tabasco®

Ajoutez 1 cuiller à café bien bombée de piment de Cayenne ou une demi-cuiller à café de Tabasco® à un jus de fruit ou un verre d'eau pour activer la circulation jusqu'au bout des doigts.

MAINS MOITES

Pour parer au plus pressé, frottez-vous les mains avec :

Alcool ou vodka
Avant vos rendez-vous importants, respirez un grand coup et frottez un peu d'alcool ou de vodka dans vos mains. Personne ne saura que vous stressez comme un(e) malade. Pour les urgences, gardez toujours quelques lingettes désinfectantes dans votre sac.

Citron
Fini les mains moites en frictionnant vos mains deux fois par jour avec une tranche de citron. Laissez-les sécher à l'air.

Déodorant
Passez-vous un peu de déodorant sur les mains. Testez avant de sortir et choisissez de préférence un déodorant sans parfum.

Thé
Ne jetez pas vos sachets de thé après usage mais prenez-en un dans chaque main et serrez-les pendant un quart d'heure. Faites-le 1 fois par jour pendant 3 semaines si vous voulez obtenir un résultat satisfaisant.

MAL À LA GORGE

La sœur du cinéaste Luchino Visconti raconte que lorsqu'il avait mal à la gorge, il avalait une bouteille entière de sirop. Elle ne précise pas si le remède était efficace.

Aspirine et bicarbonate
Faites fondre 1 aspirine et 1 cuiller à café de bicarbonate dans une demi-tasse chaude et gargarisez-vous plusieurs fois par jour.

Bicarbonate, sel et sucre
Mélangez 1 cuiller à café de bicarbonate, 1 cuiller à café de sel et 1 cuiller à café de sucre dans 1 verre d'eau chaude. Gargarisez-vous avec cette préparation 3 fois par jour.

Citron
Ajoutez un jus de citron et 1 cuiller à café de sel à 1 verre d'eau chaude. Gargarisez-vous pendant 1 minute au moins 3 fois par jour.

Cola
Si vous n'avez rien d'autre ou si vous êtes au bureau, filez au distributeur pour acheter un cola et gargarisez-vous avec.

Curcuma ou gingembre
Mélangez 1 cuiller à café de curcuma ou de gingembre en poudre dans un verre d'eau bouillante. Laissez un peu refroidir et procédez comme avec le jus de citron.

Miel et jus de citron ou vinaigre de cidre
Faites fondre un quart de tasse de miel dans un quart de tasse de jus de citron ou de vinaigre de cidre. Prenez 1 cuiller à soupe de cette potion plusieurs fois par jour en avalant très lentement. Vous pouvez aussi ajouter 1 cuiller à soupe de miel et 1 cuiller à café de jus de citron ou de vinaigre de cidre à un verre d'eau chaude pour vous gargariser avec cette mixture avant de l'avaler.

Navet
Préparez-vous un petit sirop en coupant un navet en petits morceaux que vous mettez dans un saladier. Recouvrez de sucre et couvrez le saladier avec une assiette. Dès le lendemain, prenez 1 cuiller à soupe du sucre fondu. Le goût de ce sirop adoucissant n'est pas aussi effroyable qu'on pourrait le craindre et les morceaux de navet non plus.

Persil, miel et citron
Pour soulager les maux de gorge divers et variés ainsi que les sinusites, ajoutez 1 cuiller à café de persil frais haché, 1 cuiller à café de miel et quelques gouttes de jus de citron à une tasse d'eau bouillante. Laisser infuser 10 minutes et buvez à volonté.

Piment de Cayenne ou Tabasco®

Délayez une demi-cuiller à soupe de piment de Cayenne ou 1 cuiller à café de Tabasco® dans 1 verre d'eau chaude, gargarisez-vous et avalez ce breuvage de feu qui va activer la circulation au fond de la gorge. Vous pouvez ajouter du miel si vous en avez envie.

Sauge

Préparez une infusion de sauge avec 5 ou 6 feuilles dans une tasse d'eau bouillante. Filtrez et gargarisez-vous 3 fois par jour.

Sel

Diluez 1 cuiller à café de sel dans un verre d'eau chaude et gargarisez-vous plusieurs fois par jour, mais n'avalez pas l'eau.

Thé

Préparez un thé bien serré avec 3 sachets dans une tasse d'eau bouillante. Laissez infuser jusqu'à ce que le thé soit pratiquement noir mais toujours chaud. Gargarisez-vous longuement sans avaler. Répétez toutes les heures jusqu'à ce que ça aille mieux.

Thym et cannelle

Jetez une poignée de thym frais ou sec dans une tasse d'eau bouillante à laquelle vous pouvez aussi ajouter 2 cuillers à café de cannelle si vous en avez dans vos placards. Laissez infuser pendant 5 minutes, filtrez, gargarisez-vous et avalez.

Vinaigre de cidre

Ajoutez 1 cuiller à café de vinaigre de cidre à 1 verre d'eau tiède. Gargarisez-vous avec et avalez. Répétez plusieurs fois au cours de la journée.

Vodka ou whisky et miel

Mélangez de la vodka, du whisky ou tout autre alcool fort avec 1 cuiller à soupe de miel dans un peu d'eau chaude pour vous gargariser. Avalez ou pas en fonction de ce que voulez anesthésier : vous ou uniquement votre gorge.

MAL AUX DENTS

Mae West disait que l'amour pouvait tout surmonter, sauf la misère et le mal de dents.
Et, comme un malheur n'arrive jamais seul, les rages de dents frappent souvent pendant le week-end, lorsque les dentistes sont injoignables et les pharmacies fermées. Dans ces situations extrêmes, il ne vous reste plus que la prière, les engelures (car, écrivit Maupassant à Louise Collet : « On ne sent pas ses engelures quand on a mal aux dents ») et le placard de la cuisine :

Ail
Épluchez 1 gousse d'ail, coupez-la en 2 et mettez-en un bout de chaque côté de la dent qui vous fait mal. Si vous n'aimez pas le goût de l'ail, pressez une gousse d'ail dans la pliure des deux genoux. Apparemment ça fait du bien.
Rien ne vous empêche de faire les deux en même temps.

Basilic
Pour soulager les gencives enflées, faites des bains de bouche avec des infusions de basilic. Ajoutez 8 feuilles de basilic à 1 tasse d'eau bouillante. Laissez infuser 10 minutes, filtrez et faites vos bains de bouche.

Citron jaune ou vert
Trempez un morceau de coton dans du jus de citron et mettez-le sur la dent et la gencive qui vous tourmentent.

Clou de girofle
Mâchouillez un clou de girofle puis coincez-le entre la dent responsable de toutes vos souffrances et la joue. Laissez-le en place aussi longtemps que nécessaire.

Gingembre et piment de Cayenne ou Tabasco®
Mélangez en parties égales du gingembre et du piment en poudre ou du Tabasco® avec un peu d'eau pour faire une pâte à appliquer sur la dent.

Piment de Cayenne ou Tabasco®

Mettez 1 pincée de piment sur la gencive ou quelques gouttes de Tabasco®. Au début vous aurez encore plus mal aux dents, mais en quelques secondes, vous serez soulagé.

Thé

Après une extraction dentaire, trempez un sachet de thé dans l'eau bouillante, pressez-le et laissez-le refroidir. Appliquez-le sur la cavité endolorie pendant une demi-heure.
Un sachet de thé soulagera aussi une dent qui fait mal et des gencives qui saignent.

Vanille ou vinaigre de cidre

Trempez un petit bout de coton dans de l'extrait de vanille ou du vinaigre de cidre et mettez-le sur la gencive au-dessus de la dent qui vous fait souffrir ou sur la cavité et la gencive après une extraction.

Vodka

Faites des bains de bouche avec de la vodka, du whisky ou tout autre alcool fort qui anesthésiera temporairement la douleur.

Réflexologie

Massez l'articulation supérieure des pouces pour apaiser temporairement la douleur.

MAL AUX OREILLES

Pline recommande la jusquiame pour traiter les maux d'oreille. Mais il met en garde contre les risques d'effets secondaires que cette plante peut provoquer. Quoi qu'il en soit, évitez la jusquiame dans les oreilles.

Ail

Percez une gousse d'ail et versez quelques gouttes du liquide dans l'oreille.

Alcool ou vodka

Après la piscine ou une baignade en mer, mettez quelques gouttes d'alcool ou de vodka dans l'oreille pour tuer les microbes et faire évaporer l'eau qui s'y trouve.

Vinaigre de cidre

Pour éviter les otites ou autres infections douloureuses des oreilles, mettez quelques gouttes de vinaigre de cidre dans les oreilles après la douche ou la piscine.

Lampe de poche

Si vous avez un intrus dans l'oreille, du genre insecte égaré et myope de surcroît, faites-lui rebrousser chemin en éclairant le pavillon de l'oreille avec une lampe de poche. La bestiole ne résistera pas à la lumière et ressortira d'elle-même.

Sèche-cheveux

L'eau de la piscine ou de la douche vous a bouché les oreilles. Prenez un sèche-cheveux et visez l'oreille en l'agitant d'avant en arrière. L'air chaud fera évaporer l'eau rapidement.
Pour éviter ce désagrément la prochaine fois que vous irez à la piscine, mettez quelques gouttes d'huile d'olive ou d'huile de bain pour bébé dans les oreilles avant de partir.

Réflexologie

Trouvez 1 point qui se trouve juste au-dessus du milieu de la base de l'auriculaire. Massez ce point sur les 2 mains plusieurs fois par jour.

MAL AUX PIEDS

Après une dure journée de shopping ou une nuit éprouvante sur la piste de danse, vous avez les pieds douloureux. Pour soulager vos souffrances, massez-vous les pieds. Vous pouvez faire un massage classique avec les mains et une huile ou une crème.

Ou utiliser une balle de tennis ou en caoutchouc pas trop dur, que vous faites rouler du milieu du talon vers le bord droit puis le bord gauche du pied, puis du talon vers les orteils. Revenez à la base des orteils pour faire rouler la balle vers le bord externe droit puis gauche. Refaites le trajet en sens inverse vers le talon. Amusez-vous avec la balle aussi longtemps que vous en aurez envie.

Alka-Seltzer® ou aspirine effervescente, bicarbonate et jus de citron
Préparez-vous un bain de pieds défatigant : 1 cuvette d'eau tiède avec 4 comprimés de votre choix, 2 cuillers à soupe de bicarbonate et 1 jus de citron. Laissez-y vos pieds pendant 15 minutes.

Bicarbonate
Si vous êtes allergiques à l'aspirine ou si vous n'en avez pas, mettez 4 cuillers à soupe de bicarbonate dans votre bain de pieds et procédez comme précédemment.

Bicarbonate et sel de mer
Jetez une demi-tasse de gros sel de mer et une demi-tasse de bicarbonate dans une cuvette d'eau chaude avant d'y tremper vos pieds pendant 15 minutes.

Camomille et sel de mer
Faites infuser 1 grosse poignée de fleurs de camomille dans une cuvette d'eau bouillante, ajoutez 5 poignées de gros sel de mer et attendez que la température soit supportable pour y mettre les pieds.

Concombre
Passez des concombres avec la peau au mixeur. Mettez cette purée au congélateur pendant quelques minutes, puis mettez-la dans une cuvette assez grande pour prendre un bain de pieds. Plongez les pieds dans cette bouillie froide pendant 30 minutes.

Huile d'amande, d'olive ou de maïs et citron
Massez-vous les pieds avec un peu d'huile tiède et de jus de citron pour délasser et hydrater vos pieds.

Menthe et sel de mer

Faites infuser 2 grosses poignées de feuilles de menthe fraîche dans une cuvette d'eau bouillante, ajoutez 5 poignées de gros sel de mer et attendez que l'eau refroidisse un peu avant d'y mettre les pieds.

Pomme de terre

On dit que les montagnards bavarois soulagent leurs pieds fatigués dans l'eau de cuisson des pommes de terre. Faites bouillir 4 pommes de terre épluchées dans 2 litres d'eau. Sortez les pommes de terre, laissez l'eau refroidir un peu avant d'y tremper vos pauvres petons meurtris pendant 15 minutes.

Thé

Préparez du thé très fort avec 10 sachets de thé noir ou avec la moitié d'un bocal de thé instantané non sucré, que vous ajoutez à l'eau tiède de votre cuvette avant d'y mettre vos pieds.

Sel de mer et jus de citron

Deux bonnes poignées de gros sel de mer dans une cuvette d'eau froide, avec ou sans jus de citron, requinqueront des pieds qui ont souffert.

Vicks VapoRub®

Au coucher, tartinez du Vicks® sur les pieds et les chevilles, mettez une paire de chaussettes en coton pour la nuit. Le lendemain matin, c'est un homme (ou une femme) transformé(e) qui sautera du lit avec des pieds régénérés et hydratés.

Vinaigre de cidre ou vodka

Pour donner un grand coup de frais à vos pieds, massez-les avec du vinaigre de cidre ou de la vodka.

MAL DE DOS

Au Moyen Âge, on sautait par-dessus les feux de la Saint-Jean pour prévenir le mal de dos. À Metz, on faisait brûler des bouquets d'armoise pour éviter les maux de reins des moissons. Pour obtenir le même résultat, on pouvait dans certaines régions se faire balancer au-dessus du feu. En attendant le mois de juin…

Ail

La médecine ayurvédique recommande de manger 2 ou 3 gousses d'ail le matin pour chasser le mal de dos.

Avoine

L'herboriste Marie-Antoinette Mulot recommande de faire un cataplasme d'avoine complète cuite dans l'eau avec un peu de vinaigre de vin pour être soulagée rapidement.

Huile d'olive et laurier

Faites chauffer – mais ne faites surtout pas bouillir – 1 cuiller à soupe d'huile d'olive avec 4 feuilles de laurier. Laissez refroidir, filtrez et faites-vous masser le dos avec cette huile.

Traitement froid et chaud

Procédez comme pour les entorses. Utilisez un pack de glace pendant les premières 48 heures. Couchez-vous sur le dos avec les jambes repliées, les talons près des fesses, et mettez le pack de glace sous le dos. Essayez de le garder pendant 5 à 10 minutes plusieurs fois par jour.

A partir du troisième jour et pas avant, utilisez la chaleur pour favoriser la guérison. Des douches et des bains chauds, des bouillottes ou des compresses. Allongez-vous sur le dos avec les jambes repliées et mettez la bouillotte sous le dos plusieurs fois par jour en faisant attention de ne pas vous brûler.

Réflexologie

Selon les principes de la réflexologie, sur les mains, la zone du dos commence au-dessus de votre poignet, à la base du pouce et continue dans cette direction tout le long du pouce. Massez cette section avec le pouce de l'autre main en partant de la base du pouce vers le sommet, puis en redescendant vers le poignet, sur les 2 mains toutes les 2 heures.

MAUVAISE HALEINE

Pour camoufler l'embarrassante odeur de mauvaise haleine, évitez d'imiter Woody Allen qui, dans Tombe les filles et tais-toi, *se vaporise du déodorant partout, y compris dans la bouche, dans l'espoir de dégager un sex-appeal torride. A défaut de sex-appeal, pour s'assurer une haleine fraîche, quelques petits trucs tout bêtes suffisent.*

Basilic, menthe ou persil

« Tout le monde connaît l'odeur de l'ail, sauf celui qui en a mangé et qui se demande pourquoi tout le monde le fuit », écrit Alexandre Dumas dans *Le Grand Dictionnaire de la Cuisine*. Si vous avez mangé de l'ail ou de l'oignon, mâchez des feuilles de basilic, de menthe (poivrée de préférence) ou de persil pour chasser leur odeur tenace. Trempez-les dans du vinaigre avant de les mâcher et de les avaler. Elles rafraîchissent l'haleine et favorisent la digestion.

Bicarbonate

Brossez-vous les dents avec un peu de bicarbonate qui, en diminuant l'acidité buccale, détruit l'environnement préféré des bactéries.
Ou faites un bain de bouche avec 1 cuiller à café de bicarbonate dans 1 verre d'eau tiède.

Café

Mâchez quelques grains de café si vous avez mangé de l'ail ou de l'oignon ou si vous avez forcé sur l'alcool.

Cardamome, anis et fenouil

La cardamome, dont le goût rappelle le citron, le poivre et l'eucalyptus, a un effet rafraîchissant et stimulant connu depuis l'Antiquité en Inde. Elle favorise la digestion et parfume agréablement l'haleine. Un mélange magique appelé *supari* et que vous pouvez confectionner vous-même en mélangeant des graines de cardamome, de fenouil et d'anis, neutralise parfaitement l'odeur de l'ail, de l'oignon et de l'alcool.

Citron

Sucez un quartier de citron avec du sel pour contrer les effluves d'ail ou d'oignon sur l'haleine.
Ou rincez-vous la bouche avec 1 jus de citron dilué dans 1 verre d'eau et avalez.

Clou de girofle

Mâchez 1 clou de girofle ou faites infuser 3 clous de girofle entiers ou un quart de cuiller à café de clou de girofle en poudre dans 2 tasses d'eau bouillante pendant 20 minutes. Filtrez et utilisez ce liquide en bain de bouche ou pour gargariser 2 fois par jour.

Sauge

Votre haleine fétide vous désole à juste titre ? Inutile de vous jeter sous le train. Mâchez quelques feuilles de sauge pour qu'elle ne soit plus qu'un mauvais souvenir.

Vinaigre de cidre

Une cuiller à soupe de vinaigre de cidre dans 1 verre d'eau avant les repas réduira les risques de relents digestifs embarrassants.

Vodka et cannelle

Mettez 2 cuillers à soupe de cannelle et 1 tasse de vodka dans 1 bocal hermétique. Fermez-le bien et secouez-le vigoureusement 2 fois par jour pendant 2 semaines. Filtrez le liquide et voilà, vous avez un bain de bouche puissant ! En cas d'urgence, ajoutez 1 cuiller à soupe de cette mixture à 1 verre d'eau chaude pour vous rincer la bouche.

MAUX DE TÊTE, MIGRAINE

Guy de Maupassant souffrait de migraines tenaces :
« La migraine, qui broie la tête, rend fou, égare les idées et disperse la mémoire ainsi qu'une poussière au vent,
la migraine m'avait saisi. Pendant dix heures, j'ai enduré le supplice contre lequel il n'est pas de remède. »

Pour la soulager, vous pouvez prendre un bain de pieds chaud auquel vous pouvez ajouter une bonne dose de gingembre frais, de romarin ou de menthe pour faire une infusion bien tassée.

Aux premiers signes avant-coureurs d'un mal de tête, buvez un grand verre d'eau. Très souvent les maux de tête sont dus à la déshydratation.

Amandes

Avant de vous précipiter sur votre boîte d'aspirines, mangez une douzaine d'amandes. Non seulement ce remède exquis a toutes les chances de chasser votre vilain mal de tête, mais en plus vous n'aurez pas mal à l'estomac.

Aspirine et café

Le mélange des deux calme rapidement la douleur.
Si l'aspirine a tendance à vous rester sur l'estomac, ajoutez une demi-cuiller à café de bicarbonate au verre d'eau que vous prenez pour l'avaler.

Café et jus de citron

Un petit noir suivi d'1 jus de citron chasse rapidement les maux de tête. Si par malheur votre conjoint connaît la recette, plus question d'invoquer cette excuse.

Citron vert

Coupez 1 citron vert en 2 pour vous frotter le front. Le soulagement ne se fait pas attendre.

Gingembre
Différentes études démontrent les vertus anti-inflammatoires du gingembre, y compris sur les migraines[3]. Faites bouillir 3 tranches de gingembre avec une demi-cuiller à café de sucre brun dans 2 tasses d'eau chaude pendant 5 minutes. Laissez infuser 5 minutes, filtrez et buvez pendant que c'est chaud. Et consommez du gingembre sous toutes ses formes, y compris du gingembre confit pour chasser maux de tête et migraines.

Huile de lavande
Prenez 6 gouttes d'huile de lavande (dont la recette figure dans la rubrique *Digestion*) sur un sucre, plusieurs fois par jour.

Miel
Lorsque vous sentez arriver une migraine ou que vous souffrez des excès alcoolisés de la veille, prenez 2 cuillers à soupe de miel à chaque repas.

Piment de Cayenne ou Tabasco®
Mettez une demi-cuiller à café de piment ou de Tabasco® dans 1 verre d'eau. Buvez lentement ce breuvage épicé pour donner un coup d'accélérateur à la circulation et chasser rapidement le mal de tête.

Sac en papier
Si vous sentez arriver une migraine, prenez un sac en papier, asseyez-vous et respirez lentement et régulièrement dans le sac en papier que vous tenez autour de la bouche et du nez, sans trop serrer pour laisser occasionnellement entrer un peu d'air frais. Cette méthode ne marche pas pour tout le monde. Testez pour voir si elle vous soulage. Si c'est le cas, utilisez les sacs en papier sans modération.

Sucre et/ou thé et citron
Si votre migraine est d'origine nerveuse ou due à la fatigue, mangez 2 ou 3 morceaux de sucre.

3. [Awang, DV. "Ginger." Canadian Pharmaceutical Journal 125:309-311, 1992 Jul]

Ou buvez du thé très chaud avec du jus de citron.
Ou faites les deux !

Vinaigre de cidre

Faites des inhalations pendant 5 minutes au-dessus d'un bol d'eau très chaude à laquelle vous aurez ajouté une demi-tasse de vinaigre de cidre. Puis allongez-vous pendant 30 minutes. Le mal de tête devrait disparaître. Si ce n'est pas le cas, répétez la procédure.

Réflexologie

La plupart des maux de tête disparaissent en massant un point sur l'os des pouces. Trouvez la partie la plus étroite de l'intérieur de l'os du pouce, dans la palmure et appuyez en respirant régulièrement.

Si les maux de tête sont causés par des tensions dans la nuque, massez et pincez vos gros orteils et vos pouces en insistant particulièrement sur la phalange inférieure.

Si les maux de tête sont provoqués par une sinusite, massez l'articulation supérieure de chaque doigt.

Si les maux de tête sont dus à un repas trop gras ou trop sucré, tenez-vous debout, les bras le long du corps. Appuyez bien fort sur les cuisses, sur le point précis que touchent vos majeurs. Ce point est très sensible. Maintenez la pression en comptant jusqu'à 7, relâchez en comptant jusqu'à 7 et recommencez aussi longtemps que ce point sera douloureux.

Vous avez un méga mal de tête après avoir bu une boisson trop froide ou mangé une glace. Cette nette impression que votre cerveau est congelé, c'est le syndrome du cerveau gelé. Pour dégeler ce pauvre organe, mettez le pouce dans la bouche comme pour le sucer et appuyez avec le gras du pouce sur la partie du palais qui se trouve juste après les dents. La douleur va disparaître rapidement.

MYCOSES OU PIED D'ATHLÈTE

Cette vilaine mycose qui porte le nom de « Tinea Pedis » est apparentée à la très déplaisante famille des vers solitaires !

Ail

Prenez un bain de pieds dans une cuvette d'eau chaude dans laquelle vous avez jeté un peu d'alcool. Passez des gousses d'ail épluchées dans un presse-ail. Appliquez cette purée sur le champignon qui envahit vos pieds pendant 30 minutes au moins et rincez. Suivez ce traitement tous les jours pendant 1 semaine pour faire disparaître cette mycose.
Vous pouvez aussi saupoudrer vos pieds avec de la poudre d'ail deux fois par jour ou les lotionner avec du jus d'ail.

Alcool ou alcool iodé

Badigeonnez de l'alcool ou, mieux encore, de l'alcool iodé si vous en avez, sur les mycoses.

Ananas et fécule de maïs

Broyez de l'ananas en boîte et appliquez-le sur la peau atteinte pendant 1 heure. Essuyez et saupoudrez de la fécule sur le pied et entre les orteils.

Bicarbonate

Faites tremper vos pieds dans une solution d'eau chaude et de bicarbonate pendant 30 minutes. Saupoudrez également du bicarbonate sur vos pieds, dans vos chaussettes et vos chaussures pour absorber la transpiration et neutraliser la peau.

Cannelle

Faites bouillir 4 tasses d'eau, ajoutez 10 bâtons de cannelle cassés, baissez la température et laissez mijoter pendant 5 minutes. Retirez du feu et laissez infuser pendant 45 minutes. Réchauffez et prenez un bon bain de pieds.

Eau de Javel

Préparez une solution avec 2 cuillers à soupe de Javel et 4 litres d'eau chaude. Trempez-y vos pieds pendant 15 minutes, 2 fois par jour. Ça devrait faire disparaître le pied d'athlète en 10 jours.

Gingembre

Coupez 4 cm de gingembre frais en tranches et faites-les bouillir dans 1 tasse d'eau. Réduisez la température et laissez mijoter pendant 20 minutes. Appliquez cette lotion refroidie sur vos pieds 2 fois par jour.

Miel

Traitez l'infection avec du miel le soir au coucher. Couvrez avec de la gaze ou mettez une vieille chaussette pour la nuit.

Oignon

Pressez 1 ou 2 oignons pour appliquer le jus sur l'affreux parasite.

Piment

Les Indiens Teenek pensent que le piment tue le mauvais esprit responsable de la maladie. Ils mettent du piment rouge broyé sur les pieds pour guérir le pied d'athlète.

Sel

Prenez des bains de pieds dans de l'eau salée pendant 15 minutes. Essuyez-vous soigneusement les pieds. Le sel tue le champignon et réduit la transpiration.

Thé

Préparez un thé bien fort avec 8 sachets pour 1 litre d'eau bouillante. Laissez infuser pendant 10 minutes avant d'y tremper vos pieds.

Thym

Mettez 2 grosses poignées de thym dans une casserole d'eau bouillante. Laissez infuser 15 minutes puis plongez vos pieds dedans.

Vinaigre de cidre

Prenez des bains de pieds dans un mélange d'eau et de vinaigre de cidre pendant 10 minutes, 2 fois par jour pendant 10 jours. Puis tamponnez la peau infectée avec du coton imbibé de vinaigre. Laissez sécher.

Yaourt

Un petit emplâtre de yaourt aux ferments lactiques 2 fois par jour traite le champignon et calme les démangeaisons. Renouvelez le traitement aussi longtemps que nécessaire.

MYCOSE DE L'ONGLE OU ONYCHOMYCOSE

Une personne sur dix serait exposée aux effroyables champignons responsables des mycoses de l'ongle.
Si c'est votre cas, pas de panique. En attendant de voir votre podologue, commencez par limer la surface de l'ongle pour qu'il soit aussi fin que possible, puis :

Eau de Javel

Trempez votre ongle dans de l'eau tiède additionnée de Javel pendant 15 minutes, 2 fois par jour. Appliquez du Vicks VapoRub® et recouvrez avec un sparadrap.

Eau oxygénée

Trempez votre ongle dans de l'eau oxygénée 2 fois par jour. Appliquez du Vicks VapoRub® et recouvrez avec un sparadrap.

Vinaigre de cidre

Trempez votre ongle dans du vinaigre de cidre 2 fois par jour. Laissez sécher, mettez une dose de Vicks VapoRub® et recouvrez avec un sparadrap.

NAUSÉES, MAL DES TRANSPORTS

Si vous avez la nausée et des démangeaisons partout, vous avez peut-être mangé des fruits de mer à la fraîcheur douteuse. Si c'est le cas, consultez immédiatement. Il y a aussi les grandes nausées existentielles sartriennes, contre lesquelles les humbles petits trucs ordinaires sont malheureusement sans effet. Mais si vous souffrez de nausées dues à une grossesse ou au mal des transports, plutôt qu'à un problème existentiel, « reniflez » un journal. N'importe lequel fera l'affaire. C'est un composant de l'encre qui fait passer l'envie de rendre chez la plupart des gens. Essayez aussi l'un des trucs suivants. Pour les nausées ordinaires, ça marche !

Banane
Mangez des bananes avant d'embarquer sur un bateau. Elles calent bien l'estomac, sont très faciles à régurgiter et n'irritent pas le tube digestif.

Basilic
Buvez une petite infusion de 5 feuilles de basilic frais plongées dans 1 tasse d'eau bouillante pendant 10 minutes pour soulager vos maux.

Citron
Sucez un quartier de citron pour vous sentir renaître.

Clou de girofle
Mâchez 5 clous de girofle ou faites-les infuser (c'est moins brutal) dans 1 tasse d'eau bouillante pour chasser les nausées.

Eau
Les nausées pendant la grossesse sont souvent dues à un manque d'eau. Buvez suffisamment pour les éviter.

Glaçon
Sucez un glaçon aussi longtemps que possible et l'envie vous passera. Essayez aussi de mettre un pack de glace sur le front.

Gingembre
Le gingembre, c'est bon contre les nausées et les vomissements, de nombreuses études le confirment. Contre le mal des transports ou toute autre nausée débilitante, buvez lentement une demi-cuiller à café de gingembre en poudre mélangée à un verre d'eau. Mangez du gingembre confit ou des biscuits au gingembre.

Menthe, citron vert et miel
Broyez une poignée de feuilles de menthe fraîche et mélangez 1 cuiller à café de jus de menthe avec 1 cuiller à café de citron vert et 1 cuiller à café de miel. Prenez cette mixture 3 fois par jour.

Riz
Faites cuire une demi-tasse de riz dans 2 tasses d'eau. Récupérez l'eau du riz et prenez 1 ou 2 cuillers à soupe toutes les demi-heures. Une fois que vous vous sentirez mieux, vous pourrez manger le riz.

Sauge et camomille
Soignez vos haut-le-cœur avec une petite infusion de sauge et de camomille. Jetez 1 cuiller à soupe de sauge et 1 cuiller à soupe de camomille dans 1 tasse d'eau bouillante. Laissez infuser 5 minutes, filtrez et sucrez avec du miel, et buvez après les repas.

Shiatsu

Contre le mal des transports, appuyez la paume de la main contre le front et l'autre main contre l'os mastoïde, qui est juste derrière l'oreille. Appuyez sur ces 2 points en même temps jusqu'à disparition des nausées.

Tenez la main gauche, paume vers vous et, avec l'arrière des ongles de la main droite, massez la paume en partant des articulations vers les poignets.

.../...

…/…

Appuyez sur un point au milieu de la face interne du poignet à 3 cm sous la pliure.

Pour favoriser la digestion et calmer la nausée, cherchez, sur la palmure du dessus de la main, le point de rencontre entre le pouce et l'index et appuyez.

ODEURS CORPORELLES

Napoléon, qui adorait l'odeur des aisselles de Joséphine, lui faisait porter des messages éloquents du style : « Je rentre dans trois jours. Ne te lave pas. » Tous ceux et celles qui souhaitent réserver ces odeurs secrètes en exclusivité aux moments intimes ne sauraient cependant se passer de déodorant.

Alcool à 90° ou vodka

Vous êtes en panne de déodorant ? Si vous n'êtes pas en panne d'alcool ou de vodka, tout va bien. Tamponnez discrètement un peu d'alcool ou de vodka sous les bras, et vous voilà frais (ou fraîche) comme un gardon. Et c'est meilleur pour la santé car la plupart des déodorants contiennent de l'aluminium, plutôt nocif. La présence de doses élevées d'aluminium dans le cerveau de malades d'Alzheimer est un facteur commun de la maladie.

Bicarbonate, fécule de maïs, talc ou sel

Un petit coup de bicarbonate, de fécule, de talc ou de sel sous les bras, et voilà. L'humidité est absorbée et les bactéries exterminées.

Gel désinfectant pour les mains

Si vous avez du gel désinfectant pour les mains, qui s'utilise sans eau et sans essuyage, vous êtes sauvée. Frottez 2 gouttes sous chaque bras pour terrasser les bactéries.

ONGLE INCARNÉ

N'attendez pas que votre ongle incarné ne transforme votre orteil en une boule rouge enflée, remplie de pus et sanguinolente. Enrayez le mal immédiatement.

Eau de Javel, citron

Dès les premiers signes (douleur, bourrelet de peau sensible et rouge), prenez un bain de pied dans de l'eau chaude additionnée de Javel pour désinfecter la plaie et ramollir l'ongle. Essuyez soigneusement. Prélevez un zeste très fin de citron non traité. Soulevez l'ongle à l'endroit où il entame la chair et coincez le zeste de citron entre l'ongle et la chair. Maintenez en place avec un sparadrap. Répétez la procédure deux fois par jour pendant 1 semaine ou 2, le temps pour l'ongle de pousser dans la bonne direction. Vous pouvez remplacer le zeste de citron par un petit bout de coton roulé et trempé dans de l'alcool ou de la vodka.

ORGELET

Au XVIIe siècle, on conseillait de frotter les orgelets avec la queue d'un chat noir. D'autres remèdes de bonne femme sont peut-être plus faciles à utiliser.

Persil

Faites des infusions de persil comme pour les conjonctivites.

Pomme de terre

Faites cuire 1 petite pomme de terre au micro-ondes. Coupez-la en 2, écrasez-la et appliquez cette purée sur l'orgelet pendant 10 minutes. Faites ce cataplasme 2 fois par jour jusqu'à disparition de l'orgelet.

Thé

Le soir au coucher, passez 1 sachet de thé noir sous l'eau et appliquez-le en compresse sur l'orgelet. Maintenez-le en place pour la nuit avec 1 sparadrap. Prévenez votre entourage pour éviter les frayeurs nocturnes que ce look pirate risque de déclencher.

PIQÛRES D'INSECTES

Qui n'a jamais passé une nuit fort agitée à poursuivre un moustique qui l'empêche de dormir ? Dans ce cas, toutes les armes, de la taie d'oreiller à la tapette à mouche, sont réquisitionnées pour essayer de tuer la bestiole.
Quelques trucs simples s'avèrent souvent plus efficaces.

En prévention

Pour éviter de se faire dévorer par les moustiques et autres piqueurs et suceurs de sang indésirables, mettez des pots de pélargonium à la citronnelle ou de basilic sur vos rebords de fenêtres. Certains jurent par la vitamine B1 et la levure de bière. Apparemment 1 dose de l'une ou l'autre ou des deux tous les jours donne au sang une odeur qui fait fuir les insectes. Prenez aussi du zinc, les abeilles en ont horreur. Les mangeurs d'ails seraient aussi moins piqués que les autres.

Les lingettes assouplissantes pour sèche-linge sont également un puissant répulsif. Mettez une lingette dans la poche arrière de votre pantalon pour éloigner ces vilaines bestioles.

Citron, oignon, vinaigre
Pour éviter les piqûres de moustique, coupez une tranche d'oignon ou de citron et passez-la sur la peau. Un peu de vinaigre sur un linge propre aura le même effet.

Vous pouvez aussi frotter les parties exposées avec du persil frais ou du basilic.

Vicks VapoRub®
Le Vicks VapoRub® est également un répulsif qui éloigne la plupart des insectes, y compris les moustiques qui détestent l'odeur d'eucalyptus.

Après l'attaque

Si vous faites une allergie après avoir été piqué(e) et que vous éprouvez des difficultés à respirer, à avaler, que vous avez des nausées, des douleurs dans la poitrine, faites-vous conduire aux urgences. Si vous n'êtes pas allergique, commencez par retirer le dard si la vilaine bête l'a oublié en vous quittant. Surtout n'utilisez pas de pince à épiler et n'essayez pas de le saisir entre le pouce et l'index, car le fait de pincer le dard pour le prendre injecte le venin restant dans la peau. Retirez-le en plaçant l'ongle du pouce, le côté non tranchant d'un couteau ou une carte de crédit sous le dard et en donnant un coup sec vers le côté avec l'objet de votre choix. Une fois le dard expulsé, approchez une cigarette allumée de la piqûre, sans vous brûler, pour détruire le venin, puis calmez la douleur avec l'un des remèdes mentionnés dans cette rubrique, que vous appliquez pendant une demi-heure avant d'alterner avec un pack de glace pendant 30 minutes également. Continuez à alterner jusqu'à ce que vous vous sentiez mieux.

Alcool, vinaigre ou vodka et ail

Versez de l'alcool, du vinaigre, chaud de préférence, ou de la vodka sur la piqûre pour calmer la douleur, désinfecter et faire désenfler l'épiderme malmené. Écrasez une gousse d'ail au presse-ail. Ajoutez du miel et un peu de vinaigre de cidre et appliquez cette mixture sur la peau attaquée par les insectes. Recouvrez avec du film alimentaire étirable ou de la gaze et du sparadrap.

Alka-Seltzer®

Si vous en avez dans votre pharmacie, faites fondre 2 comprimés dans 1 verre d'eau et appliquez en compresse sur la piqûre pendant 30 minutes.

Aloe vera

Recouvrez la piqûre avec un peu de gelée plusieurs fois par jour.

Ammoniaque

Diluez un peu d'ammoniaque dans la même quantité d'eau pour tamponner la piqûre aussi souvent que nécessaire et calmer la

douleur. Si vous partez en week-end, transvasez un peu d'ammoniaque dans une bouteille de collyre vide, un récipient pratique à transporter et facile à utiliser.
Vous n'avez pas d'ammoniaque ? Lisez l'étiquette de votre produit pour laver les vitres. S'il en contient, vaporisez-en une bonne dose sur les piqûres de la plupart des insectes et des méduses. Si vous êtes allergique aux piqûres d'insectes, l'ammoniaque n'aura pas d'effet sur l'allergie. Elle ne fera que supprimer la sensation de brûlure.

Aspirine
Mouillez la peau attaquée, passez rapidement 1 aspirine sous l'eau et frottez-la sur la blessure.

Aspirine, bicarbonate et jus de citron
Faites fondre 2 aspirines et 2 cuillers à café de bicarbonate dans 1 verre d'eau additionné de 2 cuillers à café de jus de citron. Imbibez 1 coton avec cette lotion et appliquez sur les parties dévorées.

Bicarbonate et vinaigre
Mélangez 1 cuiller à café de bicarbonate dans un peu de vinaigre pour faire une pâte épaisse que vous appliquez sur la piqûre pendant 20 minutes. N'hésitez pas à utiliser ce remède pour votre chien ou votre chat s'il a été attaqué par les insectes.

Boue et sel si vous en avez
Si vous n'avez rien d'autre sous la main, il vous reste la boue. Mélangez un peu d'argile avec de l'eau et, si vous avez du sel, ajoutez-en. Faites un emplâtre sur la plaie et recouvrez avec un mouchoir ou du film alimentaire étirable pour éviter d'en mettre partout et laisser sécher.

Curcuma et citron vert
Préparez une pâte avec du curcuma et du jus de citron vert dont vous tartinez généreusement les zones sinistrées.

Dentifrice
Une couche de dentifrice sur les piqûres et plus particulièrement sur les œuvres des fourmis, et hop, la sensation de brûlure disparaît rapidement.

Fraise
Écrasez 1 fraise sur vos piqûres et recouvrez cette purée avec du film étirable.

Lait solaire
Si vous vous faites attaquer sur la plage, votre lotion solaire fera l'affaire.

Laque à cheveux
Vaporisez un peu de laque sur les piqûres de moustiques.

Menthe poivrée
Prenez quelques feuilles de menthe poivrée fraîche et frottez-les sur la piqûre. N'utilisez pas ce remède si vous venez de vous faire piquer par une mygale ou mordre par une vipère ! Faites-vous conduire immédiatement chez le médecin ou aux urgences.

Naphtaline
Frottez l'une de ces boules malodorantes sur les piqûres d'insecte pour les soulager rapidement.

Œuf
Cassez 1 œuf cru pour récupérer la membrane collée à la coquille. Appliquez la partie humide, qui était en contact avec le blanc d'œuf, sur la piqûre et laissez-la en place jusqu'à ce qu'elle se fripe et tombe.

Oignon ou poireau
Frottez énergiquement 1 oignon coupé en deux ou 1 tête de poireau sur les piqûres, y compris celles des abeilles et des aoûtats. Renouvelez aussi souvent que nécessaire. La sensation de brûlure devrait cesser au bout d'un quart d'heure.

Pomme de terre
Faites cuire 1 pomme de terre pour en faire de la purée, ou prenez un peu de purée instantanée à laquelle vous ajoutez un peu d'eau pour en faire une purée à poser sur les piqûres.

Sauge
Écrasez ou mâchez des feuilles de sauge pour les appliquer sur les piqûres. Recouvrez d'un sparadrap ou de film alimentaire étirable.

Savon
Frottez du savon mouillé sur les piqûres pour soulager les démangeaisons. Lorsque le savon sera sec, la peau sera anesthésiée.

Sucre
Si vous venez de vous faire piquer par un insecte non identifié ou par une abeille, mélangez 1 cuiller à café de sucre avec 1 cuiller à café d'eau. Étalez ce sirop sur la piqûre. Le soulagement est très rapide.

Thé
Passez 1 sachet de thé sous l'eau chaude et appliquez-le en compresse sur les piqûres.

Vicks VapoRub®
Le camphre et l'eucalyptus présents dans ce produit calment rapidement les démangeaisons.

Vinaigre
Versez du vinaigre sur vos plaies. Ça pique pour commencer mais après, ça fait du bien.

Les meilleurs remèdes maison contre les piqûres d'abeille, de guêpe, de frelon et d'aoûtat :

Une compresse imbibée d'ammoniaque, de jus de citron ou de vinaigre ;
un mélange de bicarbonate ou de curcuma et d'eau ;
un peu de dentifrice ;
du sucre dilué dans de l'eau ;
une gousse d'ail, une pomme de terre ou un oignon coupé en deux ;
un mélange de vinaigre et de sel ;
un mélange de vinaigre et de bicarbonate ;
un peu de boue avec du sel si possible ;
un vaporisateur rempli de vodka pour attaquer les guêpes et les abeilles.

Pour soigner les piqûres d'araignée

Préparez une pâte de bicarbonate et de sel en quantités égales avec quelques gouttes d'eau.

Les piqûres de fourmis

du dentifrice ;
une compresse d'ammoniaque ;
une tranche de concombre.

Le poison des méduses

En attendant le médecin, neutralisez les piqûres des méduses en les recouvrant avec ce que vous avez sous la main :
de l'alcool ou de la vodka ;
de l'ammoniaque ;
une canette de cola ;
de la Javel ;
de l'huile d'olive ;
de la mousse à raser ;
du vinaigre.

Contre les dégâts des moustiques

Dès que vous avez été piqué(e) et à condition de ne pas être attaqué(e) par un escadron de moustiques, mettez un peu de salive, puis appliquez au choix :
l'intérieur d'une peau de banane ;
un mélange de jus de citron et de vinaigre ;
un peu de dentifrice ;
de la laque à cheveux ;
du savon mouillé ;
une fleur de géranium que vous froissez dans vos mains avant d'en frotter la piqûre.

Piqûres de puces

Frottez les piqûres avec une tranche d'oignon ou d'ail ou avec une pâte de bicarbonate et d'eau.

Tiques

Pour retirer une tique, arrosez-la avec de l'alcool. Attendez 15 minutes puis retirez-la avec une pince à épiler et procédez comme ci-dessus.

Une méthode de scout consiste à chauffer un clou ou une très grosse aiguille. Faites glisser la lame d'un canif ou d'un couteau sous l'abdomen de la tique pendant que vous appliquez le fer chaud sur son dos. Si le fer est assez chaud, la bestiole, coincée entre la lame et le fer, devrait commencer à agiter ses pattes. Si elle ne le fait pas, chauffez encore le clou ou l'aiguille. Si ses pattes s'agitent, inclinez la lame du couteau à 90° pour que la tique se retrouve la tête en bas. En maintenant la tique bien serrée entre le clou et le couteau, tirez-la vers vous pour l'extraire. Nettoyez et désinfectez la plaie.

Piqûres d'orties

La plupart des gens redoutent les douloureuses piqûres d'ortie. Si vous les manipulez accidentellement prenez immédiatement une poignée de terre que vous frottez sur les piqûres d'orties pour calmer rapidement la douleur, ou versez un peu de vinaigre sur la peau irritée.

Piqûre (médicale)

Le médecin a fait une piqûre à votre bébé. Passez un sachet de thé sous l'eau chaude et appliquez-le là où il a mal.

POINT DE CÔTÉ

Pour soulager les points de côté, un ancien remède indien consiste à trouver une pierre ronde et à cracher en dessous !

Une autre solution plus rationnelle consiste à tenir une petite bouteille d'eau minérale, ce que vous pouvez faire en continuant à courir, dans la main opposée au point de côté et à la serrer aussi fort que possible. La douleur disparaît rapidement.

Ou ralentissez et expirez de toutes vos forces en soufflant en resserrant les lèvres comme pour souffler des bougies d'anniversaire.

Si le point est très douloureux, arrêtez de courir, appuyez sur votre foie avec la main pour le faire monter vers le diaphragme tout en expirant de toutes vos forces en resserrant les lèvres comme décrit ci-dessus.

Dès que vous sentez venir un point de côté, grognez violemment à chaque fois que votre pied touche le sol. Inutile de continuer à grogner si vous n'avez plus de point de côté, à moins que vous ne cherchiez à intimider les autres coureurs.

Pour éviter d'avoir un point de côté, ne respirez jamais à fond, respirez pour ne remplir qu'une petite partie des poumons.

POUX

Les poux font un retour en force dans les écoles. Ces répugnantes petites bestioles, si l'on en croit Dai Sijie dans Balzac et la petite tailleuse chinoise, *étaient, avec le transport des seaux de fumier, ce qu'il y avait de plus rebutant dans l'univers impitoyable de la rééducation pendant la Révolution culturelle.*

Certains produits, comme l'huile d'olive, l'huile pour le bain, le vinaigre ou la vaseline qu'on applique sur les cheveux le soir au coucher et qu'on recouvre d'une charlotte de douche et d'une serviette bien serrée pendant la nuit, tuent ces sales bêtes mais n'empêchent nullement leurs copains de revenir rapidement "squatter" les scalps. Il faut donc, dès l'extermination des envahisseurs, parfumer les petits écoliers avec une eau de Cologne à la lavande. Une recette déjà validée par les herboristes du Moyen Âge.

Laque

Un petit coup de laque sur les cheveux de vos chérubins, avant de les emmener à l'école, découragera les squatteurs qui ont horreur de l'odeur de cette arme secrète.

PROBLÈMES DE POIDS

Si vous faites partie des malheureux qui essaient désespérément de résister aux terribles tentations qui empâtent les silhouettes de sylphides, mais qui craquent à chaque fois parce qu'en proie à ces douloureux désirs vous n'avez pas suffisamment de volonté, il existe quelques armes pour combattre les faiblesses de la chair.

Un coup de bleu

Selon les spécialistes de la chromothérapie qui consiste, comme son nom l'indique, à soigner avec les couleurs, le bleu est un calmant et il coupe l'appétit. Donc si vous êtes au régime, mettez une ampoule bleue dans votre réfrigérateur, mangez dans une assiette bleue posée sur une nappe bleue et mettez une ampoule bleue au-dessus de la table.

Et respirez

La prochaine fois que vous serez tentée de manger, au lieu de céder, inspirez en rentrant le ventre et expirez en le sortant. Essayez de le faire au rythme de 80 fois en 1 minute.

Citron ou vinaigre de cidre
Mixez 2 cuillers à café de jus de citron ou de vinaigre de cidre et 1 cuiller à café de miel dans 1 verre d'eau. Buvez avant les repas pour calmer votre appétit. Et s'il n'est toujours pas calmé, buvez un autre verre de ce breuvage pendant le repas.

Citron vert et miel
Le matin à jeun, buvez 1 grand verre d'eau additionné d'un jus de citron et d'1 cuiller à café de miel.

Fenouil
Pour freiner les fringales, Dioscoride préconisait de mâcher des graines de fenouil. Les athlètes grecs en mangeaient pour ne pas grossir et, au Moyen Âge, pendant les périodes de jeûne religieux, les affamés trompaient leur faim avec ces fameuses graines. Au XVIe siècle, l'expression « donner du fenouil » était synonyme de fausses flatteries et venait sans doute de l'habitude de manger du fenouil pour tromper sa faim. Aux Etats-Unis, on donnait ces précieuses graines aux fidèles à l'entrée de l'église pour éviter les gargouillements d'estomac intempestifs pendant le sermon du dimanche. Tout ça pour dire que si vous avez faim, mâchez des graines de fenouil.

PSORIASIS

Selon une étude récente, des personnes souffrant de psoriasis et qui méditaient pendant un traitement aux ultraviolets, ont guéri quatre fois plus vite que les autres qui étaient uniquement exposées aux ultraviolets. Alors méditez et testez ces remèdes…

Bicarbonate

Pour calmer les douloureuses démangeaisons du psoriasis, lotionnez les parties atteintes avec une solution d'1 cuiller à soupe de bicarbonate dans un demi-litre d'eau. Ou ajoutez 3 tasses de bicarbonate à l'eau de votre bain et relaxez-vous.

Glace

Un pack de glace soulage remarquablement les démangeaisons du psoriasis. Enveloppez le pack dans une serviette avant de l'appliquer sur la peau.

Huile de maïs ou de tournesol

Adoucissez l'eau de votre bain avec 2 cuillers à soupe d'huile. Faites bien attention à ne pas glisser dans la baignoire.

Huile de noix de coco ou d'olive

En sortant du bain ou de la douche, ne vous essuyez pas et mettez de l'huile de noix de coco ou d'olive sur les parties atteintes.

Lait

Jouez les Cléopâtre dans un bain de lait. Versez 1 tasse de lait en poudre dans l'eau chaude et restez-y pendant 15 minutes pour bien hydrater votre peau malmenée.

Vaseline

Après le bain ou la douche, appliquez de la vaseline sur la peau mouillée des parties irritées pour conserver l'humidité.

RÈGLES ABONDANTES

Coriandre

Préparez une petite décoction avec 3 cuillers à café de graines de coriandre, ou 1 cuiller à café de graines et 1 poignée de feuilles, que vous faites bouillir dans un demi-litre d'eau. Laissez réduire de moitié, ajoutez du miel si vous le souhaitez et buvez bien chaud. Répétez la recette plusieurs fois au cours de la journée.

Piment de Cayenne

Ajoutez un quart de cuiller à café de piment à un demi-verre d'eau tiède et buvez cette préparation corsée 3 fois par jour.

Vinaigre de cidre

2 cuillers à café de vinaigre de cidre, 3 fois par jour pendant les repas, diminueront les pertes de sang trop abondantes.

RÈGLES DOULOUREUSES

Cannelle

Préparez-vous des infusions de cannelle 3 fois par jour pour soulager les crampes. Jetez 1 cuiller à soupe de cannelle dans la valeur d'1 tasse d'eau bouillante. Réduisez le feu et laissez frémir 10 minutes. Filtrez et buvez bien chaud.

Gingembre

Épluchez et émincez 2 cm de gingembre frais et faites infuser dans 1 tasse d'eau bouillante pendant 10 minutes. Filtrez et sucrez avec 1 cuiller à café de miel. Buvez 4 tasses par jour. Saupoudrez votre ananas ou votre papaye avec du gingembre et du curcuma pour soulager les douleurs et donner une note exotique à vos fruits.

Marjolaine ou origan

Faites infuser 1 cuiller à café de marjolaine séchée dans 1 tasse d'eau bouillante pendant 10 minutes. Filtrez et buvez 1 tasse de cette tisane bien chaude plusieurs fois par jour.

Sésame

Faites bouillir 1 cuiller à café de graines de sésame dans 2 tasses d'eau. Laissez réduire de moitié, ajoutez du miel et buvez 2 fois par jour pendant 2 ou 3 jours en début de cycle.

Verveine

Vous avez des règles douloureuses et la migraine ? Alors prenez de la verveine. Faites tremper 50 g de verveine dans 1 litre d'eau pendant 10 minutes. Amenez à ébullition pendant 10 secondes et laissez infuser pendant 10 minutes. Buvez 4 tasses par jour, loin des repas. Vous pouvez également, mais c'est sans garantie, essayer de faire le ménage et plus particulièrement la vaisselle ! C'est ce que conseille, en 1898, le Dr Mary Wood-Allen, dans son ouvrage destiné à instruire les jeunes filles[4] : « Laver la vaisselle est particulièrement bénéfique car l'eau chaude fait affluer le sang dans les mains, ce qui soulage le mal de tête et le mal de dos. » On a des doutes…

RHUME, GRIPPE

Un proverbe québécois dit : « Soignez un rhume, il dure trente jours ; ne le soignez pas, il dure un mois. » À vous de choisir.

Alka-Seltzer® ou aspirine effervescente

Faites couler un bain bien chaud, videz 1 tube d'Alka-Seltzer® ou d'aspirine dans le bain et jetez-vous dedans. Et au lit.

Aspirine effervescente et bicarbonate

Ajoutez 1 tube d'aspirine et 1 tasse de bicarbonate à votre bain. Et procédez comme ci-dessus.

Bière

Dès le début d'un rhume ou d'une grippe, faire bouillir de la bière. Laissez-la refroidir un peu, ajoutez du poivre et buvez-la au coucher. Vous allez transpirer abondamment pendant la nuit et le lendemain, vous vous sentirez complètement molle, mais moins grippée.

Café

Buvez 1 café bien chaud avec 1 paille pour décongestionner la poitrine.

4. *What A Young Girl Should Know.*

Cannelle, citron, clou de girofle, miel et whisky

Dans une casserole contenant la valeur de 2 tasses d'eau bouillante, ajoutez 3 bâtons de cannelle, 3 clous de girofle et faites frémir pendant 10 minutes. Filtrez, ajoutez 2 cuillers à café de citron, 2 cuillers à café de miel et 2 cuillers à soupe de whisky. Buvez et mettez-vous au lit.

Citron

Pour chasser la grippe, mangez un citron bien salé, comme pour boire de la tequila. Dans ce cas précis, faite l'impasse sur la tequila. Évitez de sortir, car vous allez transpirer.

Cola

Si vous êtes au bout du monde et que vous n'avez rien pour vous soigner, aux premiers signes d'un rhume prêt à vous frapper, faites chauffer du cola. Buvez-le bien chaud. Les symptômes devraient disparaître rapidement.

Cumin

Éradiquez un rhume ordinaire avec du cumin. Jetez 2 cuillers à soupe de cumin dans 4 tasses d'eau froide. Amenez à ébullition pendant 1 minute. Laissez refroidir, filtrez et buvez 1 tasse de ce breuvage 2 fois par jour jusqu'à disparition du rhume.

Curcuma

Après un état des lieux, vous constatez, navrée, que vous êtes très atteinte. Alors buvez des infusions de curcuma toutes les 2 heures, jusqu'à ce que vous vous sentiez reprendre apparence humaine. Versez 2 cuillers à café de curcuma dans 1 tasse d'eau bouillante, couvrez et laissez infuser pendant 5 minutes. Buvez tout jusqu'à la dernière goutte.

Fenouil et lait

Une recette allemande préconise de faire bouillir pendant 1 minute 1 cuiller à café de graines de fenouil dans 1 tasse de lait pour lutter contre la grippe.

Gingembre et miel

Versez 3/4 de cuiller à café de gingembre en poudre ou 1 cuiller à soupe de gingembre frais et 1 cuiller à soupe de miel dans 1 tasse d'eau bouillante. Laissez infuser pendant quelques minutes et buvez à petites gorgées, aussi chaud que possible. Réchauffez au besoin.

Gingembre et échalotes

Râpez une belle racine de gingembre frais sans l'éplucher, émincez quatre grosses échalotes et recouvrez d'un bol d'eau bouillante. Laissez infuser pendant 10 minutes et filtrez. Mettez-vous au lit et buvez ce brouet torride qui vous fera suer comme dans un sauna.

Gingembre, oignon, noix et miel

Jetez 1 cuiller à soupe de gingembre frais râpé ou 1 cuiller à café de gingembre en poudre, 1 cuiller à soupe de la partie blanche d'un oignon frais, 1 poignée de noix et 1 cuiller à café de thé dans l'équivalent d'1 tasse d'eau. Faites bouillir pour réduire le liquide de moitié. Filtrez et buvez.

Glaçons

Pour stimuler les points d'acupuncture et soulager un rhume, placez un glaçon à la base des gros orteils. Fixez-les avec du sparadrap ou des bouts de tissu. Mettez les pieds dans une cuvette ou dans des sachets en plastique pour éviter d'inonder le sol. Renouvelez l'opération 3 fois par jour.

Piment

Dès les premiers signes annonciateurs d'un rhume ou d'une grippe, une recette basque recommande de prendre un bain de pieds dans de l'eau très chaude avec 3 grosses cuillers à soupe de piment en poudre ou un quart de bouteille de Tabasco®. Ça tire et ça donne un coup de sang !

Piment de Cayenne ou Tabasco® et jus de tomate

Ajoutez un quart de cuiller à café de piment ou 20 gouttes de Tabasco® à 1 verre de jus de tomate. Buvez ce jus pour décongestionner tout le système.

Vinaigre de cidre et miel
Mélangez moitié vinaigre et moitié miel dans 1 tasse et prenez 1 cuiller à soupe de cette potion 6 fois par jour.

Réflexologie

Tournez la paume de la main gauche vers le haut. Placez les doigts de la main droite sous la main gauche et le pouce droit sur la paume de la main gauche. Puis massez fermement les doigts de la main gauche, un à un, en montant et en redescendant avec le pouce droit en les soutenant avec les doigts de la main droite. Faites la même chose avec l'autre main. Répétez ces massages 2 fois à 1 heure d'intervalle.

RHUME DES FOINS

Votre rhume des foins, comme celui de Pierre Dax, ne sera qu'un feu de paille si pour le prévenir vous mangez 5 cuillers à café par jour du miel de la région dans laquelle vous vivez à partir du mois de février. Et si le mal est fait, pour vous soigner :

Coriandre
Broyez un bouquet de coriandre fraîche pour en exprimer le jus et buvez 1 cuiller à café de ce jus 3 fois par jour.

SAIGNEMENTS DE NEZ

Si ça vous arrive, ne vous allongez pas. Restez debout ou assis, en penchant la tête très légèrement vers l'avant. Respirez par la bouche. Une fois que les saignements auront cessé, ne vous mouchez pas pendant au moins 12 heures.

Mettez un pack de glace sur le nez. Mettez-en un autre (ou une compresse froide) sur la nuque.

Placez 1 doigt entre la lèvre et la gencive et appuyez vers le haut, contre le nez. Les saignements devraient cesser rapidement. Vous pouvez remplacer le doigt par un petit bout de sac en papier kraft roulé. Ça marche aussi.

Une autre variation de cette technique consiste à pincer le haut de la lèvre, juste sous le nez, entre le pouce et l'index.

Jus de citron
Mettez 1 petit tampon de coton imbibé de jus de citron dans la narine sinistrée.

Piment de Cayenne
Pour arrêter les saignements rapidement, délayez 1 cuiller à café de piment ou de Tabasco® dans un verre d'eau, chaude de préférence, et buvez.

Vinaigre de cidre
Le vinaigre arrête les flux de sang et encourage la formation des caillots. Trempez un petit bout de coton dans du vinaigre et mettez-le dans la narine.
Mélangez également 2 cuillers à café de vinaigre dans 1 verre d'eau chaude et buvez. A titre préventif, les enfants comme les adultes qui saignent souvent du nez peuvent boire cette mixture 3 fois par jour, tous les jours.

Appelez un médecin

Si les deux narines saignent.
Si les saignements se poursuivent au-delà de 30 minutes.
Si le sang coule dans la gorge même en pinçant le nez.
Si le nez est déformé par une blessure.
Si les saignements se répètent plusieurs fois par jour ou pendant plusieurs jours de suite.

SINUSITE, NEZ BOUCHÉ

Pour savoir si un enfant, ou tout autre membre de votre entourage, a le nez bouché, faites-lui dire : « Non maman. » Si ce qu'il répète après vous donne quelque chose comme « don bambam », il a effectivement le nez bouché. Vous pouvez donc procéder aux soins.

Ail
Écrasez 2 gousses d'ail, mettez-les dans un bol, recouvrez-les d'eau chaude et faites des inhalations 2 ou 3 fois par jour. S'il fait froid, évitez de sortir dans la demi-heure qui suit.

Bicarbonate
Ajoutez 1 pincée de sel et 1 pincée de bicarbonate dans 1 cuiller à soupe d'eau. Bouchez 1 narine et inspirez avec l'autre, puis faites la même chose avec l'autre. Renouvelez tous les soirs jusqu'à disparition de la sinusite.

Citron
Pour lutter contre un début de sinusite, aspirez du jus de citron par les narines, l'une après l'autre, comme si vous buviez la tasse. C'est très désagréable mais efficace.

Persil, miel et citron
Une tisane de persil, au goût bizarre mais pas effroyable, soulage les sinusites. Jetez 1 cuiller à café de persil frais haché, 1 cuiller à café de miel et quelques gouttes de jus de citron dans 1 tasse d'eau bouillante. Laissez infuser 10 minutes et buvez à volonté.

Piment ou poivre
Le piment et le poivre dilatent les vaisseaux, y compris ceux du nez, stimulent les sécrétions et permettent donc d'évacuer les sinus. Mangez du piment ou du poivre ou buvez-les dans un verre d'eau.
Vous pouvez également tenter les inhalations de piment. Mettez 1 cuiller à soupe de piment dans 1 bol d'eau très chaude et respirez aussi longtemps que possible. Faites une pause et recommencez le processus pendant une dizaine de minutes.

Vapeur d'eau salée

Les moins téméraires se contenteront d'inhaler de la vapeur d'eau salée. Prenez un grand bol d'eau aussi chaude que possible, ajoutez un quart de tasse de sel, et inhalez aussi longtemps que possible. Répétez comme ci-dessus.

Vinaigre de cidre

Pour passer à la vitesse supérieure, inhalez de la vapeur de vinaigre. Mettez 2 verres de vinaigre de cidre dans 1 petite casserole et faites chauffer juste assez pour qu'il y ait de la vapeur sans pour autant vous brûler le nez. Inhalez cette vapeur qui décoiffe ! Elle vous dégagera les narines pendant une demi journée au moins. Répétez aussi souvent que nécessaire. Ajoutez à ce traitement 1 cuiller à café de vinaigre dans un verre d'eau à boire au moment des repas.

Réflexologie

En coinçant à tour de rôle chaque doigt de la main gauche entre le pouce et l'index de la main droite, massez vigoureusement le haut de la partie charnue qui correspond à l'arrière de l'ongle. Faites de même sur la main droite. Répétez les massages toutes les 30 minutes.

STRESS

Même si n'êtes pas guetté(e) par le karoshi (la mort par épuisement au travail telle que les Japonais l'ont baptisée), il faut surveiller les clignotants. Vos artères en prennent un coup à chaque décharge d'adrénaline. C'est un véritable orage biochimique qui se déclenche dans l'organisme lorsque vous êtes confronté(e) à une situation stressante et qui provoque des dommages du système cardio-vasculaire, du système digestif, des défenses immunitaires et du système nerveux. Aux premiers signes de stress…

Banane

Mangez des bananes. Elles contiennent du potassium. C'est bon contre le stress.

Basilic

Le basilic est considéré comme un agent anti-stress. Des études démontrent que les feuilles de basilic peuvent calmer le stress[5]. Pour le prévenir, mâchez 12 feuilles de basilic par jour. Et en plus, le basilic purifie le sang.

TENDINITE

La tendinite n'est pas l'apanage d'Achille ou des grands sportifs. C'est un problème qui peut toucher tout un chacun. Le quatuor préconisé dans ce cas se résume à : repos, glace, compression et élévation. On y ajoute des anti-inflammatoires dès le début de la douleur et des massages. Repos ne signifie pas immobilisation mais éviter les activités qui font mal. Et buvez beaucoup d'eau.

Ananas et/ou papaye

Mangez de l'ananas ou des papayes si vous avez mal. L'ananas, plus particulièrement la tige, et la papaye contiennent de la broméläine, qui est un anti-inflammatoire. Et saupoudrez-les avec une bonne dose de gingembre et de curcuma.

Curcuma

Différentes études ont démontré que le curcuma est aussi efficace que la cortisone dans le traitement des inflammations, mais sans les effets secondaires[6]. Évitez le curcuma si vous êtes enceinte, souffrez de calculs de la vésicule ou d'un ulcère à l'estomac. Les autres, qui souffrent seulement de tendinite ou qui n'ont pas les maux précités, se prépareront avec bonheur 1 décoction de curcuma : jetez une demi-cuiller à café de curcuma en poudre dans l'équivalent de 2 tasses d'eau bouillante, réduisez le feu et laissez frémir pendant 20 minutes, filtrez et buvez 2 tasses par jour.

---

5. Sen P, Maiti PC, Ray A. Mechanism of anti-stress activity of Ocimum sanctum Linn, eugenol and Tinospora malabarica in experimental animals. Indian J Exp Bio 1992;30:592-96
6. [Majced, Muhammed and Badmaev, Bladimir and Murray, Frank, Tumeric and the Healing Curcuminoids. Keats Publishing, Rocklin, NY, 1996.]

Gingembre

Excellent anti-inflammatoire[7] comme le curcuma, le gingembre soulage efficacement les douleurs. Épluchez et émincez 2 cm de gingembre frais et faites infuser dans 1 tasse d'eau bouillante pendant 10 minutes. Filtrez et sucrez avec 1 cuiller à café de miel. Buvez 4 tasses par jour.

Glace

Appliquez un pack de glace enveloppé dans une serviette sur l'endroit douloureux. Laissez-le en place pendant 20 à 40 minutes, toutes les 2 heures pendant les premières 48 heures.
A partir du 3e jour et pas avant, utilisez la chaleur pour favoriser la guérison. Mettez une bouillotte ou une compresse chaude sur la tendinite plusieurs fois par jour, sans vous brûler.

Vinaigre de cidre

Faites des bains de pieds dans du vinaigre de cidre chaud 2 fois par jour.

Elévation

En mettant le membre ou l'articulation atteinte au repos plus haut que le cœur, il ou elle désenflera et guérira plus rapidement.

Etirement

Étirez le tendon douloureux tous les jours, lentement et sans forcer.

Compression

Un petit *strapping* pour immobiliser et comprimer le tendon ou l'articulation douloureuse permet d'accélérer la guérison.

7. [Pizzorno JE & Murray MT. "Zingiber Officinale" A textbook of Natural Medicine. Bothell, WA: Bastyr University Publications, 1: 1996 ; Sharma Jn, Srivastava KC, & Gan EK. "Suppressive effects of eugenol and ginger oil on arthritic rats." Pharmacology 49(5):314-8, 1994 Nov.]

Coupez 2 bandes de *strapping* (pharmaceutique ou de ruban adhésif) pour former des points d'attache. Enroulez la première comme un bracelet à la base du mollet, au-dessus de la cheville et la seconde à l'avant du pied, juste avant le début de la voûte plantaire.
Avant de le couper, mesurez avec l'adhésif la distance entre les 2 bracelets en fléchissant légèrement la plante du pied. Coupez 6 ou 8 bandes que vous posez sur une table en les superposant et en les collant les unes aux autres pour former un X. Fixez le sommet du X sur le bracelet à la base du mollet et l'autre sous la plante du pied. Recouvrez à nouveau avec de l'adhésif au niveau des bracelets. Et voilà votre pauvre tendon en charpie solidement maintenu.

Massage

Un massage ne guérira pas mais il soulagera et détendra la zone douloureuse. Massez-vous en douceur, par effleurements, avec ce que vous avez sous la main :

Huile de ricin ou d'olive
Faites tiédir un peu d'huile de ricin ou d'olive pour vous masser en douceur.

Huile de romarin
Pour fabriquer une huile de massage, versez un demi-litre d'huile d'olive dans un bocal hermétique. Hachez grossièrement 2 poignées de romarin frais que vous ajoutez à l'huile. Fermez bien le bocal et laissez reposer pendant 1 semaine. Filtrez l'huile et conservez-la au réfrigérateur.

Réflexologie

Vous avez mal à l'articulation du genou ou au coude :
Si vous avez mal au genou ou à l'épaule droite, tournez la paume de la main droite vers vous. Sur le tranchant de la main, en descendant de la base de l'auriculaire vers le poignet, appuyez sur un point juste au-dessus de l'articulation du poignet qui correspond au coude et au genou.
Si vous avez mal du côté gauche, travaillez sur la main gauche.
Massez avec le pouce toutes les heures jusqu'à ce que vous sentiez un soulagement.

Vous avez mal à l'épaule :
Toujours sur le tranchant de la main, en partant de la base de l'auriculaire, descendez en direction du poignet et appuyez sur le point juste dans la première indentation sous la tête du métacarpien (l'os de la main dans le prolongement des doigts) de l'auriculaire droit pour l'épaule droite et gauche pour l'épaule gauche.
Massez longuement ce point avec le pouce toutes les heures.

TOUX

Au XVIIe siècle, on soignait la toux avec un sirop à base d'ail écrasé et de sangsues dilués dans de la bière ou du vin.
Ou avec des poumons de renard trempés dans du vin agrémenté de réglisse et d'herbes culinaires. Il n'existe pas de statistiques sur les délais de survie après ingestion de l'un ou l'autre de ces remèdes.
Pour calmer vos quintes, oubliez les poumons de renard et fouillez plutôt dans vos placards.

Ail

Épluchez 3 gousses d'ail que vous faites bouillir 5 minutes dans de l'eau ou du lait. Ajoutez du miel ou du sucre et buvez 4 tasses de cette potion par jour jusqu'à disparition de la toux.
Pour attaquer la toux en force, vous pouvez aussi vous masser la plante des pieds avec une huile dans laquelle vous avez fait tremper pendant 1 heure 5 gousses d'ail broyées. Et pour plus de sûreté, coincez des gousses d'ail épluchées entre les orteils.

Mettez des chaussettes de coton et couchez-vous. Le lendemain matin votre haleine empestera l'ail, votre chambre aussi mais votre toux sera soulagée.

Basilic

Préparez 1 décoction de basilic. Jetez 1 poignée de feuilles de basilic dans l'équivalent de 2 tasses d'eau. Amenez à ébullition, réduisez le feu, et faites frémir pendant 5 minutes. Laissez infuser pendant 10 minutes. Filtrez et buvez 4 fois par jour.

Citron, miel et huile d'olive

Mélangez 4 cuillers à soupe de jus de citron, 1 tasse de miel et une demi-tasse d'huile d'olive. Faites chauffer pendant 5 minutes et passez au mixer pendant 2 minutes. Prenez 1 cuiller à café toutes les 2 heures.

Curcuma et sel

Mélangez une demi-cuiller à café de sel et 1 cuiller à café de curcuma dans 1 verre d'eau tiède et gargarisez-vous.

Gingembre, sucre et pruneaux

Préparez un petit sirop contre la toux en faisant bouillir 30 g de sucre brun, 15 g de gingembre et 30 g de pruneaux dans l'équivalent de 3 tasses d'eau. Faites réduire le liquide à 1 tasse. Prenez 1 cuiller à soupe toutes les heures.

Huile d'olive

Prenez 1 cuiller à soupe d'huile d'olive au coucher pour éviter de tousser pendant la nuit.

Pour les toux grasses

Aloe vera et miel

Mélangez en quantités égales de la sève d'aloe et du miel pour calmer les toux irritantes.

Anis

Jetez 2 cuillers à soupe de graines d'anis dans 1 litre d'eau. Amenez à ébullition et faites réduire de moitié. Filtrez et ajoutez 4 cuillers à soupe de miel. Prenez 2 cuillers à café à chaque fois que vous toussez.

Cannelle et miel

Pour soulager les grosses quintes de toux, prenez 1 cuiller à soupe de miel avec 1 cuiller à café de cannelle aussi souvent que nécessaire.

Citron et miel

Faites fondre 1 cuiller à soupe de miel dans 1 tasse d'eau bouillante, ajoutez 1 jus de citron et buvez bien chaud. Reprenez de cette potion au citron aussi souvent que vous en aurez envie.

Cola

Vous êtes un peu encombré(e), avec du flegme et vous n'avez rien sous la main, buvez une tasse de cola chaud au coucher pendant quelques jours et tout devrait rentrer dans l'ordre.

Gingembre et miel

Soignez votre toux avec des infusions de gingembre et de miel. Faites frémir 1 cuiller à café de gingembre en poudre dans 1 tasse d'eau bouillante pendant 10 minutes. Ajoutez 1 cuiller à soupe de miel et buvez bien chaud.

Gingembre, clou de girofle, cannelle et miel

Pour chasser une toux tenace, versez une demi-tasse d'eau bouillante sur une demi-cuiller à café de gingembre en poudre, une demi-cuiller à café de clous de girofle en poudre et une demi-cuiller à café de cannelle en poudre. Laissez infuser pendant 10 minutes, filtrez, ajoutez 1 cuiller à café de miel et buvez bien chaud.

Miel, citron et glycérine

Pour préparer un sirop de miel et citron, faites bouillir 1 citron entier pendant 10 minutes dans une casserole d'eau. Laissez refroidir avant de le rouler sur le plan de travail. Coupez-le en 2 et pressez-le. Ajoutez le jus ainsi qu'une cuiller à café de glycérine à un pot de miel. Prenez ce mélange aussi souvent que nécessaire.

Miel et poivre

Un mélange de 2 cuillers à soupe de miel et 1 cuiller à café de poivre est un expectorant puissant qui nettoie le mucus et assèche les sécrétions.

Piment de Cayenne ou Tabasco®

Mélangez une demi-cuiller à café de piment ou 20 gouttes de Tabasco® dans un verre d'eau ou de jus de fruit. Gargarisez-vous et avalez.

Thym

Faites des infusions avec 2 cuillers à soupe de thym frais ou 1 cuiller à soupe de thym séché dans une tasse d'eau bouillante. Laissez infuser pendant 5 minutes, filtrez et buvez bien chaud.

Vinaigre de cidre, piment de Cayenne et miel

Mélangez un demi-verre de vinaigre avec un demi-verre d'eau, 1 cuiller à café de piment et 4 cuillers à café de miel. Prenez 1 cuiller à soupe de ce remède lorsque vous toussez et 1 cuiller à soupe au coucher.

Pour les toux sèches

Aloe vera et miel

Comme pour les toux grasses, mélangez en quantités égales du suc d'aloe et du miel.

Vinaigre de cidre

Dès que vous sentez des picotements dans la gorge, prenez 1 verre d'eau avec 2 cuillers à café de vinaigre de cidre.

Vinaigre de cidre et miel

Mélangez une demi-tasse de miel avec 4 cuillers à soupe de vinaigre. Prenez 1 cuiller à soupe au coucher ou pendant les quintes de toux.

TRANSPIRATION EXCESSIVE

Selon les règles bien établies de la bienséance du XIXe siècle, il convient de choisir son vocabulaire en fonction de la créature qui est en nage : « Les bêtes suent, les hommes transpirent et les femmes se contentent d'avoir chaud. » Et en plus, il y a des endroits pour ça. Il n'est pas recommandé de se liquéfier n'importe où !

Sauge et vodka

La sauge est efficace pour les problèmes de transpiration excessive. Préparez une teinture de sauge en mélangeant une demi-tasse de feuilles de sauge en poudre avec 1 un quart de tasse de vodka ou de vermouth dans une bouteille bien fermée. Laissez macérer 15 jours pendant lesquels vous devez secouer fortement la bouteille 2 fois par jour. Filtrez et versez dans une autre bouteille. Prenez 25 gouttes de cette préparation 3 ou 4 fois par jour.

Complétez le traitement avec des infusions de sauge 2 fois par jour. Faites infuser 5 feuilles de sauge dans 1 tasse d'eau bouillante pendant 10 minutes. Filtrez et buvez.

URTICAIRE

« Et moi j'ai dit à Marguerite, Qui est ma vieille cuisinière, Ne me faites plus jamais de truite, Ça me donne de l'urticaire », *chantait Francis Blanche. Quelle que soit l'origine de l'urticaire qui vous frappe sauvagement, ces remèdes de fortune le soulageront...*

Banane

L'intérieur d'une peau de banane bien mûre appliquée directement sur la peau couverte d'urticaire calme les démangeaisons rapidement.

Bicarbonate

Mélangez du bicarbonate à la même quantité d'eau pour faire une pâte à appliquer sur l'urticaire. Recouvrez d'une gaze avec un sparadrap.

Vous pouvez aussi ajouter une demi-tasse de bicarbonate à l'eau de votre bain.

Camomille et vinaigre

Faites infuser 5 cuillers à soupe de fleurs de camomille dans 2 tasses d'eau bouillante pendant 15 minutes. Ajoutez 1 cuiller à soupe de vinaigre. Lotionnez vos bobos 3 fois par jour.

Citron

Calmez vos démangeaisons en les badigeonnant avec du jus de citron.

Coriandre

Broyez un bouquet de coriandre fraîche pour en exprimer le jus et appliquez-le là où ça gratte.

Glace

Un pack de glace soulage les démangeaisons. Enveloppez le pack de glace dans une serviette avant de le placer sur la partie de la peau qui vous torture.

Flocons d'avoine ou son

Un bon bain à l'avoine ou au son adoucit la peau et calme les démangeaisons. Mettez 1 tasse de flocons d'avoine ou de son dans un petit sac de tissu ou un bas bien ficelé pour éviter les fuites dans l'eau du bain. Attachez le petit sac sous le robinet et faites couler votre bain. Immergez-vous pendant une demi-heure.

Menthe

Buvez des infusions de menthe 3 fois par jour pour soulager les démangeaisons. Mettez 1 cuiller à café de menthe dans 1 tasse d'eau bouillante, laissez infuser 10 minutes, filtrez et buvez.

Miel

Une fine couche de miel sur la peau atteinte désinfecte et accélère la guérison.

Oignon
Saupoudrez des tranches d'oignon cru avec du sel et mettez-les sur les surfaces sensibles.

Petits pois
Faites bouillir des petits pois et récupérez l'eau de cuisson pour lotionner la peau irritée.

Pomme de terre
Frottez une pomme de terre crue sur la peau irritée tous les jours jusqu'à la guérison.

Sauge et farine complète
Froissez une poignée de feuilles de sauge fraîche et infusez-les pendant 1 heure dans un demi-litre d'eau bouillante. Filtrez et appliquez sur les démangeaisons. Lorsque la peau est mouillée, saupoudrez-la généreusement de farine complète et laissez sécher. Ce remède est excellent pour soulager toutes sortes de démangeaisons intenses comme celles provoquées par les allergies, l'eczéma, le psoriasis, etc.

Vinaigre de cidre
Remplacez le savon par 1 cuiller à café de vinaigre dans une demi-tasse d'eau. Vous pouvez aussi ajouter 1 tasse de vinaigre à l'eau de votre bain.

VERRUES

Dans les campagnes autrefois, l'une des recettes pour se débarrasser des verrues recommandait de découper une pomme de terre en deux, de frotter la chair contre la verrue et d'aller planter ces deux morceaux dans le jardin du voisin ou de votre pire ennemi pour lui donner votre verrue. Nous n'avons pas testé…

Ail
Pour vous débarrasser d'une vilaine verrue plantaire, appliquez de la vaseline, de l'huile d'olive ou de ricin. Recouvrez-la avec une tranche d'ail que vous fixez avec du sparadrap ou du ruban

adhésif. Répéter tous les jours pendant 3 semaines ou jusqu'à disparition de l'indésirable.

Aspirine
Écrasez 1 cachet d'aspirine avec 1 goutte d'eau, appliquez sur la verrue et couvrez avec un sparadrap ou du ruban adhésif 2 fois par jour.

Banane
Recouvrez la verrue avec un petit bout de peau de banane bien mûre, partie blanche contre la verrue. Fixez avec du sparadrap ou du ruban adhésif. Changez la peau de banane tous les jours. Comptez 3 semaines pour faire disparaître une vilaine verrue plantaire.

Basilic
Écrasez quelques feuilles de basilic frais, appliquez cet emplâtre sur la verrue et fixez avec un sparadrap. Renouvelez tous les jours.

Bicarbonate
Faites une pâte en ajoutant quelques gouttes d'eau à du bicarbonate et appliquez sur la verrue 3 fois par jour. Recouvrez d'un sparadrap ou d'un morceau de ruban adhésif. Continuez aussi longtemps que nécessaire.

Bicarbonate et huile de ricin
Remplacez l'eau par l'huile de ricin et procédez comme ci-dessus.

Citron
Frottez du jus de citron sur la verrue 3 fois par jour.

Citron et vinaigre
Prenez la partie blanche de la peau du citron et mettez-la à tremper dans du vinaigre pendant 24 heures. Coupez un petit morceau pour recouvrir la verrue. Maintenez en place pendant 3 heures avec du sparadrap. Renouvelez le traitement tous les jours jusqu'à disparition de la verrue.

Craie
Frottez un bâton de craie sur la verrue 2 fois par jour aussi longtemps que nécessaire.

Huile de ricin
Mettez 1 goutte d'huile de ricin sur la verrue et recouvrez d'un sparadrap ou d'un morceau de ruban adhésif 2 fois par jour pendant au moins 3 semaines.

Miel
Recouvrez la verrue de miel puis d'un sparadrap 2 fois par jour. La verrue devrait commencer à montrer des signes de reddition au bout de 2 jours.

Oignon ou pomme de terre
Pour faire disparaître une verrue plantaire, mettez 1 tranche d'oignon ou de pomme de terre sur la verrue et fixez-la avec du film alimentaire étirable ou un linge pour la nuit. Répétez tous les soirs jusqu'à disparition de la verrue.

Oignon et sel
Creusez 1 oignon, remplissez-le de gros sel et recueillez le liquide qui se forme pour en frotter la verrue.

Thé
Appliquez 1 sachet de thé sur la verrue pendant 15 minutes par jour tous les jours pendant 10 jours ou jusqu'à volatilisation de la verrue.

Vernis à ongle
Donnez une couche de vernis incolore, c'est plus discret, sur la verrue, qui devrait disparaître au bout d'une semaine.

Vinaigre de cidre
Posez un coton imbibé de vinaigre de cidre sur la verrue et recouvrez avec du ruban adhésif. Si la verrue vous lance, c'est que le vinaigre passe à l'attaque. Les résultats sont rapides.

VERS (SOLITAIRES OU PAS)

« Au fond, voyez-vous, le chagrin, c'est comme le ver solitaire : le tout, c'est de le faire sortir », *disait Marcel Pagnol. Pour qu'il consente à le faire, il faudra l'encourager avec quelques astuces.*

Ail

L'ail chasse les vers. Le soir, passez 4 gousses au presse-ail, mettez cette purée dans 1 tasse et recouvrez d'eau bouillante. Laissez infuser toute la nuit et buvez tout le lendemain matin à jeun.

Fraises

C'est sans doute le remède le plus agréable qui soit. Mangez un demi-kilo de fraises le matin à jeun et ne mangez plus rien avant le déjeuner.

Lait, sucre et pépins de citrouille ou de courge

Pour expulser les vers solitaires et les autres aussi, buvez à jeun, tous les jours pendant 3 jours d'affilée, 1 tasse de lait avec 90 g de sucre et 90 g de pépins de citrouille broyés. Le quatrième jour, à jeun, buvez 1 bol de tisane « La Bourdaine ». Ils partiront sans demander leur reste.

VOIX RAUQUE, LARYNGITE

Si vous avez temporairement la voix de Marlène Dietrich, réfléchissez bien avant de vous soigner. Vous risquez de le regretter. Évidemment, pour le bel canto, ça ne peut pas marcher.

Gingembre

Épluchez une petite racine de gingembre et coupez-la en rondelles. Mettez les rondelles dans une casserole d'eau, faites bouillir, réduisez le feu et laissez frémir pendant 15 minutes. Filtrez, ajoutez 3 cuillers à soupe de miel et buvez lentement.

Miel et citron

Gargarisez-vous avec un mélange de miel et de citron pour calmer votre gorge en feu.

Oignon, miel et citron

Un autre excellent gargarisme est le sirop d'oignon. Coupez 2 gros oignons en tranches, mettez-les dans une casserole d'eau chaude que vous faites bouillir. Réduisez le feu et laissez frémir jusqu'à ce que le liquide devienne sirupeux. Versez 6 cuillers à soupe de ce sirop dans un verre, ajoutez 1 cuiller à soupe de miel et un peu de jus de citron. Buvez lentement.

Piment de Cayenne ou Tabasco® et citron

Versez une demi-cuiller à café de piment ou 20 gouttes de Tabasco®, 1 cuiller à café de jus de citron dans 1 tasse d'eau bouillante, mélangez et buvez lentement aussi chaud que possible.

Sel de mer

Gargarisez-vous avec de l'eau salée plusieurs fois par jour.

Vinaigre de cidre

Pour les laryngites, prenez 1 cuiller à café de vinaigre de cidre dans un demi-verre d'eau toutes les heures pendant 7 heures.

VOMISSEMENTS

Pour les vomissements courants, suivez les conseils d'Érasme, qui recommande de ne pas se retenir. N'oubliez pas de vous réhydrater. Des recettes de solutions de réhydratation sont indiquées sous les rubriques Crampes *et* Déshydratation.

Canada Dry®

Buvez 1 bouteille de Canada Dry® ou de tout autre soda au gingembre. Le gingembre calme les vomissements.

Cannelle
Faites bouillir 1 bâton de cannelle ou 2 cuillers à café de cannelle en poudre dans 3 tasses d'eau bouillante, jusqu'à ce que l'eau prenne la couleur du café. Retirez le bâton ou filtrez et buvez.

Citron vert
Buvez des petites gorgées de citron vert toutes les demi-heures.

Citron vert, gingembre, menthe et miel
Broyez des feuilles de menthe. Mélangez 1 cuiller à café de jus de menthe, 1 cuiller à café de jus de citron vert, une demi-cuiller à café de gingembre râpé et 1 cuiller à café de miel, et avalez cette efficace mixture exotique.

Curcuma
Buvez des infusions de curcuma toutes les 2 heures pour calmer les vomissements. Jetez 2 cuillers à café de curcuma dans 1 tasse d'eau bouillante, couvrez et laissez infuser pendant 5 minutes. Buvez tout jusqu'à la dernière goutte.

Gingembre
Épluchez et émincez 2 cm de gingembre frais et faites infuser dans 1 tasse d'eau bouillante pendant 10 minutes. Filtrez et buvez 1 tasse toutes les 2 heures.
Mangez du gingembre confit.

Thé
Buvez beaucoup de thé. Le tanin contribue à calmer les spasmes intestinaux et à vous réhydrater.

Vinaigre de cidre
Prenez 1 cuiller à café de vinaigre de cidre non dilué toutes les 2 heures, jusqu'à disparition des vomissements.

YEUX IRRITÉS

Vos yeux sont irrités et en vous regardant dans la glace vous constatez avec désespoir que leur couleur rose fluo vous fait ressembler à un zombie échappé du casting d'un film d'horreur. Pas de panique. Rien de tel qu'un bon bain oculaire pour réparer le désastre.
S'ils sont irrités par un corps étranger, annulez tous vos rendez-vous, rentrez à la maison et prenez un oignon, coupez-le en deux, hachez-le ou râpez-le en mettant le nez dessus, aussi près que possible sans risquer de le couper, pour pleurer toutes les larmes de votre corps. Le corps étranger (sauf si c'est une particule fichée dans l'œil – et dans ce cas filez aux urgences), finira par s'en aller avec vos larmes. Après, il ne vous restera plus qu'à faire des bains oculaires ou des compresses pour réparer les dégâts. Notez bien que vous ne serez pas présentable avant le lendemain matin.

En manipulant du piment, vous avez réussi à vous mettre de la capsaïcine dans les yeux et sur vos lunettes ou vos verres de contact. Lavez-vous immédiatement les mains avec un mélange d'eau et de Javel. Rincez-les soigneusement puis rincez, à grande eau, vos yeux en feu. Faites des bains oculaires et n'oubliez pas de nettoyer vos lunettes ou vos lentilles à grande eau.

Bains oculaires

Basilic
Préparez une infusion de feuilles de basilic. Mettez 6 feuilles de basilic dans 1 tasse d'eau bouillante. Laissez refroidir, filtrez, remplissez une œillère pour baigner votre premier œil. Videz l'œillère avant de donner un bain à l'autre œil.

Bicarbonate
Faites dissoudre un quart de cuiller à café de bicarbonate dans une demi-tasse d'eau bouillie refroidie pour soulager vos yeux irrités.

Camomille
Vous avez les paupières rouges et l'impression d'avoir ramené une bonne partie du sable de la plage dans vos yeux, bref vous n'êtes pas belle à voir. Il ne vous reste plus que les bains de camomille. Faire bouillir 50 g de fleurs de camomille dans 1 litre d'eau, laisser refroidir et infuser pendant 10 minutes et filtrez soigneusement dans un filtre à café. Faites des bains avec une œillère puis complétez avec des compresses. Mouillez généreusement 2 rondelles de coton à démaquiller, allongez-vous et conservez-les sur les paupières pendant 15 minutes au moins.

Fenouil
Écrasez 1 cuiller à café de graines de fenouil ou passez-les au moulin à épices. Faites-les infuser dans 1 tasse d'eau bouillante, laissez tiédir, filtrez et donnez un bon bain à vos yeux.

Miel
Mettez 1 ou 2 gouttes de miel directement dans les yeux ou mélangez 3 cuillers à soupe dans 2 tasses d'eau bouillante, mélangez, laissez refroidir. Utilisez en bains oculaires plusieurs fois par jour.

Sel de mer
Vous ne savez pas pourquoi, mais vous avez les yeux qui pleurent. Préparez-leur un petit bain d'eau salée matin et soir. Faites fondre une demi-cuiller à café de sel dans un demi-litre d'eau pour baigner vos yeux fatigués.

Thé
Préparez-vous un bon thé. Servez-vous une tasse et utilisez le reste pour faire un bain oculaire.

Thym
Si c'est l'eau de la piscine qui a irrité vos yeux, un bain de thym va pouvoir réparer les dégâts. Faites infuser 2 cuillers à soupe de thym frais ou 1 cuiller à soupe de thym séché dans une tasse d'eau bouillante. Attendez que cette potion soit tiède avant de la filtrer et d'y tremper vos yeux rougis.

Compresses

Camomille
Faites infuser 2 sachets de tisane de camomille dans de l'eau bouillante. Mettez-les au réfrigérateur pour qu'ils soient très froids. Buvez la tisane pour vous calmer et allongez-vous avec les sachets de camomille sur les paupières.

Concombre
Grâce au rhume des foins ou à une allergie apparentée, vous avez, avec vos yeux rouges injectés de sang, un *look* de vampire pas vraiment tendance. Attrapez sans plus attendre le premier concombre qui vous tombera sous la main. Réduisez-le en une bouillie, emballez dans de la gaze et posez ces précieux cataplasmes sur vos yeux meurtris pendant 30 minutes.

Thé
Vous pouvez remplacer les sachets de camomille par des sachets de thé, noir de préférence car il contient plus de tanin.

ZONA

Le zona frappait la famille de Flaubert. Dans une lettre aux frères Goncourt, il écrivit : « La maladie de ma mère : un zona compliqué d'une névralgie générale et qui lui fait pousser la nuit de tels cris que j'ai été obligé d'abandonner ma chambre. » À Georges Charpentier, il confessa : « Je suis trop souffrant de mon zona pour pouvoir m'habiller. » C'est peut-être ce qui lui a donné l'idée d'écrire La Tentation de saint Antoine. *Ce saint, ermite de son état, a souffert de toutes sortes d'éruptions cutanées et du zona.*

Aloe vera
Appliquez un peu de sève sur les lésions douloureuses.

Fécule de maïs
Mettez 1 cuiller à soupe de fécule dans la baignoire et faites couler l'eau pour vous préparer un bain qui soulagera votre peau en charpie.

Flocons d'avoine ou de son

Versez 1 tasse de flocons d'avoine ou de son dans un petit sac de tissu ou un bas bien ficelé. Attachez le petit sac sous le robinet et faites couler votre bain. Immergez-vous dans ce bain calmant pendant 30 minutes et utilisez le sachet d'avoine comme gant de toilette.

Menthe poivrée

Buvez 1 infusion de menthe poivrée 2 fois par jour pendant les crises pour apaiser la douleur.

Pack de glace

Pendant les 3 ou 4 premiers jours, sortez votre pack de glace pour calmer la douleur. Essayez de le conserver pendant 10 minutes. Répétez très souvent pendant la journée.

Tabasco® et dentifrice

Une application de Tabasco® sur les endroits douloureux fait office d'anesthésiant provisoire. Et si le Tabasco® vous brûle, appliquez une fine couche de dentifrice sur le Tabasco® séché pour calmer le feu.

Vinaigre de cidre

Buvez 1 verre d'eau additionné de 2 cuillers à café de vinaigre 3 fois par jour pendant les crises.
Tamponnez les lésions avec 1 cuiller à café de vinaigre diluée dans un verre d'eau.
Ou prenez un bain additionné de 2 tasses de vinaigre.

Votre hygiène et votre beauté

Tous les "trucs" pour rester belle et clean

Vers 10 000 av. J.-C., les habitants des cavernes du mésolithique pratiquaient déjà les soins corporels, avec des traitements pour adoucir la peau à base de graisse et d'huile de ricin. Mais il faut attendre 2 800 av. J.-C. pour voir le premier savon à Babylone. Des inscriptions sur des cylindres en argile dans lesquels il était conditionné indiquent qu'il s'agissait de graisses bouillies avec de la cendre, une recette de fabrication du savon. Quant au mot « savon », il viendrait, selon une légende romaine, du mont Sapo à Rome, où l'on sacrifiait des animaux. La pluie faisait couler sur les pentes un mélange de graisse animale fondue et de cendres de bois, jusque sur les rives argileuses du Tibre, où les femmes qui faisaient leur lessive ont constaté que ce mélange argileux lavait plus blanc !

LE BAIN ET LA DOUCHE

Les premières salles de bains connues se trouvent dans un palais de la vallée de l'Indus au Pakistan, où chaque chambre était équipée d'une baignoire en 4 000 av. J.-C.
Mais avant de prendre un bain ou une douche, pour avoir une peau de rêve, rien ne vaut un bon gommage.

On gomme les peaux mortes

Apparemment les premiers exfoliants dateraient de 1 000 av. J.-C. Les Assyriens et les Égyptiens se faisaient un petit gommage avec du sable avant de prendre leur bain. Les Romains utilisaient de la pierre ponce broyée pour se faire une peau de soie.

Amandes
Pour faire peau neuve, passez sous la douche et gommez en douceur avec de la poudre d'amandes.

Bicarbonate
Mouillez la peau puis frottez tout le corps, visage compris si vous le souhaitez, avec du bicarbonate. Insistez sur les coudes, les genoux et la plante des pieds. Rincez.

Huile, vinaigre de cidre et sel
Mélangez 3 cuillers à soupe de sel dans 3 cuillers à soupe de vinaigre. Enduisez-vous d'huile végétale – colza, olive, pépins de raisin ou ce que vous avez dans vos placards. Massez-vous soigneusement, laissez agir 15 minutes avant de vous frotter avec le mélange sel et vinaigre en insistant sur la peau sèche des coudes, des genoux et de la plante des pieds. Puis jetez-vous dans le bain ou sous la douche.

Miel, sucre cristallisé et huile d'olive
Mélangez 4 cuillers à soupe de miel, 1 tasse de sucre cristallisé et 4 cuillers à soupe d'huile d'olive. Massez-vous le corps en faisant des mouvements circulaires. Rincez sous la douche ou dans le bain.

Orange et sel

Passez une orange non traitée au mixeur, ajoutez 2 cuillers à soupe de gros sel de mer. Frottez cette mixture sur votre peau sèche, laissez agir pendant 5 minutes puis rincez sous la douche ou dans le bain.

Sel, citron et huile végétale

Préparez une pâte avec 1 jus de citron, 1 tasse d'huile et 2 tasses de sel. Frottez-vous le corps avec cet exfoliant maison en insistant particulièrement sur les coudes, les genoux et la plante des pieds. Puis passez sous la douche ou plongez-vous dans un bain. N'utilisez pas de savon pour ne pas retirer le film huileux sur la peau.

Fini les coudes, genoux et talons rugueux

Bicarbonate et huile d'olive

Préparez une pâte épaisse en mélangeant du bicarbonate avec de l'huile d'olive ou celle que vous avez sous la main. Appliquez-la sur la peau sèche ou rêche. Laissez agir pendant 5 minutes et rincez à l'eau chaude.

Citron ou pamplemousse

Coupez un citron en deux, pressez-le et frottez vos coudes avec les demi-citrons en faisant des mouvements circulaires.

Pour les genoux et les talons, faites la même chose avec des demi-pamplemousses.

Lait et citron ou pamplemousse

Mélangez le jus de 3 citrons ou d'1 pamplemousse avec 1 tasse de lait en poudre pour faire une pâte à vous appliquer sur les genoux, les coudes et la plante des pieds. Laissez agir 15 minutes et frottez avec une pierre ponce, une fleur de douche ou un tampon à récurer.

L'eau du bain

Les bienfaits de l'hydrothérapie sont connus depuis la préhistoire. Les *Homo sapiens* comme Ötzi, qui traçait la route du côté de Merano en Italie, vers 5 000 av. J.-C., trempaient déjà leurs petits pieds poilus fatigués dans l'eau bienfaisante des anciens geysers. Les bains de lait de Poppée et de Cléopâtre pour baigner leur corps d'albâtre ont fait des émules, tout comme les bains au thym des Grecs et des Romains, sans parler des bains de sang d'Élizabeth Bathory, la vraie et peu fréquentable comtesse Dracula.

Bicarbonate

Ajoutez une demi-tasse de bicarbonate à l'eau de votre bain pour avoir la peau douce.

Bière, vinaigre de cidre, lait et sel

Préparez-vous un bon bain relaxant en versant 1 tasse de bière, 1 tasse de vinaigre de cidre, 1 tasse de lait et 1 cuiller à café de gros sel. Faites couler l'eau chaude et détendez-vous pendant 20 minutes dans ce bain bizarrement bienfaisant.

Citron ou citron vert

Si votre peau a été abîmée par le soleil, ajoutez une demi-tasse de jus de citron et des peaux de citrons non traités à l'eau de votre bain.

Huile d'olive ou autre

Pour avoir la peau douce, ajoutez 2 ou 3 cuillers à soupe d'huile à l'eau du bain.

Huile et shampooing

En panne d'huile de bain ? Concoctez la vôtre. Mettez 2 tasses d'huile végétale de votre choix, 3 cuillers à soupe de shampooing et 20 gouttes de parfum dans un mixeur. Faites-le tourner à toute vitesse et voilà !

Lait
Comme Cléopâtre, Poppée ou Pauline Bonaparte, ajoutez du lait en bouteille (ou en poudre) à l'eau de votre bain. L'acide lactique qu'il contient chasse les peaux mortes et vous fait une peau de bébé.

Miel
Une demi-tasse de miel dans l'eau de votre bain vous fera une peau satinée.

Vinaigre de cidre
Si l'eau est calcaire, ajoutez 1 tasse de vinaigre de cidre à l'eau de votre bain pour la neutraliser.

Exit la cellulite

Pour se débarrasser de cette maudite cellulite, sans aucun doute envoyée par une force extraterrestre misogyne malveillante aux pauvres terriennes, on se masse furieusement les zones sinistrées, mais on y ajoute la pratique du sport et un régime approprié.

Café, sucre cristallisé ou sel, huile d'olive ou de pépins de raisin
Plutôt que de le jeter, utilisez le marc de café pour combattre la cellulite. Mélangez 2 tasses de marc de café ou de café moulu, une demi-tasse de sucre cristallisé ou de sel et 3 cuillers à soupe d'huile d'olive ou de pépins de raisin. Mixez vigoureusement. Prenez une douche chaude puis massez les zones envahies par la cellulite en faisant des mouvements circulaires. Rincez soigneusement.

On hydrate à fond

Crème solaire
En panne de crème pour le corps ? Remplacez-la par de la crème solaire.

Huile, vinaigre de cidre et bière

Préparez votre lotion pour le corps en mélangeant 2 cuillers à soupe d'huile d'amande, d'olive ou de sésame avec 1 cuiller à café de vinaigre et 1 cuiller à soupe de bière.

Vaseline

C'est évidemment très gras, mais si vous en appliquez très peu, tout en l'étalant et en ajoutant progressivement beaucoup d'eau, vous serez surprise du résultat.

La chromothérapie dans le bain

Colorez l'eau de votre bain pour vous faire du bien. Concoctez-vous un bain moussant sur mesure avec 1 cuiller à soupe de colorant alimentaire de votre choix, 1 cuiller à soupe de glycérine et 1 cuiller à soupe de savon liquide ou de shampooing. Mélangez bien, versez dans la baignoire et faites couler l'eau en prenant soin de bien mélanger.

Un bain rouge donne de la force et du courage. Il vous aide à affronter une journée difficile ou vous redonne de l'énergie après. Il vous réchauffe si vous avez froid.

Un bain orange donne du peps. Excellent le matin pour vous donner de l'entrain et vous mettre de bonne humeur pour la journée.

Un bain jaune apaise les tensions et donne de l'énergie positive. Le jaune vous aidera aussi à vous concentrer et retrouver confiance en vous. La couleur du soleil est recommandée aux stressées et angoissées.

Un bain vert permet de retrouver un sentiment d'équilibre et d'harmonie. Il est recommandé le soir pour vous détendre et vous apaiser.

Un bain bleu favorise le calme et la sérénité. Il vaut mieux le prendre le soir pour vous détendre et bien dormir. Comme le bain vert, il apaise et détend.

Un bain violet donne de l'énergie et stimule la créativité. Essayez un bain violet avant de vous lancer dans un nouveau projet ou pour voir les choses sous un angle nouveau.

On attaque les vergetures

Les Égyptiennes de l'Antiquité menaient déjà une lutte acharnée pour effacer les vergetures après une grossesse. Certaines recettes mentionnent l'huile d'autruche.

Huile d'amande douce ou de sésame

Massez les zones striées 2 fois par jour avec de l'huile d'amande douce ou de sésame. Avec beaucoup de persévérance, elles s'atténueront.

Huile d'olive et jus de citron, de citron vert ou d'orange

Ajoutez quelques gouttes de jus d'agrume à l'huile d'olive et massez la peau marquée, 2 fois par jour.

On improvise un déodorant

Pratiquement toutes les grandes civilisations ont laissé des documents sur leurs efforts pour combattre les odeurs corporelles. Les Égyptiens recommandaient de se laver les aisselles dans un bain parfumé et de les raser avant d'appliquer un déodorant à base de cédrat et de cannelle concocté par les nez de l'époque.

Si vous êtes en panne de déodorant, pas de panique. Respirez un grand coup et fouillez dans vos placards.

Alcool

Imbibez un coton d'alcool et passez-le sous vos bras.

Bicarbonate

Ajoutez 4 cuillers à soupe de bicarbonate à l'eau de votre bain. Puis en sortant du bain, après vous être séché(e), mettez un peu de bicarbonate sous les bras et le tour est joué. Vous pouvez le mélanger à du talc parfumé pour ajouter une note raffinée à ce déodorant improvisé.

Concombre

Coupez un morceau de concombre et frottez-en vos aisselles. Aussi bizarre que ça paraisse, le concombre est un déodorant efficace.

Fécule de maïs ou sel

Vous n'avez plus de déodorant ? Un peu de fécule, de talc ou de sel sous les bras sauvera la situation en absorbant la transpiration et en tuant les bactéries responsables des mauvaises odeurs.

Persil

Si vous faites partie des infortuné(e)s dont l'odeur de transpiration est un peu marquée, faites infuser du persil frais ou séché dans un demi-litre d'eau. Ajoutez cette infusion à l'eau de votre bain et détendez-vous dans l'eau pendant 30 minutes au moins.

Sauge

Pour diminuer les sudations trop abondantes, buvez des infusions de sauge. Jetez 2 cuillers à café de sauge dans 1 tasse d'eau bouillante, laissez infuser 10 minutes, filtrez et buvez-en plusieurs fois au cours de la journée.

Tomate

Si vous avez un petit problème d'odeur du côté des pieds ou si par malheur vous avez croisé le chemin d'un sconse, précipitez-vous dans la baignoire la plus proche en ayant pris soin d'ajouter une bouteille de jus de tomate à l'eau du bain. Faites trempette pendant un bon quart d'heure pour effacer les vilaines odeurs.

Vinaigre

Mélangez en quantités égales du vinaigre et de l'eau pour y tremper un coton et tamponner généreusement vos aisselles. Ne vous inquiétez pas, l'odeur du vinaigre disparaît rapidement. Vous ne laisserez pas de relent de cornichon dans votre sillage.

Vodka

Si vous n'avez rien d'autre dans vos placards, un peu de vodka sous les bras fera très bien l'affaire.

La guerre aux poils

La guerre aux poils aurait commencé avec les Néanderthaliens qui pratiquaient l'épilation sauvage en coinçant les poils entre deux coquillages, avant qu'un petit malin n'ait enfin l'idée d'utiliser des lames de silex pour se raser vers 30 000 av. J.-C. Les Babyloniens ont mis au point les dépilatoires et c'est Ovide, dans *L'Art d'aimer*, qui encourage vivement à « se débarrasser du bouc puant sous les bras et à avoir des jambes lisses, sans poils piquants ».

Épilation

Avant de vous épiler, saupoudrez vos jambes, maillot, aisselles ou lèvre supérieure avec un peu de talc ou de fécule. L'arrachage de la cire sera moins douloureux.

Comment faire un sort à notre pilosité lorsqu'on n'a pas de crème ou de cire dépilatoire ?

Fécule de maïs, sucre et blanc d'œuf

Pour déloger le duvet disgracieux qui défigure votre lèvre supérieure, préparez un dépilatoire doux en ajoutant en quantités égales du sucre et de la fécule à 1 blanc d'œuf. Mélangez soigneusement et appliquez cette pâte sur le duvet. Laissez sécher, arrachez et recommencez jusqu'à ce que vous soyez glabre.

Sucre, miel et citron

Mélangez 1 tasse de sucre, 1 cuiller à soupe de miel et 1 jus de citron dans un récipient en verre ou en plastique. Mettez au micro-ondes pendant 2 minutes pour obtenir une consistance de miel épais. Saupoudrez un peu de talc ou de fécule de maïs sur les parties à épiler. Vérifiez la température et appliquez à la spatule de la cheville au genou. Laissez durcir un peu et tirez d'un coup sec dans le sens opposé de la pousse des poils. N'hésitez pas à hurler si vous en éprouvez le besoin. Vous pouvez aussi recouvrir ce caramel avec des bandes de tissus, laissez un peu durcir et tirez comme ci-dessus.

Rasage

Après-shampooing, gel dentifrice, huile de bain pour bébé, huile d'olive ou vaseline

La gestion des stocks n'étant pas au top, c'est la panne de mousse à raser. Inutile de paniquer si vous avez du shampooing, de l'après-shampooing, du dentifrice en gel, de l'huile ou de la vaseline qui feront d'excellents ersatz. Si vous utilisez de la vaseline, vos jambes seront impeccablement rasées et d'une douceur incroyable. La lame de votre rasoir, par contre, sera bonne pour la poubelle. Utilisez donc, de préférence, un rasoir jetable.

Vaseline

Lorsque vous vous rasez le maillot, passez de l'eau et du savon sur la zone à raser avant de mettre de la mousse à raser. Une fois que vous avez terminé, passez de la vaseline sur les parties rasées pour éviter les rougeurs et les irritations.

Talc ou fécule de maïs

Si vous utilisez un rasoir électrique pour vous raser les jambes, saupoudrez-les avec un peu de talc ou de fécule avant d'attaquer votre système pileux. Le rasoir passera plus facilement.

Vous venez de vous couper avec une lame qui garantissait de ne pas le faire et le stick de pierre d'alun de votre bien-aimé a disparu.

Il ne vous reste plus qu'à chercher votre stick de baume pour les lèvres pour arrêter l'écoulement de sang.

Prolongez la vie de vos lames en mettant votre rasoir à tremper dans de l'alcool ou de la vodka.

LE VISAGE

« Lave ton visage avec des violettes infusées dans du lait de chèvre », dit un proverbe irlandais. Quant aux femmes des ferblantiers irlandais, elles devaient leur incomparable peau d'albâtre à l'eau de source mélangée à de la cendre de fougères mâles cueillies de préférence à la pleine lune. Ces rustiques recettes ne sont pas impossibles à réaliser, mais restent quelque peu fastidieuses. Nous nous contenterons de produits plus accessibles aux superwomen pressées que nous sommes.

Problèmes avec l'autobronzant

Vous avez eu la main un peu lourde ou malhabile avec l'autobronzant. Ce n'est pas dramatique mais vous n'avez pas envie que les dégâts s'estompent d'eux-mêmes. Pour tout effacer, mélangez un quart de tasse de jus de citron à une demi-tasse de sucre et frottez avec une fleur de douche.

C'est la panne de démaquillant

Avant d'inventer une mixture lavante proche du savon, à base de saponine, de graisses animales et d'huiles parfumées, les Égyptiens utilisaient différentes huiles pour se démaquiller et se laver.

On se démaquille les yeux

Liquide pour les lentilles de contact
Si vous portez des lentilles, utilisez du liquide à lentilles pour vous démaquiller les yeux.

Shampooing pour bébé
Diluez 1 mesure de shampooing pour bébé dans 2 mesures d'eau et vous avez du démaquillant pour les yeux, y compris les yeux sensibles.

On se démaquille le visage

Après-shampooing
Avec un peu d'après-shampooing sur un coton vous ferez peau nette.

Concombre
Avant de vous démaquiller, frottez une rondelle de concombre sur le visage pour décoller les impuretés.

Concombre et lait
Passez un concombre au mixeur, recueillez le jus et mélangez avec une quantité égale de lait.

Huile d'amande, de ricin, de sésame ou huile de bain pour bébé
Ces huiles enlèveront votre maquillage en un tour de main.

Lait ou yaourt
Mettez du lait ou du yaourt sur un coton et procédez comme avec n'importe quel lait démaquillant.

Lingettes pour bébé
Elles démaquillent vite et bien.

On fabrique son démaquillant

Dans une casserole à feu très doux, mélangez 2 cuillers à soupe de bicarbonate, 1 cuiller à café d'huile d'amande, 1 cuiller à soupe de miel et 1 tasse d'eau. Retirez du feu, laissez refroidir et mettez dans un récipient. Secouez avant chaque application. Étalez sur le visage, frottez et rincez.

On fait son gommage

Bicarbonate

Mélangez du bicarbonate avec de l'eau, du démaquillant ou de l'huile d'olive pour faire une pâte. Appliquez sur le visage, frottez en faisant des cercles et rincez soigneusement.

Café et blanc d'œuf

Mélangez un quart de tasse de marc de café avec 1 blanc d'œuf. Frottez délicatement le visage avec cette mixture pour chasser les peaux mortes, les points noirs et autres petites imperfections qui gâchent votre grain de peau.

Huile d'olive et sucre

Mouillez votre visage, massez-le avec de l'huile d'olive puis frottez avec du sucre en poudre. Rincez soigneusement.

Yaourt et sucre

Mélangez 1 cuiller à café de sucre dans un quart de tasse de yaourt. Appliquez sur le visage, frottez et rincez.

On tonifie

Champagne

Aspergez-vous le visage avec un peu de champagne et laissez sécher à l'air libre. Rien de tel pour tonifier la peau et resserrer les pores !

Citron jaune ou vert et eau minérale
Vous avez bu tout le champagne ? Ce n'est pas grave. Mélangez un peu de jus de citron dans le double d'eau minérale.

Eau, vinaigre de cidre et aspirine
Diluez le vinaigre dans la même quantité d'eau et ajoutez une aspirine. Appliquez sur le visage 2 fois par jour. Si vous utilisez ce tonique, pensez à protéger votre peau avec une crème solaire.

Lavande
Jetez une poignée de fleurs de lavande dans un demi-litre d'eau bouillante. Laissez refroidir, filtrez et appliquez cette lotion qui purifie la peau et stimule la croissance des cellules.

Menthe
Faites infuser 2 sachets de menthe dans 1 tasse d'eau bouillante. Laissez refroidir et vous avez une lotion tonique pour les peaux grasses.

Vodka
Imbibez un morceau de coton avec de la vodka, un tonique parfait pour éliminer les résidus de démaquillant et resserrer les pores.

On se fait un masque

Ovide donne dans *Les Cosmétiques* des recettes de masques de beauté faciles à concocter à base d'orge et d'œuf. D'autres, nettement plus exotiques, demandent du lait d'ânesse, de la corne de cerf et de l'*halcyonea*, une substance faite avec des nids d'hirondelles de mer. Heureusement que Galien, le médecin de Marc-Aurèle, est arrivé au IIe siècle avec l'ancêtre de la *Cold Cream*, un mélange de cire d'abeille, d'huile d'olive et d'eau.

Un teint de lait

Levure
Pour avoir le teint de lait des Anglaises, faites fondre de la levure de bière fraîche ou en paquet dans un peu d'eau tiède. Appliquez cette pâte grisâtre sur le visage et le cou. Laissez sécher et rincez à l'eau tiède.

Une peau nette

Amandes et lait
Mélangez 2 cuillers à soupe de poudre d'amandes avec juste assez de lait pour faire une pâte. Appliquez sur le visage et le cou. Laissez agir pendant 15 minutes, rincez à l'eau fraîche en faisant des mouvements circulaires.

Bicarbonate
Mélangez une demi-tasse de bicarbonate avec un peu d'eau pour faire une pâte que vous appliquez sur le visage. Laissez sécher puis rincez avec de l'eau chaude en faisant des massages circulaires et finissez avec de l'eau froide.

Lait en poudre
Faites une pâte épaisse avec un quart de tasse de lait en poudre et un peu d'eau. Étalez sur le visage et laissez sécher sans rire et sans parler. Rincez en massant avec de l'eau tiède.

Des pores resserrés

Flocons d'avoine
Mélangez 2 cuillers à soupe de flocons d'avoine avec un peu d'eau tiède. Étalez cette mixture sur votre minois en évitant le contour des yeux et laissez agir pendant 20 minutes loin des regards. Rincez à l'eau tiède.

Œuf et citron
Battez un blanc d'œuf en neige bien ferme, ajoutez progressivement 1 cuiller à café de jus de citron. Appliquez cette "meringue" en évitant le contour des yeux. Rincez à l'eau tiède au bout de 20 minutes.

Pomme, miel et citron
Mettez une pomme avec 3 cuillers à soupe de miel et 1 cuiller à café de jus de citron dans le mixeur et broyez le tout. Posez une fine couche de cette purée sur le visage en évitant le contour des yeux. Laissez agir 10 minutes et rincez à l'eau tiède.

Tomate
Écrasez une tomate et tartinez la pulpe sur une peau parfaitement démaquillée. Allongez-vous pendant 15 minutes puis rincez à l'eau tiède avant de terminer à l'eau froide.

Yaourt
Tartinez un yaourt nature sur le visage et le cou. Laissez sécher pendant 20 minutes et rincez à l'eau tiède.

On hydrate les peaux sèches

Les Égyptiennes qui avaient la peau sèche se faisaient un masque en mélangeant de la bile de boeuf, un œuf d'autruche battu, de l'huile, de la pâte à pain et des raisins. Les Romaines avaient moins de chance, le leur se composait de boue et de crottes de crocodiles.

Avocat
Les Aztèques et les Mayas pensaient à juste titre que les avocats nourrissent la peau par l'intérieur et l'extérieur.
Écrasez un demi-avocat bien mûr et tartinez cette purée verte sur tout le visage et le cou. Détendez-vous pendant 30 minutes et rincez à l'eau fraîche. Et mangez l'autre moitié.

Banane et miel

Écrasez une banane bien mûre avec 1 cuiller à soupe de miel. Mangez la moitié et étalez le reste sur le visage et le cou. Rincez après 20 minutes de pose.

On élimine les points noirs

Banane

Frottez l'intérieur d'une peau de banane sur les points noirs, attendez 15 minutes avant de rincer à l'eau tiède.

Fécule de maïs et vinaigre de cidre

Délayez 2 cuillers à soupe de fécule avec juste assez de vinaigre pour faire une pâte. Appliquez ce plâtre sur les parties du visage envahies par les points noirs et laissez agir pendant 30 minutes. Rincez à l'eau tiède.

Gélatine

Trempez 1 feuille de gélatine dans un bol d'eau froide pendant 5 minutes. Secouez-la, essorez-la si nécessaire et faites-la fondre dans 2 cuillers à soupe de lait bien tiède. Laissez refroidir, appliquez sur le visage en évitant le contour des yeux. Retirez le masque en attrapant un bout et en le pelant.

Œuf et fécule de maïs

Battez un blanc d'œuf en neige bien ferme. Ajoutez progressivement 2 cuillers à soupe de fécule. Recouvrez les zones à problèmes et laissez sécher. Frottez avec un gant de toilette sec pour tout retirer et rincez à l'eau tiède.

Persil et bain de vapeur

Passez une bonne poignée de persil au mixeur pour en faire une purée. Recouvrez-en les affreux points noirs avant de vous pencher sur un bol d'eau très chaude pendant 10 minutes. Rincez à l'eau tiède.

On atténue les rides

Une recette romaine que nous ne vous conseillons pas se composait de graisse d'hippopotame et de crotte de gazelle avec un peu de parfum pour rendre le mélange supportable. La version égyptienne est nettement plus appétissante : encens, gomme, cire d'abeille, huile et pignons de cyprès mélangés dans du lait, en applications quotidiennes. Mais on ne sait pas laquelle était la plus efficace.

Ananas
Pour atténuer les rides, mouillez le visage avec du jus d'ananas. Laissez sécher et rincez 15 minutes plus tard.

Banane ou fraise, miel et crème
Écrasez une demi-banane ou 3 fraises, ajoutez 2 cuillers à soupe de miel et 2 cuillers à soupe de crème. Étalez sur le visage et le cou et laissez agir 10 minutes en évitant de manger votre masque. Rincez à l'eau tiède.

Carotte râpée et citron
Mettez 1 carotte avec le jus d'1/2 citron dans le mixeur et étalez sur le visage et le cou. Rincez à l'eau tiède après 20 minutes de pose.

Fraise et huile d'olive
Écrasez 8 fraises avec 2 cuillers à soupe d'huile d'olive. Étalez sur le visage et le cou. Laissez reposer pendant 5 ou 10 minutes avant d'essuyer avec un mouchoir en papier.

Huile de ricin
Massez-vous le cou 2 fois par jour avec de l'huile de ricin pour éviter d'avoir un cou qui ressemble à du papier crépon.

Miel, vinaigre de cidre et blanc d'œuf
Mélangez 1 cuiller à soupe de miel, 1 cuiller à soupe de vinaigre et 1 blanc d'œuf battu. Étalez sur le visage et le cou, laissez sécher et rincez à l'eau tiède. Ce masque raffermit la peau et atténue les rides.

Pomme et citron
Mélangez 3 cuillers à soupe de jus de pomme et 3 cuillers à soupe de jus de citron. Lotionnez le visage 2 fois par jour.

Raisin
Épluchez quelques grains de raisins, écrasez-les et posez sur le visage et le cou, en insistant sur le tour des lèvres et des yeux. Laissez en place pendant 20 minutes et rincez à l'eau tiède. Faites ce masque tous les jours pour atténuer les rides.

Yaourt et levure de bière
Mélangez en quantités égales yaourt et levure. Appliquez, laissez sécher et rincez à l'eau tiède. Faites ce masque 2 fois par semaine en traitement anti-rides.

Lotions anti-rides

Huile de noix de coco ou de ricin
Massez les pattes-d'oie, le tour des lèvres et le cou avec de l'huile de noix de coco ou de ricin.

Huile d'olive et vinaigre de cidre
Mélangez 1 cuiller à soupe d'huile et une demi-cuiller à soupe de vinaigre, secouez bien et voilà une lotion anti-rides.

Vodka, fenouil et miel
Mélangez 2 cuillers à soupe de vodka, 1 cuiller à soupe de grains de fenouil et 2 cuillers à café de miel. Mélangez bien. Laissez reposer pendant 3 jours. Filtrez, ajoutez 2 cuillers à soupe d'eau minérale. Et vous avez un tonique anti-rides.

On attaque les taches de vieillesse

« Si Dieu m'avait fait l'honneur de me consulter, je lui aurais conseillé de placer les rides des femmes sous les talons », disait Ninon de Lenclos. Elle aurait pu ajouter les taches de vieillesse à sa requête.

Aloe vera
Coupez la pointe d'une tige et frottez la sève sur les taches de vieillesse 2 fois par jour pendant 2 ou 3 mois.

Carottes
Appliquez du jus de carotte sur les taches 2 fois par jour.

Citron
Lotionnez vos taches 2 fois par jour avec du jus de citron frais. Laissez sécher avant de sortir. Persévérez et vous obtiendrez un résultat au bout de quelques mois.

Concombre
Lotionnez les taches avec du jus de concombre 2 fois par jour.

Huile de ricin
Deux applications quotidiennes d'huile de ricin sur les taches devraient les faire disparaître en 1 ou 2 mois.

Pois chiches
Le soir, écrasez quelques pois chiches et mélangez avec un peu d'eau. Tartinez cette purée sur les taches, laissez sécher et rincez.

Oignon et vinaigre de cidre
Coupez 1 oignon en 2, trempez-le dans du vinaigre et frottez les taches disgracieuses 2 fois par jour pendant quelques semaines pour les faire disparaître.

On fait dégonfler les paupières

Les top models utilisent, paraît-il, de la crème contre les hémorroïdes pour faire rapidement dégonfler les paupières.

Concombre
Épluchez et passez la moitié d'un concombre au mixeur. Mettez cette purée au congélateur pendant quelques minutes pour la

rafraîchir, puis glissez-la dans 2 compresses de gaze. Allongez-vous et posez ces compresses sur vos yeux gonflés pendant 30 minutes.

Œuf

Le blanc d'œuf resserre la peau et la forte concentration en vitamines B qu'il contient stimule la circulation et réduit l'inflammation. Utilisez de préférence des œufs bios. Trempez un doigt dans le blanc d'œuf et étalez-le autour des yeux. Laissez sécher 15 minutes et rincez à l'eau tiède.

Pomme de terre

Épluchez et mixez une pomme de terre. Recueillez le jus pour imbiber 2 morceaux de coton que vous posez sur les paupières pendant 10 minutes. Rincez à l'eau froide.

Sel

Faites fondre 1 cuiller à café de sel dans 4 tasses d'eau tiède, trempez 2 morceaux de coton dans l'eau salée et posez sur les paupières pendant 15 minutes.

Thé

Passez 2 sachets de thé usagés au congélateur pendant quelques minutes avant de les poser sur vos paupières pour les faire dégonfler.

On se fait des lèvres douces

Les premiers rouges à lèvres ont été découverts à Ur près de Babylone. Ils ont environ 5 000 ans ! Les rouges à lèvres de Cléopâtre étaient fabriqués avec des pigments rouge sombre provenant de cochenilles broyées mélangées à des œufs de fourmis.

En 1770, les Anglaises adeptes du rouge ont souffert ! Une loi passée au Parlement décrète que « les femmes reconnues coupables d'avoir utilisé des moyens cosmétiques pour séduire des hommes dans le but se faire épouser pourraient être jugées pour sorcellerie ».

Lèvres gercées

Lorsque vous vous brossez les dents, passez votre brosse à dents sur les lèvres pour retirer les peaux mortes.

Bicarbonate
Trempez un doigt mouillé dans du bicarbonate et passez-le sur les lèvres pour les exfolier. Puis appliquez du stick ou de la vaseline pour les hydrater.

Huile
Pour avoir des lèvres douces sans peaux mortes, passez un morceau de coton imbibé de l'huile de votre choix – amande douce, olive, tournesol, etc., ou de l'huile de bain pour bébé – après vous être démaquillée.

Thé
Appuyez un sachet de thé usagé contre vos lèvres pendant quelques minutes.

Vaseline
Un peu de vaseline sur vos lèvres gercées remplacera sans problème votre stick oublié.

Votre rouge à lèvres préféré est desséché, ajoutez quelques gouttes d'huile ou un peu de vaseline et mélangez.

Pour éviter que votre rouge ne file, passez un peu de poudre ou de talc sur vos lèvres après avoir mordu dans un mouchoir en papier.

Plus de rouge à lèvres ? Essayez les betteraves, les mûres, les myrtilles, les pétales de géraniums, de roses, ou les bonbons gélifiés de vos enfants.

Changez la couleur de votre rouge en le mélangeant avec un autre rouge, avec du crayon à lèvres ou de l'ombre à paupières.

Pour repulper vos lèvres, passez un glaçon dessus ou enduisez-les avec du jus de gingembre ou de raifort. Elles seront complètement anesthésiées mais bien regonflées.

On fait briller ses dents

Le premier dentifrice connu, vieux de 7 000 ans et utilisé en Égypte, était un mélange de pierre ponce pilée, de cendre de sabots de bœufs, de coquilles d'œufs brûlées et de myrrhe que l'on appliquait avec les doigts. L'ancêtre de la brosse à dents était sans doute la petite branche que les anciens Africains aplatissaient et mâchaient. Les premières vraies brosses à dents ont été fabriquées en Chine avec des poils de porc ou du crin de cheval sur un manche en ivoire.

Bicarbonate

Trempez votre brosse à dents mouillée dans du bicarbonate et brossez-vous les dents comme d'habitude.
Vous pouvez également tremper le fil dentaire dans du bicarbonate avant de le passer entre vos dents pour bien éliminer la plaque dentaire.

Citron

Prenez le zeste d'un citron non traité pour vous masser les gencives et la partie blanche du zeste pour prévenir la pyorrhée et blanchir les dents.

Fraise

Écrasez une fraise, trempez votre brosse à dents dans ce délicieux dentifrice et brossez-vous les dents énergiquement pour blanchir vos dents.

Sauge

Pour avoir les dents bien blanches, frottez-les une fois par semaine avec une feuille de sauge.

LES MAINS ET LES PIEDS

Dans L'Art de la Beauté ou Secrets de la Toilette des Dames, *la sulfureuse Lola Montes dévoile les secrets de beauté des célébrités de l'époque. Elle encourage d'ailleurs ses lectrices (et ses lecteurs à qui elle donne des conseils sur « l'art de fasciner ») à confectionner leurs produits de soins. Pour avoir de belles mains, explique cette femme fatale, les élégantes de la cour d'Espagne dormaient en les surélevant au-dessus de leur tête. Pour cela, elles passaient leurs bras dans des cordes suspendues au plafond. Nous nous en tiendrons à des méthodes moins drastiques.*

On bichonne nos mains

Les Romains utilisaient une crème pour les mains, douce et pas trop grasse, à base de graisse et de fécule.

Des mains propres

Citron ou eau oxygénée
Pour retirer les affreuses taches jaunes laissées par la nicotine sur les doigts, frottez-les avec du jus de citron. Si elles résistent, attaquez-les avec de l'eau oxygénée, puis lavez-vous soigneusement les mains.

Huile et liquide vaisselle
Mélangez en parts égales huile et liquide vaisselle pour laver des mains sales.

Huile et sucre
Pour bien nettoyer des mains très sales, enduisez-les d'huile puis frottez-les avec du sucre avant de les rincer.

Sel
Lavez-vous les mains avec de l'eau et du savon, faites bien mousser puis ajoutez du sel et frottez vigoureusement avant de rincer.

Vaseline
Frottez vos mains avec de la vaseline, attendez 5 minutes avant de les rincer dans de l'eau savonneuse bien chaude.

Des mains sans odeur

Citron, savon et sucre
Pour vous débarrasser de l'odeur d'ail, d'oignon, d'huile ou de tout autre odeur tenace sur les mains, frottez-les avec du citron. Puis lavez-les avec du savon. Dès que le savon se met à mousser, ajoutez un peu de sucre en poudre, frottez et rincez.

Dentifrice
Pour nettoyer des mimines malodorantes, frottez-les avec du dentifrice, puis rincez.

Lingettes pour bébé
Après avoir fait le plein d'essence ou de gasoil, essuyez vos mains avec des lingettes pour bébé.

Marc de café
Si vos mains sentent mauvais, après avoir manipulé de l'eau de Javel par exemple, frottez-les avec du marc de café.

Moutarde
Pour se débarrasser d'une mauvaise odeur, frottez-vous les mains avec 1 cuiller de moutarde avant de les laver au savon.

Des mains douces

Avocat
Frottez vos mains et vos pieds avec l'intérieur de peaux d'avocats. Recouvrez-les avec des sacs en plastique pendant une demi-heure. Essuyez avec un mouchoir en papier.

Baume à lèvres
Pour soulager la peau sèche au bout des doigts, on peut appliquer du baume pour les lèvres.

Citron et huile d'olive

Pour soulager des mains sèches, rougies ou gercées, faites tiédir un peu d'huile d'olive au micro-ondes. Massez-vous les mains avec du jus de citron, rincez puis trempez les mains dans l'huile d'olive pendant 15 minutes. Massez-les et essuyez l'excédent avec des mouchoirs en papier. Ce traitement est excellent pour les pieds aussi.

Glycérine et jus de citron

Ajoutez quelques gouttes de jus de citron à de la glycérine. Massez vos mains et vos pieds avec ce mélange le soir au coucher. Mettez des gants et des chaussettes pour dormir.

Lait et citron

Faites chauffer un peu de lait, ajoutez quelques gouttes de citron avant d'y plonger les mains pendant 5 bonnes minutes. Rincez et hydratez.

Miel

Enduisez vos mains avec du miel pendant 5 minutes, rincez et hydratez.

Vaseline et huile d'olive

Si vous avez les mains très sèches, ajoutez quelques gouttes d'huile d'olive à de la vaseline. Massez-vous les mains, mettez-les dans des sachets en plastique que vous enveloppez dans des serviettes chaudes. Détendez-vous pendant 30 minutes. Vous pouvez en profiter pour faire subir le même sort à vos pieds. Essuyez la vaseline avec des mouchoirs en papier et rincez.

Vinaigre de cidre ou jus de citron

Après un séjour prolongé dans l'eau, vos mains sont aussi ridées que celles d'une lavandière. Il ne vous reste plus qu'à mettre des gants pour cacher les dégâts ou à les masser avec du vinaigre ou du jus de citron pour leur redonner une peau douce et lisse.

On chouchoute nos pieds

Pendant l'Antiquité, on bichonnait les pieds fatigués avec un mélange d'huile d'olive et d'épices. Les Romains prenaient des bains de pieds à la marjolaine pour renforcer le cerveau et nettoyer tout le système. Et des bains de pieds à la sauge pour soulager les muscles douloureux et les pieds fatigués.

On se fait des pieds tout doux en utilisant les mêmes trucs que pour les mains, et aussi avec le petit cocktail suivant :

Amande et huile
Mélangez 1 tasse de poudre d'amande avec 2 cuillers à soupe d'huile. Massez longuement vos pieds avec cette mixture en insistant sur les peaux dures. Enveloppez-les avec du film alimentaire étirable pendant 20 minutes, essuyez avec un mouchoir en papier.

Des pieds qui sentent bon

Bicarbonate
Trempez vos pieds pendant 30 minutes dans 1 litre d'eau chaude additionnée de 4 cuillers à soupe de bicarbonate. Saupoudrez vos pieds et l'intérieur de vos chaussures avec du bicarbonate.

Camomille ou menthe
Préparez une infusion de camomille ou de menthe en jetant 5 sachets de la plante de votre choix dans 1 litre d'eau bouillante. Attendez que la température de l'eau soit supportable avant d'y mettre les pieds pendant 20 minutes. Rincez à l'eau fraîche.

Dentifrice
Si vos pieds dégagent des odeurs désagréables, lavez-les avec du dentifrice.

Fécule de maïs
Vous n'avez pas de talc pour vous talquer les pieds, saupoudrez-les avec un peu de fécule qui absorbera odeurs et transpiration.

Thé
Préparez un thé bien fort avec 1 litre d'eau et 5 sachets de thé. Attendez que l'eau soit tiède pour y plonger les pieds pendant une demi-heure.

Vinaigre de cidre
Pour contrôler l'odeur des pieds à problèmes, prenez tous les soirs des bains de pieds dans de l'eau chaude additionnée d'1/3 de tasse de vinaigre.

Vodka
Si, comme une chanteuse connue, vous avez des problèmes d'odeur de pieds en avion et qu'en plus vous n'avez pas de déodorant sous la main, commandez de la vodka pour laver discrètement les objets de votre honte.

On se fait les ongles

L'histoire de la manucure a plus de 5000 ans. Les Babyloniens et les Égyptiens utilisaient des instruments en or pour se faire les ongles. Des bas-reliefs égyptiens décrivent en détail des séances de manucure et de pédicure.

Des ongles durs

Beurre
Faites fondre un peu de beurre au micro-ondes. Trempez vos ongles dans le beurre fondu pendant 10 minutes. Massez vos mains avec l'excédent.

Bicarbonate
Pour durcir les ongles, trempez-les 1 fois par semaine dans de l'eau chaude additionnée de 2 cuillers à café de bicarbonate.

Citron
Pour avoir de beaux ongles et traiter les cuticules, massez les ongles et leur pourtour avec du jus de citron.

Huile d'amande ou d'olive
Faites chauffer un peu d'huile au micro-ondes et trempez vos ongles dedans pendant 5 minutes. Massez les ongles et les mains avec l'huile.

Œuf
Battez un jaune d'œuf dans un petit bol et trempez-y vos ongles pendant 5 minutes.

Oignon ou ail
Massez vos ongles cassants plusieurs fois par jour avec un morceau d'oignon ou d'ail.

Sel
Pour avoir des ongles bien durs, donnez-leur un bain dans de l'eau salée. Mélangez 2 cuillers à café de sel dans 1 verre d'eau tiède et plongez-y vos doigts pendant quelques minutes.

Vaseline
Massez vos ongles et la peau autour pour les faire briller et traiter les cuticules.

Des ongles propres

Bicarbonate
Mettez vos ongles – ceux des mains et des pieds – à tremper dans un demi-bol d'eau tiède additionnée de 3 cuillers à soupe de bicarbonate pendant 15 minutes pour les blanchir. Brossez-les et rincez-les.

Citron
Pour blanchir les ongles, trempez-les dans du jus de citron pendant 5 minutes, puis brossez-les avec une brosse à ongles ou à dents trempée dans ce jus de citron.

Comprimé pour nettoyer les dentiers
Faites fondre 1 comprimé destiné à nettoyer les dentiers dans un petit bol d'eau tiède pour y tremper vos griffes pendant quelques minutes avant de les brosser avec une brosse à ongles.

On arrête de se ronger les ongles, une vilaine habitude appelée « onychophagie », en les recouvrant avec de l'extrait de vanille. L'odeur est agréable mais le goût, absolument effroyable, découragera même les rongeurs les plus acharnés.

Vous n'avez pas de lime ? Utilisez du papier de verre très fin ou le grattoir d'une boîte d'allumettes.

Le vernis
Les premiers vernis à ongles font leur apparition en Chine vers 3 000 av. J.-C. Ils sont fabriqués avec un mélange de gomme arabique, blancs d'œufs, gélatine et cire d'abeilles. Les Égyptiens utilisaient du henné pour se teindre les ongles. Néfertiti se peignait les ongles des mains et des pieds en rouge rubis, une couleur réservée à la famille royale. En Chine, les ongles rouges ou noirs étaient l'apanage de la royauté. Le reste de la population devait se contenter des autres couleurs sous peine de mort.

Votre vernis à ongles sera plus résistant et tiendra plus longtemps si vous passez du vinaigre sur vos ongles avant de poser le vernis.
Pour que votre vernis coloré soit impeccable et dure plus longtemps, appliquez une couche de vernis incolore tous les 2 jours.
Accélérez le séchage du vernis en plongeant les mains dans une cuvette d'eau glacée.
Votre vernis est un peu terne, frottez vos ongles avec un peu d'huile d'olive pour lui redonner de l'éclat.

Conservez vos flacons de vernis au réfrigérateur pour qu'ils durent longtemps et restent bien liquides. Sortez-les quelques minutes avant de les utiliser.
Pour éviter que le bouchon des flacons de vernis à ongles ne colle à la bouteille, mettez un peu de vaseline à l'intérieur du bouchon ou sur le flacon.

Vous êtes en panne de dissolvant ? Utilisez de l'alcool, du parfum, de l'assouplissant pour lessive sur une lingette pour retirer le vernis.

LES CHEVEUX

Dans Les Cosmétiques, *Ovide indique quelques traitements pour effacer les cheveux gris et traiter la calvitie. Contre les cheveux gris, il suggère des massages du cuir chevelu avec de la graisse d'ours ou des onguents à base de vers écrasés. Les remèdes contre la calvitie étaient aussi importants pour les femmes que pour les hommes parce que leurs teintures étaient toxiques. Ovide raconte la mésaventure de sa bien-aimée, victime d'un accident de teinture et qui sanglote parce qu'elle vient de perdre tous ses cheveux. Ovide la console en lui disant que la bonne nouvelle, c'est qu'il existe de très jolies perruques blondes importées de Gaule et de Germanie.*

On soigne ses cheveux

Masque avant-shampooing

Avocat et huile
Écrasez un avocat bien mûr et mélangez-le avec 1 cuiller à soupe d'huile de votre choix pour faire une pâte bien épaisse. Appliquez sur les cheveux et recouvrez avec un film étirable. Laissez agir pendant 20 minutes et rincez. Lavez les cheveux comme d'habitude.

Banane et huile de coco ou d'olive
Passez une banane au mixeur avec 1 cuiller à soupe d'huile de votre choix. Étalez sur les cheveux, recouvrez d'un film étirable pendant 30 minutes. Rincez avant de vous faire un shampooing.

Bière
Vos cheveux manquent de volume ? Mélangez 1 tasse de bière éventée et 3 tasses d'eau. Lavez-vous les cheveux avec ce mélange. Puis utilisez votre shampooing habituel.

Cola

Pour avoir des boucles bien dessinées, lavez-vous les cheveux avec du cola qui ne contient plus de bulles. Laissez agir 5 minutes et faites votre shampooing.

Lait

Pour donner du volume et du brillant à des cheveux mous, mélangez un quart de tasse de lait en poudre avec un peu d'eau pour faire une pâte avec laquelle vous masserez vos cheveux mouillés. Recouvrez avec un film alimentaire étirable et d'une serviette pendant 30 minutes. Rincez et lavez-vous les cheveux.

Miel et huile d'olive ou de noix de coco

Mélangez 1 cuiller à soupe de miel à 2 cuillers à soupe d'huile. Faites chauffer au micro-ondes. Étalez sur les cheveux, recouvrez d'un film étirable et d'une serviette chaude pendant 30 minutes. Rincez et lavez-vous les cheveux.

Shampooing

Bicarbonate

Pour débarrasser vos cheveux de tous les résidus de gel, de laque ou d'après-shampooing, mouillez vos cheveux, prenez 1 cuiller à soupe de bicarbonate et lavez-vous les cheveux avec. Rincez et faites votre shampooing.

Bière, œuf et shampooing

Mélangez 1 jaune d'œuf, 1 cuiller à soupe de shampooing et 1 cuiller à soupe de bière. Doublez les doses si vous avez les cheveux longs. Appliquez sur les cheveux mouillés, laissez agir 5 minutes et rincez.

Œuf

Vous n'avez plus de shampooing ? Battez 2 œufs dans une tasse d'eau chaude. Lavez-vous les cheveux avec cette mixture, laissez reposer pendant 10 minutes et rincez à l'eau tiède.

Œuf, citron et shampooing

Si vos cheveux manquent de volume, ajoutez 2 blancs d'œuf et le jus d'un demi-citron à votre shampooing. Massez et rincez.

Vinaigre de cidre

Ajoutez 1 cuiller à soupe de vinaigre de cidre à votre bouteille de shampooing. Secouez bien pour mélanger ce shampooing enrichi qui enlèvera les résidus de gel ou de laque et restaurera le pH de votre cuir chevelu.

Après-shampooing

Basilic

Faites infuser un bouquet de basilic dans un demi-litre d'eau. Laissez refroidir, filtrez et rincez vos cheveux avec cette infusion qui leur donnera volume et brillance.

Bière

Selon la presse people, Catherine Zeta-Jones ferait briller ses cheveux avec de la bière. Si vous voulez tester, après votre shampooing, massez vos cheveux avec de la bière et rincez.

Bière et eau

Mélangez 1 volume de bière dans 2 volumes d'eau tiède. Versez sur vos cheveux bien rincés après votre shampooing, et séchez-vous les cheveux comme d'habitude.

Bière et huile d'olive

Nourrissez des cheveux secs avec 1 tasse de bière mélangée à 1 cuiller à café d'huile d'olive. Appliquez cet après-shampooing et laissez agir 5 minutes avant de bien rincer.

Citron jaune ou vert et vinaigre de cidre

Vos cheveux scintilleront sous le soleil ou les projecteurs si vous les rincez avec 4 tasses d'eau tiède additionnée d'1 cuiller à soupe de jus de citron et 1 cuiller à soupe de vinaigre.

Crème solaire
Votre crème solaire peut faire office d'après-shampooing. Vos cheveux seront doux et brillants.

Huile d'olive
Si vos cheveux sont très secs, ajoutez 2 cuillers à café d'huile à votre après-shampooing habituel. Rincez comme d'habitude.

Miel
Pour celles qui veulent brillance et volume, il suffit de diluer 1 cuiller à café de miel dans un demi-litre d'eau tiède. Versez sur les cheveux et ne rincez pas.

Riz
Les femmes chinoises se rincent les cheveux avec l'eau de cuisson du riz et les enduisent avec quelques gouttes d'huile de sésame pour les faire briller.

Pour raviver la couleur

Les blondes

Camomille
Faites infuser un quart de tasse de fleurs de camomille dans 2 tasses d'eau bouillante. Laissez refroidir, filtrez et versez sur les cheveux lavés, et séchez-les de préférence au soleil.

Citron
Faites comme les Vénitiennes de Botticelli, appliquez du jus de citron sur vos cheveux lavés et séchez-les au soleil. Rincez.

Rhubarbe
Jetez une demi-tasse de rhubarbe hachée dans 2 tasses d'eau bouillante. Laissez refroidir, filtrez et versez sur les cheveux lavés. Laissez agir pendant 30 minutes et rincez.

Romarin

Pour prolonger la durée de votre couleur blonde plus longtemps, faites infuser 1 cuiller à soupe de romarin dans 1 tasse d'eau bouillante pendant 15 minutes. Filtrez et mélangez 1 mesure de votre shampooing habituel avec 1 mesure d'infusion au romarin pour vous laver les cheveux.

Les brunes

Café ou Thé

Préparez un café ou un thé bien fort, laissez refroidir et versez sur les cheveux après le shampooing. Laissez agir 30 minutes avant de rincer à l'eau tiède.

Cannelle, lavande ou sauge

Préparez une infusion avec 3 bâtons de cannelle ou une demi-tasse de lavande ou de sauge. Laissez refroidir, filtrez et versez sur les cheveux lavés.

Pomme de terre

Pour foncer les cheveux bruns, récupérez l'eau de cuisson des pommes de terre bouillies avec leur peau. Laissez refroidir et versez sur les cheveux en évitant le visage. Laissez sécher sans rincer.

Les rousses

Cannelle ou clou de girofle

Faites infuser 3 bâtons de cannelle ou 2 cuillers à soupe de clous de girofle dans un demi-litre d'eau. Laissez refroidir, filtrez et versez sur les cheveux.

Carotte et betterave

Mélangez une demi-tasse de jus de carotte et une demi-tasse de jus de betterave. Appliquez sur les cheveux mouillés et mettez-vous au soleil pendant 1 heure. Rincez.

Thé vert ou café

Préparez un thé ou un café bien fort, laissez refroidir et versez sur les cheveux après le shampooing. Laissez agir 30 minutes avant de rincer à l'eau tiède.

Les premiers cheveux gris

Pomme de terre

Pour cacher les premiers cheveux gris, récupérez l'eau de cuisson des pommes de terre bouillies avec leur peau. Laissez-la refroidir et versez-la sur les cheveux en évitant le visage. Laissez sécher sans rincer. Il faudra répéter cette opération plusieurs fois pour cacher les cheveux gris.

Sauge, thé et gin, rhum ou vodka

Pour cacher les premiers cheveux gris, préparez une décoction de thé et de sauge. Mettez 2 cuillers à café de thé noir et 2 cuillers à café de sauge séchée dans une grande casserole d'eau bouillante. Mettez sur feu très doux pendant 2 heures. Laissez refroidir, filtrez, ajoutez 3 cuillers à soupe de l'alcool de votre choix et frictionnez-vous le cuir chevelu avec cette préparation tous les jours jusqu'à ce qu'il y ait une amélioration. Continuez le traitement 2 fois par semaine pour entretenir la couleur.

Problèmes de teinture

Pour éviter de vous mettre de la teinture sur le visage, enduisez la peau près des cheveux d'une fine couche de vaseline ou de baume à lèvres.

Si vous avez oublié la vaseline, pour réparer les dégâts, utilisez du dentifrice qui décape très bien la teinture sur la peau.

SOS cheveux verts

Les cheveux blonds teints virent parfois au vert, souvent au contact du chlore contenu dans l'eau des piscines. A moins que vous ne décidiez que le vert vous va bien au teint, voici quelques trucs pour retrouver votre crinière blonde…

Commencez par rincer vos cheveux avec de l'eau gazeuse. S'ils sont toujours verts, passez au plan B.

Aspirine
Si vous n'êtes pas allergique à l'aspirine, faites fondre 10 cachets dans 1 grand verre d'eau tiède et frottez vos cheveux avec cette solution. Rincez et faites un shampooing.

Bicarbonate et citron
En sortant de la piscine, mélangez une demi-tasse de bicarbonate avec le jus de 2 citrons. Mouillez vos cheveux et versez cette mixture pétillante sur vos cheveux. Rincez et faites un shampooing.

Vinaigre de cidre
Lavez vos cheveux avec du vinaigre de cidre, recouvrez avec du film étirable pendant 15 minutes, rincez et faites votre shampooing.

SOS pellicules

Trotula de Salerne, femme médecin du XIe siècle et auteur d'un traité sur les maladies des femmes, recommande aux belles désespérées par leurs pellicules de faire tremper des graines d'ortie dans du vinaigre pendant trois jours. Puis de se laver les cheveux avec un bon savon avant d'utiliser la lotion au vinaigre.

Traitement avant le shampooing

Citron
Massez-vous le cuir chevelu avec 3/4 de tasse de jus de citron. Attendez 5 minutes avant de rincer et de procéder à votre shampooing.

Gingembre et huile d'olive
Râpez 5 cm de racine de gingembre, mélangez à une demi-tasse d'huile d'olive tiède. Massez cette mixture sur le cuir chevelu.

Recouvrez avec du film alimentaire étirable pendant 15 minutes. Rincez avant de faire votre shampooing.

Huile d'olive et citron ou vinaigre de cidre

Faites tiédir une demi-tasse d'huile d'olive, ajoutez 4 cuillers à soupe de citron ou de vinaigre. Massez-vous le cuir chevelu, enveloppez d'un film alimentaire étirable pendant 15 minutes, rincez et faites votre shampooing.

Miel

Massez votre cuir chevelu avec 1 cuiller à café de miel diluée dans 1 tasse d'eau chaude et procédez au shampooing.

Shampooing

Aspirine

Fabriquez votre shampooing anti-pelliculaire en ajoutant 1 aspirine écrasée et dissoute dans un peu d'eau à votre shampooing habituel.

Rinçage

Camomille et gingembre

Jetez une poignée de fleurs de camomille et 3 cm de racine de gingembre frais dans 1 litre d'eau. Laissez bouillir pendant 10 minutes, filtrez et laissez refroidir. Après votre shampooing, massez-vous le cuir chevelu avec cette décoction et rincez.

Sauge

Ajoutez 1 poignée de sauge dans un demi-litre d'eau bouillante. Laissez refroidir, filtrez et versez sur vos cheveux. Inutile de rincer.

Thym

Jetez 1 grosse cuiller à soupe de thym dans 2 tasses d'eau. Faites bouillir pendant 10 minutes, laissez refroidir, filtrez et massez-vous le cuir chevelu avec cette décoction. Ne rincez pas.

Vinaigre de cidre

Après votre shampooing et après-shampooing, faites tiédir 1 tasse de vinaigre de cidre. Versez-le sur vos cheveux, recouvrez-les avec un film étirable pendant 30 minutes et rincez.
Vous pouvez aussi mélanger en quantités égales du vinaigre et de l'eau que vous versez sur vos cheveux. Dans ce cas, inutile de rincer.

Shampooings secs

Bicarbonate ou sel

Si vous avez les cheveux gras et que vous ne pouvez pas les laver, saupoudrez vos cheveux avec du bicarbonate ou du sel, laissez agir 10 minutes et brossez vigoureusement pour tout retirer.

Fécule de maïs

Saupoudrez une toute petite dose de fécule sur vos cheveux en prenant soin de ne pas en mettre trop et de bien la distribuer. Attendez une dizaine de minutes et brossez pour bien la faire disparaître.

Talc

Les problèmes sont les mêmes qu'avec la fécule, alors talquez avec parcimonie, frottez pour bien distribuer le talc, attendez 10 minutes et brossez soigneusement.

Panne de laque

Bière

Mettez de la bière dans une bouteille avec un vaporisateur et vaporisez légèrement vos cheveux comme avec de la laque. A moins d'être une adepte de la coiffure qui résiste à tout, même aux bombes, ne forcez pas sur la dose.

Citron ou orange

Coupez un citron ou une orange en morceaux, mettez-les dans un récipient et recouvrez avec 2 tasses d'eau chaude, amenez à ébullition et faites réduire le liquide de moitié. Laissez refroidir, filtrez, mettez dans un vaporisateur, ajoutez de l'eau froide si nécessaire et conservez au réfrigérateur.

Panne de gel

Crème pour le visage ou les mains

Frottez un peu de crème dans vos mains et passez-les dans les cheveux pour les mettre en place.

Mousse à raser

Un peu de mousse à raser vous permettra de discipliner vos cheveux. Et si vous voulez une coiffure vraiment figée, passez un coup de sèche-cheveux sur la mousse à raser.

Vaseline

Utilisez un soupçon de vaseline pour contrôler vos cheveux. Frottez-la dans vos mains pour la chauffer un peu avant de l'appliquer sur les cheveux.

Pour donner du volume

Bière

Mettez de la bière dans une bouteille avec un vaporisateur et vaporisez sur les cheveux humides pour leur donner du volume avant de sécher au sèche-cheveux la tête en bas.

Champagne

Mettez du champagne qui a perdu ses bulles dans un vaporisateur, vaporisez les racines et séchez au sèche-cheveux. Vous aussi vous le valez bien !

Citron

Mélangez 1 jus de citron avec 100 ml d'eau dans un vaporisateur et vaporisez très légèrement vos cheveux avant de faire votre brushing.

Cola

Si vous avez les cheveux bouclés, mélangez 1 mesure de cola avec 2 mesures d'eau dans un vaporisateur et vaporisez sur les cheveux humides en les froissant.

Riz

Pour donner du ressort aux cheveux mous, mettez un quart de tasse de riz cru à tremper dans 1 tasse d'eau pendant la nuit. Le lendemain, mettez l'eau de trempage dans le vaporisateur et vaporisez sur vos cheveux humides avant de passer le sèche-cheveux.

Produits anti-frisottis

Huile de noix de coco ou d'olive

Pour discipliner des cheveux frisés rebelles, prenez un peu d'huile de noix de coco ou d'olive, frottez-la dans vos mains et passez-les dans vos cheveux.

SOS DÉPANNAGE

Conservez vos produits de maquillage au réfrigérateur. Ils dureront plus longtemps.

Votre mascara commence à s'épaissir. Pour qu'il retrouve toute son onctuosité, ajoutez 1 goutte de crème de jour ou d'huile d'amande dans le tube et mélangez bien.

Votre mascara est épais. Mettez le tube bien fermé dans une chope d'eau bouillante pendant quelques minutes pour qu'il retrouve temporairement son état normal. Il faudra renouveler l'opération avant chaque application. Ne conservez pas votre mascara plus de trois mois.

Si vous ouvrez la bouche lorsque vous appliquez votre mascara, vous ne risquez pas de vous mettre la brosse dans l'œil.

Disciplinez vos sourcils avec un peu de laque, de gel, de baume à lèvres ou de vaseline sur une brosse à dents ou une brosse à mascara.

Votre fond de teint est trop foncé ? Mélangez-le avec un peu de votre crème de jour pour l'éclaircir.

Vous n'avez plus de fond de teint ? Mettez votre crème de jour et de la poudre teintée.

Mettez vos crayons à lèvres, à sourcils et autres crayons de maquillage au congélateur avant de les tailler.

Conservez votre crème contour des yeux au réfrigérateur pour accentuer son action anti-poches.

Pour faire durer votre parfum plus longtemps sur votre peau, mettez un peu d'huile à l'endroit où vous allez vaporiser le parfum.

SOS DÉCOLLETÉ
OU L'ASTUCE POUR AVOIR LE PLUS SENSUEL DES DÉCOLLETÉS

Ruban adhésif

Vous devez porter une robe très échancrée dans le dos, comme celle de Mireille Darc dans *Le Grand Blond avec une chaussure noire*, mais hélas vous n'avez pas le soutien-gorge auto-adhésif sans dos ni bretelles – insoupçonnable et très confortable, spécial décolletés plongeants, tenues moulantes et dos nu – indispensable pour ce genre de tenue. S'il vous reste un bout de ruban adhésif large, c'est le moment de l'utiliser pour remonter et rapprocher vos seins. Coupez des bouts d'adhésif et pressez-les sur une serviette éponge avant de les coller sur la peau. Les fibres de la serviette vous éviteront de vous écorcher lorsque vous arracherez l'adhésif. Collez les morceaux en biais, sous les seins, en les orientant très légèrement de l'aisselle vers le nombril. Complétez par un autre bout sous les seins pour les rapprocher. Faites quelques essais pour vous faire la main. Une fois que l'adhésif est en place, n'oubliez pas le petit coup de blush entre les seins pour accentuer le clivage. Nous déclinons toute responsabilité pour les passions que ce spectacle risque de déclencher. Et n'oubliez pas de vous déshabiller dans la salle de bain. L'arrachage du scotch n'a pas les mêmes effets que la danse des sept voiles.

NETTOYER VOS LUNETTES

Vous avez perdu une lentille de contact. Mettez un collant sur l'embout de votre aspirateur pour la retrouver rapidement.

Nettoyez les verres de vos lunettes avec de l'alcool, du vinaigre ou de la vodka.

LA MAISON ET LE JARDIN

Les secrets pour faire briller votre maison sans effort

Rien à voir avec la fée Clochette ou la mère Denis, les sœurs fées de MacGyver sont les reines du système D, super efficaces et super économes sans rien sacrifier à leur sex-appeal torride. Elles vous fabriquent sans problème du débouche évier avec la même facilité qu'un exfoliant pour se faire une peau satinée en l'honneur de Roger.

UNE MAISON PROPRE

Fabriquez vos produits de nettoyage

Le ménage peut être une activité à hauts risques. Mais si ! Et en plus des dangers évidents comme les brûlures, coupures ou autres lumbagos, on ne sait pratiquement rien sur les effets toxiques des plus de 100 000 molécules chimiques qui se trouvent dans les produits quotidiens[8].

---

8. Selon une enquête de l'Airc (Agence Internationale de Recherche contre le Cancer).

Alors, pour limiter un peu les dégâts, on essaie d'utiliser des produits qui marchent, qu'on a sous la main et qui ne risquent pas de nous empoisonner.

Le stock de base

Le bon vieux bicarbonate qui désodorise, nettoie, polit, enlève les taches et assouplit le linge.

L'alcool à 70°ou 90°, qui nettoie les écrans d'ordinateur et de télévision, les claviers, téléphones, les interrupteurs et fait briller le carrelage, les poignées et les chromes.

Le dentifrice, mais uniquement la pâte blanche, pas le gel, qui est bien pratique pour nettoyer l'argenterie, les robinets ou pour boucher les trous et faire office de détachant.

La mousse ou la crème à raser, blanche uniquement elle aussi, qui est un excellent détachant, désodorisant, lubrifiant et anti-buée.

Les comprimés pour nettoyer les dentiers qui sont extrêmement utiles même si vous avez toutes vos dents, pour nettoyer le verre, les toilettes et déboucher les éviers.

L'eau gazeuse qui nettoie, détache et fait briller.

Le jus de citron, blanchissant naturel, qui nettoie et désinfecte les sanitaires, détartre et fait briller la robinetterie. Pour remplacer la Javel, mélangez 1 jus de citron avec 1 tasse d'alcool et une goutte de glycérine.

Le vinaigre blanc, désinfectant doux, qui désodorise, nettoie les carrelages, les verres, dissout le calcaire, enlève les taches et la cire accumulée.

Les lingettes pour sèche-linge, qui après un passage au sèche-linge, peuvent être réutilisées pour nettoyer, dépoussiérer, etc.

Le dégrippant en aérosol (4 fonctions, 3-en-1 ou autre) fait office de détachant, de cire pour les meubles et de tout ce que vous voudrez bien en faire, y compris, selon le fabricant d'un dégrippant très connu, pour détacher une langue collée sur un morceau de métal gelé en hiver. Mais si, ça peut arriver et dans ce cas, vous serez bien content(e) d'en avoir dans votre sac à main pour en vaporiser sur le métal autour de la langue ! Toujours selon le fabricant, le même dégrippant aurait également servi à déloger un python qui s'était installé sous le châssis d'un bus en Asie et à décoincer un voleur nu, bloqué dans le passage de la climatisation.

Vous pouvez utiliser ces produits, ainsi que beaucoup d'autres, seuls ou les associer pour faire des petits cocktails nettoyants des plus épatants.

Nettoyez facilement votre cuisine

Même si votre cuisine ne ressemble pas à une cuisine de tous les dangers que personne ne veut nettoyer, c'est toujours une corvée de la remettre en état.

Plans de travail

Attaquez les plans de travail et la table avec de l'eau gazeuse, de l'eau oxygénée ou du bicarbonate. Pour effacer les traces récalcitrantes de thé ou de café, frottez-les avec un peu de bicarbonate ou de vinaigre.

Vaporisez les surfaces en formica et en plastique avec du jus de citron, attendez 30 minutes puis saupoudrez avec du bicarbonate. Frottez et rincez.
Un peu de produit pour lave-vaisselle en poudre sur une éponge fait aussi de vrais miracles.

Planche à découper

Les planches à découper en plastique sont plus hygiéniques. Pour les nettoyer, il suffit d'un petit coup d'éponge trempée dans du bicarbonate, du vinaigre ou de l'eau oxygénée.

Si vous utilisez des planches en bois, saupoudrez-les de bicarbonate puis arrosez-les généreusement de vinaigre. Attendez qu'il n'y ait plus de bulles pour tout rincer.

Carrelage

Mélangez un demi-verre de bicarbonate, 2 verres de vinaigre blanc, 1 verre de Javel dans 1 seau d'eau chaude et vous voilà prête à jouer les tornades blanches.

Pour nettoyer les joints du carrelage, jaunis ou noircis, frottez-les avec un mélange de bicarbonate et de vinaigre ou avec le contenu d'une canette de cola.

Evier

Votre évier en acier inoxydable est affreux, tout terne et décoré de traces. Frottez-le avec du bicarbonate sur une éponge humide et rincez.

Utilisez de l'eau gazeuse ou du vinaigre pour effacer les traces d'eau.

S'il est affreusement sale, saupoudrez-le généreusement de bicarbonate, frottez un peu et versez du vinaigre sur toute la surface. Ce spectaculaire mélange effervescent va tout nettoyer.

Maintenant qu'il est propre, faites-le étinceler en le frottant avec un peu d'huile d'olive, de l'huile de bain pour bébé, de l'eau gazeuse ou de l'après-shampooing.

Rendez sa blancheur à un évier blanc en émail ou en porcelaine avec du jus de citron ou de la Javel, laissez agir 10 minutes, saupoudrez avec du bicarbonate, frottez et rincez.

Ou frottez-le avec du bicarbonate, versez du vinaigre – chaud si l'évier est très sale – sur le bicarbonate, laissez agir, frottez et rincez.

Astiquez la robinetterie avec un mélange de dentifrice et de bicarbonate. Utilisez une vieille brosse à dents pour bien frotter dans tous les recoins.

Variez les plaisirs avec une pâte de bicarbonate et d'eau. Appliquez-la et laissez sécher avant de rincer abondamment et de sécher avec un chiffon doux et quelques gouttes d'alcool, de vodka, d'après-shampooing, d'huile d'olive ou d'huile de bain pour bébé.

Réfrigérateur et congélateur

Un peu de bicarbonate sur une éponge mouillée nettoiera parfaitement vos réfrigérateur et congélateur. Frottez et rincez avec de l'eau ou de l'eau gazeuse.

Si quelques taches font de la résistance, frottez-les avec une pâte de bicarbonate et d'eau. Rincez soigneusement. Cette pâte nettoie aussi, sans les rayer, toutes les surfaces émaillées et les surfaces en inox.

Vous pouvez également nettoyer votre réfrigérateur et votre congélateur avec un mélange d'eau et de vinaigre, d'eau et d'eau oxygénée à 3 volumes ou de sel et de bicarbonate.

Pour les désodoriser, remplissez 1 petit récipient – une coupelle ou un pot de yaourt – avec du bicarbonate et mettez-le dans votre réfrigérateur et votre congélateur.
Remuez le bicarbonate de temps en temps et remplacez-le tous les 3 mois. Pour le changer, videz-le dans les toilettes.

Des petits morceaux de charbon de bois, quelques carrés de chocolat sans emballage (le chocolat absorbe toutes les odeurs), du café moulu, un sachet de thé, un peu d'extrait de vanille dans une coupelle, une lingette pour sèche-linge ou un peu de litière pour chats feront le même office avec efficacité.

Pour effacer les odeurs vraiment tenaces, comme celle de la viande avariée, du poisson en putréfaction ou des légumes en décomposition que vous avez oubliés aux dernières vacances, jetez ces horreurs et lavez le réfrigérateur avec du vinaigre et du bicarbonate. Puis mettez dans votre réfrigérateur, ou votre congélateur, une demi-tasse de café fraîchement moulu dans une assiette. Laissez agir le café pendant la nuit. Le lendemain, ces odeurs effroyables auront disparu. Jetez le café.

Filtres de la hotte aspirante

Passez-les régulièrement au lave-vaisselle. S'ils sont très sales, saupoudrez-les avec du bicarbonate avant de les charger dans le lave-vaisselle.

Four

À moins que votre four ne soit affreusement encrassé, une éponge mouillée trempée dans du bicarbonate ou dans une solution de bicarbonate et de vinaigre devrait suffire.

La sauce du rôti a giclé sur les parois du four et la tarte aux pommes a débordé. Si le four est encore chaud, saupoudrez les projections, éclaboussures et autres débordements avec du sel ou du bicarbonate. Si les projections sont sèches, mouillez-les avant de les recouvrir de sel ou de bicarbonate. Attendez que le four soit froid pour les gratter et laver le four.

Pour venir à bout des fours bien sales, mélangez du bicarbonate, du sel et du liquide vaisselle. Saupoudrez-le avec du bicarbonate pour la nuit. Le lendemain, essuyez le bicarbonate, frottez le four avec votre mélange et votre "grattounette" préférée. Rincez avec de l'eau gazeuse.

Plaque de cuisson

Pour nettoyer les plaques de cuisson en verre ou en vitrocéramique sans les rayer, préparez une solution de bicarbonate et d'eau ou une pâte de bicarbonate et d'eau si elles sont très sales. Enlevez la graisse tenace avec une pâte de bicarbonate et de vinaigre.

Décollez les projections ou la nourriture collée en mouillant la plaque avant de la saupoudrer de bicarbonate. Attendez 1 heure avant de frotter et de rincer.
Débouchez les brûleurs d'une plaque au gaz en les faisant bouillir dans 2 litres d'eau avec 200 gr de bicarbonate.

Micro-ondes

Nettoyez l'intérieur de votre micro-ondes avec 2 cuillers à soupe de bicarbonate dilué dans un demi-litre d'eau ou en saupoudrant du bicarbonate sur une éponge mouillée.

Pour décoller les projections de la pomme de terre qui a explosé dans le four parce que vous avez oublié de la piquer, remplissez un grand bol d'eau avec 3 cuillers à soupe de bicarbonate. Faites chauffer pendant 5 minutes. Il ne vous reste plus qu'à tout essuyer avec une éponge, sans même frotter.

Si vous avez laissé brûler le pop-corn dans le micro-ondes, mettez-y quelques feuilles de journal froissées pour la nuit. Le lendemain les odeurs de brûlé auront disparu.

Poubelles

Fini les poubelles qui puent si vous pensez à ajouter une poignée de bicarbonate au fond de votre poubelle avant d'y mettre un nouveau sac. Et jetez-en aussi une poignée dans le sac.

Si vous voulez du haut de gamme, récupérez les échantillons de parfums pour en vaporiser votre poubelle. Ce parfum de poubelle improvisé donnera une note distinguée à vos déchets.

Lave-vaisselle

Pour avoir un lave-vaisselle bien propre, mettez un demi-paquet de bicarbonate à la place du produit de lavage et lancez le programme rinçage à vide. Ou remplacez le produit de lavage par 1 tasse de vinaigre et faites un cycle de lavage complet à vide une fois par mois.

Il sera toujours bien propre si vous ajoutez 1 tasse de vinaigre dans le compartiment du liquide de rinçage et lavez votre vaisselle comme d'habitude.
Et il sentira bon si vous pensez à saupoudrer une demi-tasse de bicarbonate dans le fond, entre 2 lavages.

Idem lorsque vous partez en vacances. Dans ce cas, laissez-le entrouvert.

Vous êtes en panne de produit pour le lave-vaisselle ? Pas de panique. N'accusez pas Stéphane de mauvaise gestion des stocks. Ne dites rien à personne et remplacez le produit de lavage par du bicarbonate et le produit de rinçage par du vinaigre. Vous verrez que votre vaisselle sera impeccable et votre vie de couple plus sereine.

Pour optimiser votre produit pour lave-vaisselle – vous pouvez prendre le moins cher – il suffit d'ajouter 2 cuillers à soupe de bicarbonate ou quelques cuillers à soupe de vinaigre.

Vaisselle

Un dessin humoristique de l'illustratrice australienne Judie Horacek montre une femme face à une pile de vaisselle sale, telle un dompteur, avec une bouteille de liquide vaisselle dans une main et une petite brosse dans l'autre. La légende dit : " Surtout ne leur montre pas que tu as peur. " Alors ne laissez rien paraître de votre grande angoisse et empressez-vous de déléguer cette tache à quelqu'un d'autre, avec pour l'aider, quelques petites astuces bien pratiques.

Vous êtes en panne de liquide vaisselle ? Prenez du shampooing.

Plats sales

Cocottes en fonte

Versez de l'eau gazeuse dans les cocottes en fonte chaudes pour éviter que la nourriture ne reste collée au fond.
Si vous êtes en panne de tampons ou autres "grattounettes" pour faire la vaisselle, froissez un bout de papier d'aluminium et frottez vos plats et vos casseroles avec cet excellent ersatz.

Pour venir à bout des plats encrassés par de la nourriture qui s'accroche, ajoutez 1 cuiller à soupe de vinaigre ou de bicarbonate à l'eau de vaisselle.

Si, en plus, de la nourriture a brûlé au fond d'une cocotte, d'une casserole, d'une poêle ou d'un plat, ne vous escrimez pas à frotter. Inutile d'attraper une tendinite du type *tennis elbow*. Restez cool et recouvrez le fond du récipient encrassé avec du vinaigre ou du cola, faites bouillir, laissez refroidir puis retirez sans effort les vieux restes qui ne collent plus.

Pour un plat que vous ne pouvez pas poser sur le feu, faites bouillir du vinaigre additionné de sel et versez-le dans le plat. Attendez 1 heure ou 2. Les reliefs brûlés ne vous résisteront plus. Ou videz une canette de cola dans le plat, laissez agir pendant 1 heure et tout s'en va.
Vous n'avez ni vinaigre ni cola ? Alors mettez du bicarbonate et de l'eau dans l'ustensile. Faites bouillir et attendez 15 minutes avant de racler le fond avec une spatule en bois ou en plastique.

Délogez la nourriture brûlée qui s'accroche au plat en Pyrex® en le remplissant d'eau bouillante dans laquelle vous jetez 2 ou 3 comprimés pour nettoyer les dentiers.

Frottez un récipient très gras avec du sel fin puis saupoudrez généreusement avec du bicarbonate et versez du vinaigre bouillant par-dessus. Laissez tremper pendant la nuit.

Décapez des casseroles très encrassées en les frottant avec du bicarbonate, versez de l'eau de Javel et laissez agir pendant la nuit. Rincez soigneusement.

Mettez 1 lingette pour sèche-linge ou un bouchon d'assouplissant au fond du plat ou de la cocotte et recouvrez d'eau bouillante. Laissez la lingette tremper toute la nuit. Elle va tout décoller pour vous.

Si vous êtes pressée, versez 1 tasse de vinaigre et 2 cuillers à soupe de bicarbonate dans le récipient encrassé. Faites bouillir, réduisez le feu et laissez frémir pendant 5 minutes. Retirez du feu et frottez.

Pour détacher de la graisse brûlée, remplissez le plat ou la casserole d'eau bouillante, mettez 6 Alka-Seltzer®, des comprimés pour nettoyer les dentiers ou du bicarbonate, des comprimés d'aspirine effervescente et un trait de vinaigre. Laissez agir pendant 1 heure et frottez.

Détartrez vos casseroles et cocottes en les remplissant de vinaigre. Laissez agir pendant la nuit et rincez.

Ou faites cuire des épluchures de pommes de terre dans la casserole entartrée.

Chopes et tasses

Enlevez les traces tenaces de thé et de café sur vos tasses et vos chopes en les remplissant avec un mélange d'eau et de vinaigre ou en les frottant avec une pâte de bicarbonate et d'eau ou de sel et de vinaigre.

Porcelaine

Le lave-vaisselle ternit toujours un peu la porcelaine. Pour lui rendre son éclat perdu, frottez les assiettes et les plats avec un chiffon en coton imbibé de vinaigre. Pas de panique, l'odeur se dissipe rapidement.

Couteaux

Si la lame de votre couteau préféré est rouillée, trempez un oignon coupé en deux dans du sucre en poudre et frottez-le sur la lame. La rouille disparaîtra.
Vous pouvez aussi frotter la lame avec un peu de vin rouge.

Moule à gâteaux brûlé

Recouvrez le fond du moule avec de la margarine et mettez-le dans un four chaud jusqu'à ce qu'elle fonde. Sortez le moule du four et laissez refroidir. Grattez avec une spatule en plastique et lavez dans une eau très chaude et savonneuse.

Verres

Ajoutez 1 cuiller à soupe de sel et de vinaigre à l'eau de vaisselle pour laver les verres et les couverts et les faire scintiller.

Vos verres brilleront de mille feux après un trempage dans 1 mélange de bicarbonate et de vinaigre ou de sel et de vinaigre.

Frottez-les avec une pâte de sel et de vinaigre. Rincez-les soigneusement à l'eau chaude.

Trempez-les dans de l'eau tiède avec du bicarbonate. Comptez 1 cuiller à soupe par litre d'eau. Frottez-les avec une brosse à dents. Cette recette marche aussi pour les cafetières et les thermos.

Faites étinceler vos verres de cristal en les frottant avec un mélange de talc et d'eau. Essuyez-les avec un torchon sec.
Enlevez les taches d'eau sur les vases de verre ou de cristal en mettant des peaux d'orange dans l'eau. L'acide citrique qu'elles contiennent nettoie le verre.

Lavez les vases, les verres et bibelots en cristal en ajoutant 2 gouttes d'ammoniaque à l'eau de lavage et 1 cuiller à soupe de vinaigre à l'eau de rinçage.
Nettoyez les vases en verre ternis en les remplissant d'eau avec 2 comprimés pour nettoyer les dentiers. Laissez agir 30 minutes et rincez soigneusement à l'eau claire.

Frottez les verres rayés avec du dentifrice.
Pour venir à bout des taches tenaces sur le verre, l'aluminium ou la porcelaine, faites bouillir les objets tachés dans un mélange d'eau et de vinaigre puis lavez-les comme d'habitude.
Désodorisez les bocaux, de cornichons par exemple, en les mettant au réfrigérateur après les avoir lavés.

Plastiques

Rénovez vos récipients en plastique avec de l'eau très chaude et un comprimé pour nettoyer les dentiers. Laissez travailler le petit comprimé pendant la nuit et le lendemain matin, ô miracle ! vos récipients auront retrouvé l'éclat du neuf.

Ou lavez-les avec une pâte de bicarbonate et de vinaigre ou mélangez 1/2 tasse d'eau de Javel à 1/4 de tasse de bicarbonate dans 1/2 litre d'eau bien chaude.

Bouilloire

Pour détartrer votre bouilloire, videz toute l'eau et remplissez-la de vinaigre. Laissez agir pendant la nuit, videz le vinaigre, remplissez-la d'eau. Faites bouillir, jetez l'eau et rincez avant de vous faire un petit thé.

Remplissez votre bouilloire d'eau, jetez-y deux pastilles pour nettoyer les dentiers. Laissez-les œuvrer pendant la nuit. Videz et rincez soigneusement avant de vous resservir de votre bouilloire. Vous pouvez aussi la remplir avec du cola pendant la nuit. Le lendemain, videz et rincez plusieurs fois. Votre bouilloire détartrée brillera comme un sou neuf.

Maintenant que votre bouilloire est bien propre, mettez une coquille d'huître au fond de votre bouilloire : le calcaire se déposera sur la coquille et vous n'aurez plus à détartrer la bouilloire.

Cafetière et théière

Versez un quart de tasse de bicarbonate et remplissez-la d'eau bouillante. Laissez tremper toute la nuit. Videz et rincez.

Centrifugeuse, mixeur

Remplissez à moitié d'eau la centrifugeuse ou le mixeur, ajoutez 1 cuiller à café de bicarbonate et 2 gouttes de liquide vaisselle. Mettez le couvercle et lancez la machine. Videz et rincez.

Moulin à café électrique

Pour bien nettoyer votre moulin, remplissez-le de mie de pain. Mettez-le en route puis retirez la mie sale.

Thermos

Nettoyez les thermos en les remplissant d'eau chaude dans laquelle vous versez du bicarbonate, 1 comprimé pour nettoyer les dentiers ou 1 Alka-Seltzer®.

Le vieux thermos que vous n'avez pas utilisé depuis des années sent carrément mauvais. Si vous décidez de le conserver, déchirez des pages de journal en petits bouts, mettez-les dans le thermos et recouvrez-les d'eau chaude. Vissez le bouchon, laissez agir pendant la nuit. Videz le thermos et lavez-le avec de l'eau chaude et du liquide vaisselle. Rincez et constatez que non seulement les odeurs ont disparu mais, qu'en plus, l'intérieur est étincelant.

Assiette ou plat fêlé

Pour cacher une fêlure dans une assiette ou un plat, mettez l'assiette ou le plat dans un récipient en métal, recouvrez-le avec du lait frais ou du lait en poudre et de l'eau. Amenez à ébullition, réduisez le feu et laissez frémir pendant 45 minutes. Dans la plupart des cas, la fêlure aura disparu.

Acier inoxydable

Tout se voit sur l'acier. La moindre trace fait désordre mais l'acier est facile à nettoyer.

Pour effacer les taches d'eau, il suffit d'un peu d'eau gazeuse, de vinaigre, d'alcool ou de vodka.

Pour le faire briller, un chiffon doux avec quelques gouttes d'huile d'olive, d'huile de bain pour bébé, de l'après-shampooing ou de l'eau gazeuse.
Enlevez les projections de graisse ou de sauce sur l'acier avec une pâte de bicarbonate et de vinaigre. Frottez et rincez avec une éponge imbibée de vinaigre. Faites briller avec un chiffon doux.

Aluminium

Nettoyez-le avec du jus de citron et faites briller en mélangeant quelques gouttes d'huile et d'alcool à brûler.

Argenterie

Astiquez l'argenterie avec du dentifrice. Pour frotter dans les recoins, utilisez une vieille brosse à dents. Rincez, essuyez et faites briller.
Appliquez 1 pâte de bicarbonate et d'eau. Laissez sécher. Rincez, séchez et astiquez.

Trempez 1 chiffon mouillé dans du bicarbonate, frottez, rincez et astiquez avec un chiffon doux.

Passez 1 pomme de terre coupée en 2 dans du bicarbonate et frottez votre argenterie ternie pour lui rendre sa splendeur d'antan.

Nettoyez tous vos couverts en argent d'un coup en les mettant dans un récipient en aluminium. Si vous n'en avez pas, utilisez un récipient en métal dans lequel vous mettez 1 feuille de papier d'aluminium et vos couverts. Ajoutez suffisamment d'eau chaude pour recouvrir les couverts, 2 cuillers à café de bicarbonate par litre d'eau ou 1 cuiller à café de bicarbonate et 1 cuiller à café de sel par litre d'eau. Faites chauffer l'eau mais ne la faites pas bouillir. Éteignez le feu et laissez tremper pendant 1 heure. Rincez et essuyez avec un chiffon doux.

Il n'est pas recommandé d'utiliser cette méthode pour les ustensiles dont le manche est collé, ou pour l'argenterie ornée de motifs sculptés ou de garnitures en relief de teinte plus foncée.

Vous pouvez aussi, si vous avez un peu plus de temps, mettre vos couverts ou autres objets en argent dans un récipient, les recouvrir avec du lait et 1 cuiller à soupe de vinaigre ou de jus de citron par un demi-litre de lait. Laissez agir pendant la nuit, rincez et frottez avec un chiffon doux.

Si votre argenterie est piquée de petites taches noires, plongez-la dans un bain de vinaigre chaud pendant 15 minutes pour les éliminer.
Pour que l'argent ternisse moins rapidement une fois nettoyé, frottez-le avec un peu d'après-shampooing, de l'huile d'olive ou de la vaseline.
Pour que vos couverts ne noircissent pas trop rapidement, rangez-les avec une boule de camphre ou un morceau de craie.

Bronze

Lavez le bronze avec un chiffon doux trempé dans du vin rouge tiède.
Brillantez vos bronzes avec une pâte à sel. Faites fondre 1 cuiller à café de sel dans 1 tasse de vinaigre. Ajoutez de la farine pour faire une pâte que vous étendez sur le bronze. Laissez agir pendant 1 heure ou 2. Rincez à l'eau chaude et astiquez avec un chiffon doux et quelques gouttes d'huile de bain pour bébé. Cette pâte est parfaite pour nettoyer le cuivre, l'étain et le laiton.

Plongez des bronzes très sales dans du vin blanc bouillant et essuyez-les avec un chiffon de laine.

Éliminez le vert de gris en brossant vos bronzes avec une brosse à dents trempée dans du vinaigre additionné de sel fondu. Rincez et séchez.

Donnez du poli aux bronzes ternis avec du jus de citron ou un mélange de 4 parts d'alcool à brûler pour 1 part d'eau tiède. Rincez et faites briller.

Pour les bronzes dorés, quelques gouttes d'ammoniaque dans de l'eau savonneuse tiède suffiront. Rincez et séchez soigneusement.

Chromes

Décrassez vos chromes avec un chiffon imbibé de vinaigre, de vodka, d'alcool, ou trempez une éponge mouillée dans du bicarbonate et frottez puis essuyez avec un chiffon propre. S'ils sont très encrassés, appliquez une pâte de bicarbonate et d'eau ou de shampooing. Laissez sécher avant de rincer.

Puis faites-les rutiler en les frottant avec un chiffon doux et quelques gouttes d'huile de bain pour bébé, de l'après-shampooing ou avec du papier journal froissé ou du papier aluminium, avec le côté brillant.
Pour enlever les taches de rouille sur le chrome, versez du cola sur la tache, froissez un peu de papier d'aluminium et frottez le côté brillant sur le chrome.

Cuivres

Si vos cuivres sont très oxydés, jetez une poignée de sel marin dans du vinaigre d'alcool bouillant. Plongez les objets tachés de vert de gris. Laissez agir et rincez soigneusement.

Faites resplendir vos cuivres en les saupoudrant de bicarbonate et en les arrosant de vinaigre. Attendez 15 minutes avant de rincer et de frotter avec un chiffon doux.

Vous pouvez aussi les décaper avec 3 cuillers à soupe de sel et 1 cuiller à soupe de jus de citron ou de vinaigre chaud. Frottez et faites-les briller avec un chiffon doux.

Ou abrasez-les avec 1 citron coupé en 2 trempé dans du sel ou du bicarbonate. Rincez et faites-les luire avec un chiffon doux. Diluez 1 blanc d'œuf avec 1 cuillerée à soupe d'eau de Javel. Appliquez au pinceau. Laissez agir. Frottez et rincez.

Sortez la bouteille de ketchup, recouvrez vos cuivres avec la sauce, laissez agir 15 minutes, frottez, essuyez-les avec du papier absorbant et faites-les chatoyer avec un chiffon doux.

Donnez une merveilleuse patine à vos objets en cuivre en les plongeant quelques minutes dans de l'eau de cuisson des champignons.

Un petit coup de laque à cheveux, d'après-shampooing, d'huile d'olive ou de vaseline sur le cuivre et le laiton les empêchera de se ternir trop rapidement.

Étain

Donnez de l'éclat à l'étain en le nettoyant avec 1 cuiller à café de sel dissous dans 1 tasse de vinaigre.

Fourbissez l'étain avec un mélange de blanc d'œuf battu en neige et 1 cuiller d'eau de Javel en utilisant une brosse douce. Terminez en appliquant de la vaseline avec un chiffon sec. Astiquez soigneusement.

Une autre méthode pour le faire briller est de le frotter avec de la bière bien chaude ou des feuilles de chou.

Laiton

Mouillez-le avec du vinaigre et frottez avec du sel. Rincez à l'eau chaude et lustrez avec un chiffon doux imbibé d'huile d'olive. Le laiton sera bien brillant et noircira moins rapidement.

Préparez une pâte avec du sel et du jus de citron ou coupez un citron en 2, trempez-le dans du bicarbonate et frottez. Rincez et polissez avec un chiffon doux et de l'huile d'olive.

Si le laiton n'est pas trop terni, lavez-le dans l'eau de cuisson des pomme de terre.

Pour faire étinceler le laiton, frottez-le avec une peau de chamois trempée dans du vinaigre. Faites-le briller une fois par semaine.

Métal laqué

Quelques gouttes d'huile d'olive sur un chiffon doux et le tour est joué.

Nickel

Faites une pâte avec du bicarbonate ou du sel et de l'huile de table ou de la vaseline. Frottez le nickel et polissez-le avec une peau de chamois.

Pour redonner du brillant au nickel terni, frottez-le avec un chiffon doux imbibé d'ammoniaque.

Gants en caoutchouc

Saupoudrez du bicarbonate ou du talc dans vos gants pour les sécher, les désodoriser et les rendre plus faciles à enfiler la prochaine fois.

La salle de bains : petits cocktails pour la faire scintiller

Vous avez un faible pour les salles de bains rutilantes, comme celle de M. Propre. Pour tout astiquer et la faire rutiler, évitez les produits agressifs.

Baignoire, carré de douche et carrelage

Ils vont briller avec un peu de vinaigre, une éponge trempée dans du bicarbonate ou avec les deux produits associés. Passez d'abord du vinaigre sur la baignoire ou le carrelage, puis trempez l'éponge dans le bicarbonate et frottez.

S'ils sont très sales, ajoutez un demi-verre de bicarbonate, un demi-verre de vinaigre et 1 verre de Javel à 1 seau d'eau chaude et frottez.

La baignoire sera plus facile à nettoyer et votre peau plus douce, si vous ajoutez systématiquement une demi-tasse de bicarbonate à l'eau de votre bain.

Lavez les baignoires et les carrés de douche en fibre de verre avec une éponge trempée dans du vinaigre puis du bicarbonate. Ou du produit pour lave-vaisselle, liquide ou en poudre, ou du shampooing avec ou sans bicarbonate.

La lessive en poudre fait également des miracles. Si la baignoire est très sale, remplissez-la d'eau, ajoutez 2 bonnes tasses de lessive. Laissez agir pendant la nuit et rincez.

Pour les baignoires anciennes et les carrés de douche en céramique, appliquez une pâte de bicarbonate et d'eau oxygénée ou de térébenthine et de sel. Laissez agir 15 minutes et rincez.

Retirez les affreuses taches de rouille dans les baignoires avec du cola.

Préparez une pâte avec 4 cuillers à soupe de farine, 4 cuillers à soupe de vinaigre et 8 cuillers à soupe d'eau oxygénée. Faites un test sur une petite surface. Si ça marche, appliquez votre pâte sur le reste de la baignoire et laissez agir pendant la nuit. Rincez à l'eau froide.

Pour que votre évier ou votre lavabo soit étincelant, frottez-le avec un bas ou un collant en boule.

Enlevez les taches de peinture sur le plastique, le verre, la céramique ou autres matériaux présents dans la salle de bain avec un chiffon trempé dans de l'alcool. Il va ramollir la tache, que vous pourrez retirer avec une lame de rasoir ou de cutter.

Miroirs

Frottez les taches avec une pomme de terre crue épluchée. Rincez avec un chiffon imbibé d'eau et de vinaigre. Faites briller avec un papier journal roulé en boule.
Pour nettoyer un miroir, on ne frotte pas en faisant des cercles ni de bas en haut, mais de haut en bas et légèrement de droite à gauche. On donne la touche finale avec du vinaigre blanc.

Pour éviter que les miroirs ne s'embuent, on les frotte avec de la mousse à raser, du dentifrice ou de la glycérine.
Enlevez les taches d'eau avec une lingette pour sèche-linge.
Faites disparaître les traces de laque à cheveux sur le miroir ou le carrelage de la salle de bain avec de l'alcool ou de la vodka. Puis faites-les briller avec un chiffon en microfibres ou du papier journal.

Nettoyez les montants des fenêtres et des portes en aluminium ou en plastique, avec une éponge mouillée trempée dans du bicarbonate. Ou avec du vinaigre, de l'alcool ou de la vodka.

Portes de douche en verre

Faites disparaître les traces de savon sur les portes de douche avec une lingette pour sèche-linge ou avec de l'adoucissant pour lessive sur un chiffon. Laissez agir pendant 15 minutes et rincez.

Enlevez les traces de calcaire et de savon en les vaporisant avec du vinaigre. Laissez agir 15 minutes, puis frottez avec du bicarbonate. Rincez et séchez avec un chiffon en microfibres.

Pour que le carrelage et les portes de douche se salissent moins vite, frottez-les, une fois nettoyés, avec du polish pour voiture ou de la cire liquide pour meubles.

Montant de porte en acier

Enlevez les taches d'eau avec de l'alcool ou de la vodka.

Rideau de douche en plastique

Passez-le dans la machine à laver en ajoutant du bicarbonate à votre lessive liquide.

Robinetterie

Faites rutiler la robinetterie avec un mélange de dentifrice et de bicarbonate. Utilisez une vieille brosse à dents pour atteindre les endroits difficiles. Ou faites une pâte de bicarbonate et d'eau. Appliquez et laissez sécher avant de rincer abondamment et de lustrer avec un chiffon sec.
Astiquez-les avec du vinaigre pur, de l'alcool, de la vodka ou de l'après-shampooing.

Toilettes

Videz une canette de cola dans les toilettes. Laissez agir pendant la nuit. Frottez et tirez la chasse.

Saupoudrez du bicarbonate, frottez, ajoutez du vinaigre ou de la Javel et frottez. Laissez agir toute la nuit. Rincez le lendemain.

Jetez une pastille destinée à nettoyer les dentiers dans vos toilettes pour les nettoyer et les détartrer.

Pour des toilettes vraiment immondes, versez des cristaux de soude (lessive St Marc® par exemple), laissez agir toute la nuit. Frottez et tirez la chasse.

Fosse septique

Pour entretenir une fosse septique, versez 1 tasse de bicarbonate dans les toilettes 1 fois par semaine.

Le grand nettoyage et l'entretien du reste de la maison

Les vitres

Maintenant que vous voilà en tenue pour laver les carreaux, commencez par lessiver les encadrements, attaquez les vitres en faisant des lignes verticales d'un côté puis des lignes horizontales sur l'autre. Ça vous permettra de voir sur quel côté il reste des traces.

L'arme secrète pour des vitres qui brillent comme des miroirs, c'est le chiffon en microfibres. Ça vous change la vie. Ajoutez du vinaigre à votre eau de lavage, et le tour est joué.

Vous pouvez aussi les frotter avec une éponge trempée dans du bicarbonate. Rincez avec de l'eau vinaigrée et essuyez avec un chiffon en microfibres, une peau de chamois, du papier journal ou un filtre à café.

Le vinaigre, l'alcool à brûler ou l'alcool donnent d'excellents résultats.
Si vos carreaux sont très sales, mélangez 2 cuillers à soupe de liquide vaisselle dans 2 tasses d'alcool.

Pour enlever les traces d'eau, utilisez du vinaigre ou de l'adoucissant pour lessive. Laissez agir 15 minutes et rincez.

Et si vous avez horreur de la condensation sur les vitres, mettez un petit récipient avec du sel sur le rebord de la fenêtre.

Les stores à lamelles

Un chiffon imbibé d'alcool et fixé sur une spatule avec un élastique vous permettra de nettoyer facilement les stores.

Les lingettes pour sèche-linge essuieront non seulement la poussière mais elles élimineront aussi l'électricité statique. La poussière s'installera moins vite.

Pour un nettoyage radical, démontez vos stores et mettez-les dans une baignoire remplie d'eau chaude avec 1 tasse de bicarbonate. Laissez-les dans leur bain pendant 30 minutes avant de les rincer et de les remettre en place.

Même si vous ne démontez pas les stores, frottez les cordelettes avec du bicarbonate pour leur rendre leur blancheur perdue.

La cheminée

Nettoyez les portes en verre de votre insert avec du vinaigre sur du papier journal ou avec une pâte de bicarbonate et de vinaigre.

Enlevez les traces de suie sur une cheminée.
En brique : avec une éponge humide et de la poudre fine de pierre ponce. Puis passez de la cire blanche sur les briques pour empêcher la suie d'adhérer aux briques.
En carrelage : en la frottant avec un citron coupé en deux et trempé dans du sel fin ou du bicarbonate et du vinaigre.
En marbre : avec un tampon de laine d'acier imprégné de savon.

Les poutres

Si vous décidez de cirer les poutres apparentes de la maison de campagne, frottez-les avec un chiffon trempé dans du vinaigre avant de passer de la cire.

Les murs

Enlevez les marques de crayon, de graisse ou de doigts sur les murs avec un peu de bicarbonate ou du produit pour lave-vaisselle en poudre sur une éponge mouillée. Essayez aussi du liquide vaisselle ou du shampooing dilué dans de l'eau ou du talc saupoudré sur un tissu sec. Nettoyez toujours du bas vers le haut pour éviter les marques de coulure.

Effacez les traits de crayon sur du papier peint non lavable avec une gomme blanche, de la mie de pain ou un peu de dentifrice.

Parquets, plinthes et autres boiseries

Vous voulez un parquet digne des films de Fred Astaire ou de Gene Kelly ? Alors essayez ces recettes simples mais efficaces. Nettoyez les parquets et boiseries avec une demi-tasse de bicarbonate, une demi-tasse de vinaigre diluées dans 1 seau d'eau chaude.

Ou avec une solution composée de 4 litres d'eau chaude, 2 cuillers à soupe de cire liquide pour meubles et une demi-tasse de vinaigre.

Parquet ciré

Pour laver un parquet ciré, utilisez de l'eau froide et un peu de vinaigre. L'eau froide n'enlèvera pas la cire, le vinaigre supprimera la saleté, et le parquet conservera son éclat initial.

Fabriquez votre encaustique

Mélangez en quantités égales huile d'olive et vinaigre. Appliquez cette mixture sur votre parquet avec un torchon plié en quatre et fixé sur votre balai. Non seulement votre parquet sera superbe, mais avec l'équivalent d'un petit pot de yaourt, vous pourrez faire un sol de 15m^2 et quelques meubles !

Parquet peint

Lavez le parquet peint avec 1 tasse de vinaigre diluée dans 4 litres d'eau chaude. Frottez les taches avec un peu de bicarbonate.

Parquet verni

Une bonne recette pour laver le parquet verni, c'est le thé instantané, non sucré évidemment. Ajoutez une demi-boîte de thé en poudre dans un seau d'eau et frottez. Si vous n'avez pas de thé instantané, préparez un thé bien fort avec 10 sachets dans un demi-litre d'eau que vous ajoutez, une fois infusé, à 3 litres d'eau chaude.
Le chat, ou votre fils Barnabé, a rayé le nouveau parquet. Pour réparer les dégâts, frottez les rayures avec de la paille de fer très fine trempée dans de la cire pour parquet.

Ou mélangez en quantités égales jus de citron et huile. Trempez de la paille de fer très fine dans ce mélange et frottez jusqu'à la disparition des rayures.

Avec un morceau de coton, appliquez sur les rayures 1 cuiller à café de café soluble dilué dans 2 cuillers à café d'eau. Plus vous tamponnez, plus la couleur sera foncée.

Vous pouvez aussi utiliser du thé froid pour colorer la rayure.

Frottez les rayures avec un cerneau de noix ou de l'après-shampooing.

Eau

Pour faire disparaître les taches d'eau, frottez-les en douceur avec du dentifrice sur un chiffon humide ou avec un mélange de dentifrice et de bicarbonate en faisant des cercles. Puis passez un peu d'encaustique.

Goudron

Enlevez ce que vous pouvez avec un couteau peu tranchant, un bâton d'esquimau ou votre ongle pour ne pas rayer le plancher. Puis essuyez avec un chiffon sec. Passez du papier de verre très fin sur la tache.

Graisse

Vous avez renversé de la graisse sur du parquet non vitrifié ou un meuble. Passez immédiatement des glaçons sur la partie sinistrée. La graisse figée est plus facile à gratter avec un couteau. Puis recouvrez la tache avec un linge propre ou du papier absorbant et repassez avec un fer chaud.

Œuf

Pour nettoyer les traces d'œuf cru sur un beau parquet, saupoudrez généreusement l'œuf de sel et laissez agir pendant un moment. Nettoyez avec du papier absorbant ou un chiffon. Il n'y aura aucune trace sur le parquet.

Peinture

Enlevez les taches de peinture sur du parquet avec une fine couche d'huile d'olive. Laissez agir pendant 5 minutes puis passez de la paille de fer très fine. Une fois la tache partie, passez un chiffon humide sur l'endroit que vous venez de poncer.

Revêtements de sol, style vinyle, linoléum, etc.

Préparez votre nettoyant pour sols

Mélangez 1/3 de vinaigre, 1/3 d'alcool, 1/3 d'eau et 3 gouttes de liquide vaisselle. Mélangez soigneusement dans une bouteille avec vaporisateur de préférence. Vaporiser un peu de produit sur une serpillière et passez-la rapidement. L'alcool incorporé au mélange lui permet de sécher rapidement.
Lavez les linos non cirés avec une solution de vinaigre et d'eau. Comptez une demi-tasse de vinaigre pour un demi-seau d'eau.

Caoutchouc

Effacez les marques noires faites par le frottement des chaussures, avec une gomme, du dentifrice, une pâte de bicarbonate et d'eau ou de vinaigre, de l'huile de bain pour bébé, une lingette pour sèche-linge ou de l'adoucissant pour lessive sur un chiffon humide.

Goudron
Pour enlever le goudron sur un revêtement en vinyle, frottez le goudron avec du beurre ou de la margarine. Essuyez avec un chiffon sec.

Sols en brique ou en pierre

Lavez-les avec 1 verre de vinaigre dilué dans un demi-seau d'eau. Rincez à l'eau claire.

Les traces de ciment sur la pierre ou le carrelage disparaîtront en les brossant avec du vinaigre bouillant.

Carrelage

Ajoutez une demi-tasse de vinaigre à un demi-seau d'eau pour laver le carrelage. Rincez-le avec de l'eau gazeuse pour le faire étinceler.
Nettoyez les joints du carrelage en les frottant avec du cola.

Marbre

Nettoyez le marbre taché avec une pâte de bicarbonate et de vinaigre ou du sel fin et du jus de citron. Frottez et rincez soigneusement.

Enlevez les taches sur le marbre

Café, thé
Frottez avec du jus de citron et du sel fin. Si la tache ne part pas, mouillez du papier absorbant blanc avec de l'eau oxygénée et quelques gouttes d'ammoniaque et posez sur la tache pendant quelques heures.

Cire
Lavez avec de l'eau très chaude et du savon, du liquide vaisselle ou du shampooing.

Fruits

Broyez un peu de votre pierre ponce, frottez la tache avec la poudre et rincez. Si la tache ne part pas, mouillez du papier absorbant blanc avec de l'eau oxygénée et quelques gouttes d'ammoniaque et posez sur la tache pendant quelques heures.

Encre

Mélangez quelques gouttes d'ammoniaque à de l'eau oxygénée. Frottez et rincez.

Graisse

Frottez la tache de graisse avec de l'essence de térébenthine et lavez à l'eau très chaude avec du savon, du liquide vaisselle ou du shampooing.

Si la tache résiste, saupoudrez-la avec du talc ou de la fécule de maïs tous les jours jusqu'à ce qu'elle disparaisse.

Rouille

Frottez la tache avec de l'eau oxygénée.

Protégez vos marbres en utilisant de la cire blanche.

Tapis, moquette et tissus d'ameublement

Il vient d'y avoir un malheur sur votre moquette et le patron de votre mari vient dîner ce soir. Le mieux c'est d'intervenir tout de suite. Les taches qui viennent d'être faites sont plus faciles à nettoyer. Et si tout n'est pas parti, faites diversion et cachez les dégâts avec un éclairage tamisé ou en déplaçant les meubles.

Pour effacer les marques faites par les meubles sur la moquette ou les tapis, posez un glaçon sur chacune d'elles. En fondant, ils redresseront les fibres.

Ou placez un chiffon humide sur les renfoncements et repassez avec un fer réglé sur laine pour réchauffer les fibres et les redresser. Brossez la zone pour que le renfoncement disparaisse totalement.

Pour désodoriser les tapis ou la moquette, passez l'aspirateur, saupoudrez-les avec du bicarbonate, du sel ou des feuilles de thé. Laissez agir 1 heure avant de repasser l'aspirateur.

Les taches sur les tapis

Si vous avez fait une tache rouge sur le magnifique tapis persan jaune, c'est la catastrophe. Évitez donc d'acheter un tapis jaune, beaucoup trop salissant et dangereux si l'on en croit une ancienne légende perse selon laquelle un tapis jaune ne sert qu'à rehausser la couleur du sang. Vous voilà prévenue.

Sur un tapis jaune ou pas, persan ou pas, éliminez la plupart des taches en les frottant avec du pain blanc rassis, puis en passant l'aspirateur.
Essayez aussi de les saupoudrer avec du sel. Laissez sécher et passez l'aspirateur.

Ou appliquez de la crème à raser sur les taches et frottez jusqu'à ce qu'elles disparaissent. Rincez avec de l'eau gazeuse.
Nettoyez les taches que vous venez de faire avec de l'eau gazeuse. Pour les taches plus anciennes ou plus coriaces, suivez les étapes ci-dessous. Arrêtez le processus en cours de route dès que la tache est partie.

Étape 1. Nettoyez avec de l'eau gazeuse et épongez.

Étape 2. Puis frottez avec le mélange : un quart de tasse de liquide vaisselle, un quart de tasse de glycérine et 1 tasse et demie d'eau. Mettez ces produits dans une bouteille avec applicateur ou alors utilisez-le sur un torchon blanc.
Partez toujours du bord de la tache vers le centre, ne frottez jamais fort et pas toujours dans la même direction. Donnez 10 petits coups dans un sens, puis 10 dans un autre.
Laissez agir 5 minutes au moins puis rincez, de préférence avec de l'eau tiède. Épongez.

Étape 3. S'il reste encore des traces, mélangez 1 cuiller à soupe d'eau oxygénée et 3 cuillers à soupe d'eau tiède, appliquez sur la tache et recouvrez-la avec une serviette épaisse. La lumière transforme les propriétés chimiques de l'eau oxygénée. Laissez agir pendant 30 minutes en vérifiant régulièrement si la couleur n'est pas altérée. Rincez avec de l'eau tiède et aspirez ou épongez le liquide.

Étape 4. Si tout n'est pas parti : mélangez un quart de tasse d'ammoniaque dans 1 tasse d'eau tiède et après avoir fait un test de couleur, appliquez sur la tache. Rincez à l'eau tiède et épongez.

Étape 5. S'il reste encore des traces ou si le tapis ne supporte pas l'ammoniaque, mélangez un quart de tasse de vinaigre et 1 tasse d'eau tiède. Appliquez sur la tache. Rincez à l'eau tiède, épongez ou aspirez l'eau et recouvrez de papier absorbant ou avec une couche pour bébé.

Acide

Votre bien-aimé(e) a renversé de l'acide sur la moquette ou alors c'est Azrael le chat qui a fait ses besoins ou vomi. Quel que soit le coupable, ramassez avec des gants ménagers ou faites ramasser tout ce qui peut l'être et lavez la tache avec un mélange d'eau et de vinaigre ou avec de la vodka. Sacrifiez une bouteille d'eau gazeuse pour rincer abondamment avant d'éponger avec une pile de papier absorbant ou couche pour bébé, sur laquelle vous poserez un objet lourd ou le pied de votre bien-aimé. Lorsque la plus grosse partie de l'eau minérale a été absorbée par la couche, saupoudrez l'endroit sinistré avec du bicarbonate que vous aspirerez une fois qu'il sera sec. Si tout n'est pas parti, repassez à l'étape 2, ci-dessus, et aux suivantes, si nécessaire.

Bière
Épongez ou aspirez le maximum de liquide. Arrosez d'eau gazeuse. Épongez et lavez avec un quart de tasse de vinaigre dilué dans 1 tasse d'eau tiède. Rincez avec de l'eau tiède et épongez avec du papier absorbant ou une couche pour bébé. Si tout n'est pas parti, repassez à l'étape 2, ci-dessus, et aux suivantes, si nécessaire.

Boue
Attaquez la boue avec de la mousse à raser. Elle ne devrait pas résister.
Ou saupoudrez avec du talc ou de la fécule de maïs, laissez agir 15 minutes, puis passez l'aspirateur. Si tout n'est pas parti, repassez à l'étape 2, ci-dessus, et aux suivantes, si nécessaire.

Café et thé
Épongez au maximum. Rincez avec de l'eau gazeuse ou essuyez avec des lingettes pour bébé.

Si les taches ne partent pas, utilisez un mélange de vinaigre et d'eau tiède et si vous avez toujours des problèmes, mélangez en quantités égales vinaigre et alcool. Rincez avec de l'eau tiède et épongez avec du papier absorbant ou une couche pour bébé.

Chewing-gum
Passez un glaçon dessus, il devrait se décoller facilement. S'il fait de la résistance, un petit coup de dégrippant en aérosol (4 fonctions, 3-en-1 ou autre) et le tour est joué.

Chocolat
Épongez au maximum. Arrosez avec de l'eau gazeuse, épongez et lavez avec de l'eau tiède et du shampooing ou du liquide vaisselle. Rincez à l'eau gazeuse et épongez avec du papier absorbant.
Si la tache est ancienne, nettoyez avec un mélange de 2/3 d'alcool et 1/3 d'eau. Rincez à l'eau gazeuse.

Cigarette

Enlevez les taches de brûlures de cigarette avec un peu de lait. Laissez agir pendant un petit moment. Le lait va diluer la couleur et éviter qu'elle ne brunisse. Frottez la tache avec une pomme de terre crue coupée en 2 puis rincez avec de l'eau gazeuse.

Cire de bougie

Pour décoller la cire, recouvrez-la avec un linge blanc propre et mouillé. Posez un fer à repasser sur le linge. La bougie se collera sur le linge.
Vous pouvez aussi remplacer le linge par du papier sulfurisé.

Colle

Nettoyez la colle avec du vinaigre ou de la laque à cheveux après avoir fait un test pour vérifier que la couleur résiste au vinaigre.

Confiture

Enlevez ce que vous pouvez et rincez à l'eau gazeuse. Si c'est de la confiture de cassis, de mûres ou de myrtilles, c'est la cata ! Passez à l'étape 2, vue plus haut, et aux suivantes, si nécessaire.

Diarrhée de votre chat ou chien

La gastro a encore frappé et la moquette du salon a été touchée. Retirez le maximum, rincez avec de l'eau gazeuse, épongez puis saupoudrez généreusement avec du bicarbonate. Frottez et laissez agir 10 minutes. Aspirez et jetez le sac. S'il reste des traces, passez à l'étape 1, vue plus haut, et aux suivantes, si nécessaire.

Encaustique ou cirage

Frottez avec du shampooing, du liquide vaisselle ou du savon de Marseille et une brosse à dents. Rincez avec de l'eau gazeuse. Si tout n'est pas parti, passez à l'étape 2, vue plus haut, et aux suivantes, si nécessaire.

Encre et feutre indélébile

Imbibez la tache avec de la laque à cheveux, laissez agir et frottez avec une brosse douce. Épongez bien et lavez avec de l'eau et un peu de lessive ou de shampooing. Si tout n'est pas parti, passez à l'étape 2, vue plus haut et aux suivantes, si nécessaire.

Ou versez du cola sur la tache, laissez agir, frottez, épongez bien et lavez avec de l'eau et un peu de lessive ou de shampooing. Si tout n'est pas parti, passez à l'étape 2 et aux suivantes, si nécessaire.

Fond de teint
Vous avez renversé du fond de teint sur le tapis, épongez et vaporisez avec de la mousse à raser. Laissez agir, frottez avec un chiffon humide. Recommencez jusqu'à ce que tout le fond de teint ait disparu et rincez.

Graisse
Recouvrez la tache avec de la crème à raser ou du shampooing, frottez avec une brosse douce et rincez avec de l'eau gazeuse.

Saupoudrez de la fécule de maïs, de la semoule de maïs, du talc ou du bicarbonate, brossez légèrement, laissez agir pendant la nuit et passez l'aspirateur.

S'il reste toujours des traces, utilisez de la crème à raser, du shampooing ou du liquide vaisselle et rincez avec de l'eau gazeuse. Ou frottez les traces tenaces avec une solution d'1/5 de sel et 4/5 d'alcool. Rincez et épongez.

Si tout n'est pas parti, passez à l'étape 2, vue plus haut, et aux suivantes, si nécessaire.

Jus d'orange
Retirez ce que vous pouvez et aspergez avec de l'eau gazeuse. Épongez, frottez avec du shampooing, du liquide vaisselle ou du savon de Marseille et une brosse à dents. Rincez à l'eau gazeuse.

Si tout n'est pas parti, passez à l'étape 3, vue plus haut, et aux suivantes, si nécessaire.

Ketchup et sauce tomate

Retirez ce que vous pouvez et aspergez avec de l'eau gazeuse. Épongez, frottez avec du shampooing, du liquide vaisselle ou du savon de Marseille et une brosse à dents. Rincez à l'eau gazeuse. S'il reste des traces, passez à l'étape 3, vue plus haut, et aux suivantes, si nécessaire.

Moisissures

Recouvrez-les avec du bicarbonate ou de la litière pour chats. Laissez agir quelques heures et passez l'aspirateur.

Œuf

Ramassez ce que vous pouvez. Rincez avec de l'eau gazeuse. Épongez et utilisez l'un des nettoyants proposés plus haut et laissez agir 5 minutes. Rincez à l'eau gazeuse. S'il reste des traces, frottez légèrement avec un quart de tasse de vinaigre dans 1 tasse d'eau. Rincez à l'eau gazeuse et épongez.

Sang

Nettoyer le sang frais, épongez au maximum et rincez avec de l'eau gazeuse, et épongez à nouveau. Si tout n'est pas parti, passez à l'étape 2, vue plus haut, et aux suivantes, si nécessaire. Pour effacer les traces de sang séché, préparez une pâte épaisse avec de la fécule de maïs et de l'eau que vous mettez sur la tache. Laissez sécher et brossez. Répétez si nécessaire. Et procédez comme ci-dessus.

Suie

Recouvrez la suie avec une épaisse couche de sel puis passez l'aspirateur. Si tout n'est pas parti, passez à l'étape 2, vue plus haut, et aux suivantes, si nécessaire.

Vin

Saupoudrez immédiatement avec du sel et aspirez une fois que le sel est sec. Si tout n'est pas parti, rincez avec de l'eau gazeuse, passez à l'étape 2, vue plus haut, et aux suivantes, si nécessaire.

Encaustique

Vous n'avez plus d'encaustique ? Pour dépoussiérer, faire briller et nourrir le bois, frottez-le avec un peu de vaseline, d'après-shampooing, quelques gouttes l'huile d'olive ou d'huile de bain pour bébé sur un chiffon doux.

Fabriquez votre encaustique

Mélangez en quantités égales huile d'olive et vinaigre.

Ou ajoutez le jus d'1 citron avec 1 cuiller à café d'huile d'olive et 1 cuiller à café d'eau. Appliquez sur le meuble et attendez 5 minutes avant de faire briller avec un chiffon doux. Ne conservez pas l'excédent. Refaites votre mixture à chaque fois.

Pour varier les plaisirs, mélangez en quantités égales huile, jus de citron et vinaigre. Ou 3 parts d'huile d'olive et 1 part de vinaigre ou 2 parts d'huile d'olive et 1 part de jus de citron. Appliquez une couche fine et faites briller avec un chiffon trempé dans du thé noir froid.

Acajou
Mélangez en quantités égales du vinaigre et de l'eau chaude. Trempez un chiffon dans l'eau vinaigrée, passez-le sur le meuble et faites briller avec une peau de chamois.

Chêne
Faites bouillir 1 litre de bière avec 1 cuiller à soupe de sucre et 2 cuillers à soupe de cire d'abeille. Laissez refroidir. Encaustiquez le meuble avec cette mixture. Laissez sécher et lustrez avec un chiffon doux.

Noyer
Faites-le briller avec du lait et effacez les éraflures avec un cerneau de noix.

Bois foncé
Mélangez 1 cuiller à café d'huile d'olive, 1 jus de citron, 1 cuiller à café de whisky ou de cognac et 1 cuiller à café d'eau. Appliquez avec un chiffon doux. Cette encaustique ne se conserve pas. Jetez les restes.

Bois laqué
Nettoyez-le avec un chiffon trempé dans du thé noir froid. Séchez et faites briller avec un chiffon doux.

Bois verni
Nettoyez-le avec un chiffon qui ne peluche pas, trempé dans 1 litre d'eau tiède additionné d'1 cuiller à soupe de vinaigre. Polissez avec un chiffon doux. Le vinaigre extrêmement dilué ne risque pas de ternir le vernis.

Ou avec un chiffon trempé dans du thé noir froid. Séchez et faites briller avec un chiffon doux.

Bois ciré
Faites briller vos meubles cirés avec un chiffon imbibé de thé noir froid.

Pour faire les poussières, imbibez votre chiffon avec du café froid et passez-le sur les meubles.

Utilisez une lingette pour sèche-linge.

Délogez la poussière accumulée dans les coins difficiles ou les gadgets électroniques avec un sèche-cheveux ou une bouteille en plastique avec un bec verseur. Appuyez sur la bouteille vide pour que l'air chasse la poussière.

Rayures

Mélangez 1 cuiller à café de café soluble et 2 cuillers à café d'eau. Appliquez sur les rayures avec un tampon de coton. Ou trempez du coton dans du marc de café et frottez.
Frottez les rayures avec un cerneau de noix.

Si Azrael le chat est coupable, vaporisez du vinaigre sur les endroits de prédilection pour se faire les griffes afin qu'il ne s'y attaque plus. Si c'est votre petit chenapan de fils, il faudra trouver une autre solution.

Marques faites par des plats trop chauds

Là, impossible d'accuser le chat ! Mélangez du dentifrice avec du bicarbonate et frottez les marques avec un chiffon humide trempé dans ce mélange pendant quelques minutes. Passez un chiffon sec et cirez si le meuble est ciré.

Appliquez une mince couche d'une pâte composée d'huile à salade et de sel. Laissez agir durant deux heures, essuyez et polissez.

Taches blanches

Les verres mouillés, les plats chauds, l'alcool et le parfum laissent des taches blanches sur les meubles en bois.

Pour enlever ces taches et redonner au bois sa couleur initiale, utilisez une solution composée de 2 mesures d'alcool, 2 mesures d'essence de térébenthine et 1 mesure d'huile d'olive. Appliquez le produit aux endroits tachés et frottez bien avec un chiffon.

Taches d'eau

Frottez doucement avec du dentifrice ou avec un mélange de dentifrice et de bicarbonate.

Appliquez une pâte d'huile végétale et de sel et laissez agir 15 minutes. Essuyez et cirez.

Frottez les endroits tachés, dans le sens du grain, avec un mélange de cendre de cigarette et un peu de vaseline, de beurre ou de margarine.

Un bouchon de liège taillé en biseau peut réparer les dégâts.

Tache de graisse

Essuyez-la avec du vinaigre pur. Terminez avec du vinaigre dilué avec de l'eau. Rincez et laissez sécher.

Table en verre ou en Plexiglas®

Astiquez votre table sans effort avec un mélange d'eau et de vinaigre ou de jus de citron, de l'alcool, de l'alcool à brûler, de la vodka, des lingettes adoucissantes pour sèche-linge ou de l'adoucissant pour lessive sur un chiffon doux. Faites briller avec des feuilles de papier journal froissées. Frottez les rayures avec du dentifrice.

Les meubles en cuir

Nettoyez et nourrissez le cuir avec du lait pour bébé ou de l'après-shampooing.

Préparez vos propres produits

Une demi-tasse d'huile d'olive et un quart de tasse de vinaigre. Mélangez dans une bouteille et secouez vigoureusement avant chaque application. Frottez avec un chiffon doux.

Ou avec un quart de tasse de vodka, un quart de tasse de vinaigre, quelques gouttes d'huile d'olive. Mettez dans un flacon et secouez avant chaque application. Versez sur un chiffon doux et frottez sur le cuir.
Si le cuir est très sec, frottez-le avec de la vaseline ou de l'huile d'olive.

Taches d'encre ou de stylo

Pour enlever les traces d'encre ou de stylo, mettez un peu de laque ou d'alcool sur un coton. Testez la couleur dans un endroit caché : si elle ne déteint pas, passez le coton sur les marques de stylo.

Taches de peinture

Mélangez en quantités égales lait et alcool et passez sur les taches de stylo-bille ou de peinture sur le cuir.

Les poils d'animaux

Pour enlever les poils d'animaux sur les meubles, les coussins et la literie, imbibez une éponge d'une solution d'eau chaude et de glycérine, ou simplement d'eau. Essorez bien l'éponge et passez-la soigneusement sur les meubles.
Ou enroulez du ruban adhésif autour de votre main, face collante vers le haut et passez-le sur tout ce qui est recouvert de poils.

Meubles en rotin

Lavez vos meubles en rotin avec une petite brosse trempée dans de l'eau additionnée de bicarbonate. Comptez 1 tasse de bicarbonate par litre d'eau.

Vous pouvez aussi confectionner une pâte avec de la fécule de maïs et de l'eau. Mettez-en sur un chiffon et frottez le rotin. Laissez agir quelques minutes puis rincez à l'eau claire.

Pour blanchir les meubles en rotin, lavez-les avec du savon, du liquide vaisselle ou du shampooing. Rincez et relavez-les avec de l'eau très chaude à laquelle vous ajoutez quelques gouttes d'ammoniaque. Rincez à l'eau claire et essuyez.

Lavez-les avec une solution salée et ils ne jauniront pas.

Enlevez les taches de moisissures en les frottant avec de l'ammoniaque et laissez sécher au soleil.

Dessus de chaises ou objets en paille ou en raphia

Lavez la paille des chaises ou des autres objets en paille avec une brosse trempée dans du jus de citron.
Lavez le raphia avec de l'eau très salée et une éponge.

Télévisions, ordinateurs, téléphones

Nettoyez les écrans des téléviseurs, des ordinateurs, les claviers et les téléphones avec des lingettes pour sèche-linge, de l'alcool ou de la vodka si vous n'avez rien d'autre sous la main.

Nettoyage de l'ivoire

Il suffit de l'épousseter. Pour la saleté incrustée, utilisez de l'alcool à brûler.

Pour nettoyer les touches du piano, vous avez le choix :
Un peu de dentifrice sur un chiffon humide – eh oui, après tout les défenses sont de grandes dents – frottez, essuyez et faites-les briller avec un chiffon doux ou frottez avec de l'alcool à brûler ou de l'eau oxygénée.
Un coup de gomme suffit parfois pour effacer les marques.

Cendriers

Pour éviter que la cendre ne colle au fond des cendriers, frottez les cendriers propres avec de la cire liquide. Assurez-vous que cette cire est bien sèche avant d'utiliser le cendrier.
Pour empêcher les mégots de brûler dans le cendrier, recouvrez le fond du cendrier avec une couche de 2 ou 3 cm de bicarbonate.

COMMENT AVOIR UNE MAISON QUI SENT TOUJOURS BON

Êtes-vous prête à tuer, comme Jean-Baptiste Grenouille dans Le Parfum *de Patrick Süskind, pour trouver l'ultime fragrance ? Ce ne sera peut-être pas nécessaire. On peut faire de très belles choses pour parfumer son petit nid douillet rien qu'avec des produits naturels et sans meurtre.*

Une note de gaieté

En vases ou en pots, les fleurs n'ont pas leur pareil pour parfumer et décorer votre cocon et mettre tout le monde de bonne humeur. Toutes ces belles odoriférantes contribuent activement, c'est prouvé, à votre bien-être physique et mental.

Les bouquets

Pour profiter plus longtemps du merveilleux bouquet de roses qu'on vous a offert, coupez les tiges en biseau, frappez la base avec un petit marteau. Coupez un peu les tiges et retirez les feuilles fanées tous les jours. Changez l'eau tous les jours et en été ajoutez 2 ou 3 glaçons.

Un bouquet de lilas parfumera tout l'appartement plus longtemps si vous fendez les tiges en deux avec un couteau, puis que vous tapez dessus avec un marteau.

Les coquelicots, les dahlias et les pivoines se faneront moins vite si vous brûlez le bout de la tige dès que vous les aurez cueillis.

Pour prolonger la vie d'un bouquet de fleurs, trempez l'extrémité des tiges dans de l'eau bouillante, puis coupez un bout des tiges avant de mettre le bouquet dans de l'eau fraîche.
Transpercez la tige de toutes les fleurs à tige creuse avec une épingle.

D'autres méthodes de conservation des fleurs n'impliquent pas toujours une telle sauvagerie. Il suffit d'ajouter à l'eau des fleurs :
1 cuiller à café de sucre et 1 cuiller à café de vinaigre ;
1 cuiller à café de vodka ;
1/4 de cuiller à café de sel ;
3 gouttes de Javel ou d'ammoniaque ;
1 cachet d'aspirine ;
1 branche de lierre avec une ou deux feuilles qui touchent l'eau du vase ;
Enlevez régulièrement les feuilles fanées.

Mettez le mimosa dans de l'eau chaude, pas dans de l'eau froide.

Ajoutez 2 ou 3 glaçons tous les jours à l'eau des tulipes et quelques vieilles pièces de monnaie au fond du vase.

Transpercez la tige des tulipes avec une épingle juste sous la fleur.

Les fleurs en pots

Les fleurs en pots durent plus longtemps, et c'est tellement agréable et raffiné de cultiver soi-même son parfum d'ambiance dans de jolis pots !

Un seul plant de gardénia parfumera toute la maison. Le plus résistant est le gardénia africain, parfaitement adapté à la vie à l'intérieur. Il pousse lentement, fleurit toute l'année, avec une délicieuse odeur sucrée de bonbon anglais.

Les jacinthes sont parmi les plantes d'intérieur les plus décoratives et parfumées. Le lis de Pâques est également très capiteux. Le narcisse Paperwhite est un régal.

Au Liban, parce que la vue du jasmin rend heureux et que son odeur met de bonne humeur et rend optimiste, on conseille aux anxieux de respirer l'odeur du jasmin pour oublier leurs ennuis. La fragrance suave des jasmins blancs (Jasminum officinale, grandiflorum, polyanthum, sambac) est la plus marquée.

Le parfum capiteux des roses, des lis, des jacinthes ou des gardénias est à la fois un stimulant sexuel et un calmant. Ce qui n'est pas antinomique, étant donné que le stress peut tuer la libido. Apparemment, rien de tel que le jasmin ou la rose pour stimuler les ardeurs et calmer les accès de jalousie. La recette idéale pour assurer la paix des ménages.
Certains parfums stimulent, d'autres apaisent. L'odeur de la marjolaine par exemple, permettrait de mieux supporter la solitude et le parfum des fleurs d'ylang-ylang, de vaincre la timidité.

Un petit citronnier dans un pot ou un pélargonium citronné vous donnera un coup de fouet. Des orangers ou des citronniers en pots bien exposés fleuriront et embaumeront la pièce pendant la floraison.

Le romarin est l'une des rares herbes culinaires qui pousse bien à l'intérieur. Le simple fait de passer la main sur les aiguilles suffit à dégager un arôme puissant, un mélange de camphre et d'encens excellent pour les neurones. Il éclaircit les idées et améliore la mémoire. Un petit pot sur votre bureau donnera un coup de jeune à vos neurones en les secouant vigoureusement. Il est aussi très décoratif, vous pouvez le tailler pour lui donner la forme d'un sapin de Noël miniature ou tout autre forme qui vous inspire.

La lavande, qui pousse bien en pot, sent bon, détend, repousse les moustiques et favorise le sommeil. Elle est particulièrement recommandée pour les grands stressés, hyperactifs et insomniaques qui n'arrivent pas à se détendre. Ça marche même avec les grands fauves, apparemment les lions et les tigres se laissent dompter avec de la lavande. Théoriquement, ça devrait marcher avec votre patron. Certains recommandent de parler italien à vos plantes. Le fait qu'elles préfèrent l'italien à tout autre langue n'est pas prouvé scientifiquement. D'ailleurs le prince Charles leur parle en anglais et ses plantes ne s'en plaignent pas. Ce qui est prouvé par contre, c'est que les plantes adorent le dioxyde de carbone de l'haleine parce qu'il leur donne un petit coup de main pour la photosynthèse.

Pots pourris

Les pots pourris, qui contrairement à leur nom ne sont pas pourris du tout, parfument merveilleusement votre tipi préféré. Improvisez avec ce que vous avez sous la main. Une recette simple de pot pourri aussi vite fait qu'agréable : feuilles de laurier, branches de thym, clous de girofle et bâtons de cannelle mélangés dans un récipient.
Une fois que vous avez fini d'utiliser le four, mettez 1 ou 2 cuillers de votre épice préférée sur un papier d'aluminium dans le four encore chaud. Laissez la porte du four ouverte. 1 ou 2 cuillers de cannelle en poudre ou 1 ou 2 bâtons par exemple. Mais attention, manipulez cette épice avec précaution. La reine de Saba l'a utilisée pour séduire Salomon...

Ou des graines de cardamome écrasées. Dans ce cas, c'est Cléopâtre que vous imiterez. La belle, qui trouvait le parfum de la cardamome si envoûtant, parfumait les pièces de son palais lorsque Marc Antoine lui rend visite. Ovide, qui loue son parfum exquis, semble tout aussi accro.

Vous pouvez aussi les mélanger. Fouillez dans vos placards et choisissez : cannelle, cardamome, clou de girofle, genièvre, 4 épices, extrait de vanille ou d'amande, macis, noix de muscade, gingembre, anis, etc. Prenez-en plusieurs, comme par exemple cannelle et clou de girofle, et mettez-en une bonne poignée dans une mousseline que vous nouerez soigneusement avant de la jeter dans une casserole d'eau froide avec 2 cuillers à soupe d'huile. Amenez à ébullition, puis réduisez la chaleur pour laisser frémir à feu très doux pendant 1 heure.

Ou remplacez les épices par des écorces d'agrumes ou mélangez les épices et les agrumes.

Mélangez fruits et épices : coupez une pomme en tranches, mettez-les dans une casserole d'eau avec quelques bâtons de cannelle et procédez comme ci-dessus.

Faites caraméliser un peu de sucre en prenant soin de ne pas le brûler et l'appartement sentira le caramel.
Si vous faites des feux de cheminée, gardez les écorces d'agrumes pour les jeter dans le feu.

Pour que la maison sente bon, vaporisez un peu de parfum ou d'extrait de vanille ou d'amande sur toutes les ampoules.

Pour absorber les mauvaises odeurs ou les odeurs de nourriture dans la cuisine, faites frémir une casserole de vinaigre. Il ne doit jamais bouillir. Ou mettez un bol rempli de vinaigre dans la pièce. Évidemment ça va sentir le vinaigre, mais une fois que les mauvaises odeurs seront absorbées, utilisez l'un des trucs ci-dessus pour que la pièce sente bon.

La friteuse a pris feu et tout l'appartement empeste la fumée. Ouvrez toutes les fenêtres, faites bouillir 1 casserole d'eau avec 1 tasse de vinaigre dans la cuisine et mettez des tranches de pain, de préférence de pain de mie, généreusement aspergées de vinaigre aux quatre coins de toutes les pièces pour absorber l'odeur de fumée.

Pour éliminer les odeurs d'humidité et de moisi dans un placard, la cave ou le grenier, placez à l'intérieur du marc de café ou du bicarbonate dans un récipient ouvert.

Vous pouvez aussi utiliser des lingettes pour sèche-linge du commerce ou un torchon imbibé d'assouplissant pour lessive.

DES PÉNATES MOINS POLLUÉES

Grâce à des études de la NASA, destinées à développer la technologie permettant aux hommes de vivre dans des cabines spatiales, on sait maintenant que les plantes ont d'étonnantes capacités pour lutter contre la pollution de l'air.
Ces recherches, menées pour la plupart sous la direction du Dr Bill Wolverton, démontrent que les plantes sont les filtres les plus rapides et les plus efficaces pour purifier et revitaliser l'air dans ces habitacles étanches.
Des plantes tout à fait ordinaires, comme l'humble lierre, absorbent, sans en souffrir, des polluants dangereux comme le formaldéhyde ou le benzène. Ce recyclage est sans danger pour les plantes et, pour peu qu'on s'en occupe normalement, elles continuent allègrement à absorber ces produits chimiques. Il semble également que sur la durée, les plantes et les micro-organismes dans le sol s'adaptent pour absorber des contaminants plus variés et en plus grandes quantités. Nos petits compagnons botaniques fabriquent un air plus sain et l'humidité dégagée par les feuilles permet de mieux respirer.

Réduisez la pollution grâce aux plantes

Impossible d'échapper à la pollution. Et on sait maintenant que l'air de notre salon est aussi pollué que celui du périph'. C'est un sale coup pour notre orgueil de vestale. Difficile d'admettre que l'air de notre petit nid douillet aménagé avec tant d'amour et un goût exquis soit vicié par un cocktail de produits chimiques. Et c'est vrai aussi pour la thébaïde demeure de vos ancêtres, cachée dans le maquis corse.
Alors on va appeler les plantes à la rescousse. On sait que les plantes sont les filtres à air les plus anciens sur la Terre, que les forêts sont les poumons de la planète. Ce qu'on ne savait pas, par contre, c'est que les plantes d'intérieur sont ceux de votre home sweet home.

Selon les recherches de la NASA, une quinzaine de plantes suffisent à assainir l'air d'une maison moyenne de 167 m² avec

une hauteur de plafond de 2,5 m. Soit deux ou trois plantes pour une pièce de 17 à 20 m^2. Si vous disposez d'un espace limité, mettez plusieurs plantes compatibles dans un même pot. Un ficus avec un lis de la paix, un dragonnier avec des petits plants d'aloe à ses pieds, par exemple.
En règle générale, plus une plante consomme d'eau, plus elle génère d'humidité – à titre d'exemple, un palmier areca de 1,80 m émet environ 2,75 litres en 24 heures – et plus elle est efficace pour éliminer les polluants. Si certaines sont plus performantes que d'autres, elles contribuent toutes à assainir l'air. Même des plantes d'extérieur que vous rentrez pendant un petit moment nettoient l'air.

Au hit-parade des puissants purificateurs polyvalents qui ne font qu'une bouchée des formaldéhyde, monoxyde de carbone, benzène et autres trichloréthylènes : les fougères, avec la fougère de Boston championne incontestée, suivie par sa cousine néphrolepis, la plante araignée, les palmiers, y compris le palmier raphis et le palmier nain, la famille des ficus avec les ficus robusta et ficus benjamina, les dragonniers, dont le dracéna et l'arbre de la félicité. Du côté des plantes à fleurs, le lis de la paix, les chrysanthèmes et les gerbera sont d'impitoyables nettoyeurs.

Parmi les terreurs du trio infernal formaldéhyde-benzène-trichloréthylène, on compte : le lierre, les dragonniers, le sansevieria, eh oui, cette bonne vieille langue de belle-mère ! et le pothos ou lierre du diable.

Chez les foudres du formaldéhyde à haute dose, figurent : l'aloès, la plante araignée, les palmiers dattiers nains et les bananiers.

Dans les rangs des "bousilleurs" de benzène bien concentré, se trouvent : les gerberas, l'arbre de la félicité et le lis de la paix. Ce dernier n'a pas son pareil pour filtrer également l'acétone et les bioeffluents.

L'ennemi juré du monoxyde de carbone, c'est la plante araignée. Placée dans une petite pièce close, elle peut en retirer jusqu'à 96 %.

Les "dynamiteurs" du duo formaldéhyde-benzène sont les chrysanthèmes.

Le terminator du tandem formaldéhyde-trichloréthylène est le palmier bambou.

Au nombre des "démolisseurs" du duo xylène et toluène, les plus efficaces sont : les palmiers areca et Kentia, le sapin du Norfolk et les cycades. Et si par hasard du formaldéhyde se trouvait dans les parages, il subirait le même sort. Ces verts combattants sont parfaits en cas de nouvelle moquette ou de nouveaux meubles.

Les saboteurs des vilaines odeurs d'ammoniaque se nomment le yucca et le palmier raphis. Ils font des miracles dans les toilettes et les salles de bain.

Les immolateurs d'ions positifs émis par les ordinateurs, imprimantes, photocopieuses et télévisions sont les cactus et le lis de la paix.

Soignez vos plantes

Pour assurer santé et longues vies à vos compagnons botaniques, tenez compte de l'habitat naturel de la plante, essayez de reproduire ses conditions de vie chez vous.

La plupart des plantes préfèrent s'assécher un peu entre les arrosages.

Les plantes qui aiment l'humidité ont besoin d'un coup de brumisateur quotidien.

Évitez les fortes chaleurs ou les courants d'air froids.

Inspectez régulièrement vos plantes pour voir si elles manifestent des signes de stress, de maladies ou de parasites. Retirez les feuilles et les fleurs mortes au fur et à mesure.

L'arrosage

Il vaut mieux ne pas arroser assez que de trop arroser.
Tapotez les pots de vos plantes avec un couteau. Si le son rendu est sourd, pas besoin d'arroser. Si le son est clair, alors la plante a besoin d'eau.

N'arrosez qu'avec de l'eau à température ambiante. Ajoutez quelques gouttes de vinaigre pour neutraliser le calcaire.

Si la terre est si sèche qu'elle laisse passer l'eau, ajoutez quelques gouttes de savon à vaisselle ou de savon noir à l'eau d'arrosage.
Si vous partez quelques jours, arrosez vos plantes et couvrez-les avec un sac plastique maintenu par un élastique autour du pot pour faire une mini-serre.

Et ajoutez quelques cuillers à café de gélatine en poudre à la terre du pot. La gélatine retient l'eau et permet d'espacer les arrosages.

Si vous avez des couches pour bébé, disséquez une couche pour prendre la poudre en plastique à l'intérieur, capable d'absorber jusqu'à 300 fois son poids d'eau. Mélangez-la à la terre, elle retiendra l'eau.

L'engrais

Gardez l'eau gazeuse devenue plate pour arroser vos plantes 1 fois par semaine.

Donnez un petit coup de jeune à votre fabuleuse fougère anti-pollution en ajoutant 2 cuillers à soupe d'huile d'olive à la racine 1 fois par mois.

Arrosez avec des coquilles d'œuf pillées, l'eau de cuisson des œufs, des pâtes ou des légumes. Attendez toujours que l'eau refroidisse avant de la donner à vos plantes.

Ne jetez pas l'eau de l'aquarium, donnez-la à vos plantes.

Mettez un peu de vin rouge dans l'eau d'arrosage.

De temps en temps, mettez du marc de café et un peu de sucre en poudre sur la terre et grattez légèrement pour les mélanger à la terre. En prime, les chats, qui détestent l'odeur du café, ne s'amuseront plus à creuser dans vos pots.
Arrosez vos plantes avec du thé tiède une fois par semaine et ajoutez un peu de thé à la terre de vos plantes. Le thé est riche en azote et en potasse. Ajoutez quelques sachets de thé au fond des pots lors du rempotage.

Régénérez une plante en manque de vitamines en faisant tomber, goutte à goutte, l'équivalent d'1 cuiller à soupe d'huile de ricin dans la terre. Puis arrosez avec une bonne rasade d'eau.

Revitalisez une plante qui dépérit en l'arrosant avec 1 cuiller à soupe de vinaigre de cidre dilué dans 1 litre d'eau. Faites profiter toutes vos plantes de ce mélange.

Neutralisez l'acidité de la terre en l'arrosant une seule fois avec 4 cuillers à soupe de bicarbonate dilué dans 1 litre d'eau.

Dopez vos plantes. Si vous avez des pilules contraceptives en trop, mettez-en une tous les 2 ou 3 mois dans la terre de vos fleurs en pots. Elles fleuriront comme des folles !

La toilette

Nettoyez vos plantes vertes avec l'intérieur d'une peau de banane, du lait sur un chiffon doux, de l'huile d'olive, de l'après-shampooing, un peu de bière ou du vin rouge (pas trop souvent) qui feront des merveilles sur la couleur et le brillant de vos petites compagnes botaniques.

Passez les grandes plantes vertes sous la douche.

Dépoussiérez les cactus avec un sèche-cheveux.

Nettoyez les pots à fleurs à l'aide d'une solution composée d'1 cuiller à soupe de sel et d'1 tasse de vinaigre. Laissez agir pendant la nuit.

Les insecticides

Si vos cactées, qui ne supportent pas les produits phytosanitaires, sont envahies par des cochenilles, appliquez le mélange d'1 part d'alcool pour 4 parts d'eau avec un Coton-Tige®.

Pour éradiquer les moucherons qui squattent vos plantes vertes, enfoncez dans le pot, autour de la plante, 2 ou 3 allumettes avec la partie soufrée dans la terre. Elles feront fuir les indésirables.

Chassez les pucerons et les autres insectes en vaporisant les feuilles et le sol avec 1 goutte de liquide vaisselle diluée dans un demi-litre d'eau.

Arrosez vos plantes et saupoudrez de marc de café ou de cendres de cheminée.

Lavez les plantes avec de l'eau du robinet puis trempez un coton dans de la vodka, ou dans un mélange d'eau et d'alcool, pour tamponner délicatement les feuilles.

Ne faites pas subir ce traitement aux violettes africaines et autres plantes à feuilles duveteuses qui ne doivent jamais être mouillées. Arrosez-les en mettant de l'eau dans la soucoupe sous le pot.

SOS : les signaux de détresse des plantes

Il existe peu de cas de mort subite des plantes. Elles donnent généralement des signes de détresse visibles. Encore faut-il savoir les interpréter. Voici le vocabulaire de base :

La pointe des feuilles devient marron, la partie basse est jaune puis elles tombent : votre plante vous dit que l'arrosage n'est pas au point. Revoyez-le à la baisse.

La plante est maigrichonne avec des tiges trop longues et des feuilles trop petites et ternes : votre plante vous informe qu'elle manque cruellement de lumière. Rapprochez-la de la fenêtre ou d'une source de lumière. Et ne mettez pas d'engrais en hiver.

Les vieilles feuilles rebiquent vers le bas, les nouvelles feuilles sont plus petites que les anciennes, les bords sont marron. Traduisez par : trop de lumière. Éloignez-la de la fenêtre ou de la source de lumière ou mettez un rideau.

Des taches brunes ou blanches apparaissent sur les feuilles, en particulier sur les feuilles supérieures : votre plante se plaint d'une augmentation soudaine de l'intensité lumineuse. Mettez-la à l'ombre. Faites passer progressivement les plantes de l'ombre à la lumière, jamais brutalement. Certaines plantes ne supportent pas la lumière.

Les feuilles jaunissent, rebiquent vers le bas et se fanent : votre plante vous fait savoir qu'elle souffre d'un excès de chaleur. Mettez-la dans un endroit plus frais. Évitez de la mettre près des radiateurs ou des bouches d'air chaud.

Le bout des feuilles supérieures devient marron et les feuilles se fanent. Les feuilles du bas jaunissent et tombent : c'est carrément un appel au secours pour signaler un manque d'eau. Arrosez-la jusqu'à ce que l'eau ressorte par le bas du pot ou donnez-lui un bain pendant 5 minutes. Laissez l'eau s'écouler et répétez lorsque la terre est sèche au toucher.

Les feuilles du bas rebiquent et se fanent. Les branches deviennent molles et pourrissent et la terre est détrempée : inutile d'avoir un doctorat en botanique pour comprendre que vous arrosez beaucoup trop. Utilisez uniquement des pots avec un trou d'écoulement dans le fond. Ne laissez jamais votre plante dans l'eau plus de 30 minutes si vous lui donnez un bain.

Le bord des plantes est dentelé et marron. La pointe des nouvelles feuilles est desséchée : votre plante vous signale un manque d'humidité. Mettez le pot sur des galets d'aquarium mouillés. Utilisez des saturateurs dans la maison ou déplacez votre plante dans la salle de bain ou la cuisine.

Des plantes qui poussent rapidement avec beaucoup de feuilles et pas de fleurs : c'est leur manière de vous dire que vous forcez trop sur l'engrais. Réduisez le rythme et diminuez la dose recommandée de moitié. Ne donnez pas d'engrais en hiver.

Les feuilles du bas se décolorent et tombent. Les nouvelles feuilles sont plus petites que les anciennes. Les tiges ne poussent plus : votre plante est en manque d'engrais. Mettez-en régulièrement en période de croissance.

Des taches brunes ou blanches apparaissent sur les feuilles, le bout et les bords sont comme brûlés. Les plus touchés sont les plantes araignée, les dragonniers et les palmiers : elles vous avertissent qu'il y a trop de fluor dans l'eau. Utilisez de l'eau de pluie ou de l'eau distillée.

Il y a une croûte blanche sur la terre, sur le bord du pot de fleur et les feuilles se fanent : votre plante appelle au secours. Elle est empoisonnée par un excès de sel dans la terre. Pour l'éliminer, arrosez la plante 3 fois à une demi-heure d'intervalle. Cirez le bord du pot pour éviter les dépôts de sel.

Vos petites violettes africaines, gloxinias et autres plantes à feuilles velues ont des taches blanches ou jaunes : les pauvres vous alertent parce qu'elles sont frigorifiées par une eau trop froide sur leurs feuilles ou la terre. N'utilisez que de l'eau à température ambiante pour arroser.

De vilaines taches brunes apparaissent sur le pourtour des feuilles des plantes tropicales, en particulier les philodendrons : traduisez par "alerte au gaz". Vous avez sûrement des fuites de gaz dans la maison. Vérifiez les veilleuses, faites vérifier votre chaudière et votre arrivée de gaz.

Les plantes piquent du nez entre les arrosages, les racines remplissent le pot et sortent par le trou d'écoulement, la croissance est lente : elles protestent contre leurs conditions de vie déplorables. Elles sont à l'étroit dans des pots trop petits pour elles. Mettez-les dans des pots plus confortables avec de la bonne terre.

Votre plante se fane brusquement ou perd toutes ses feuilles pendant l'hiver : c'est un signal de détresse parce que vous l'avez mise en plein courant d'air. N'oubliez pas que la plupart des plantes d'intérieur sont des plantes tropicales. Mettez-la vite dans un endroit plus confortable pour elle.

Une plante qui se fane et perd ses feuilles après avoir été mise dans un pot plus grand ou lors de la première mise en pot : diagnostiquez une plante en état de choc. Lequel choc a été provoqué par la transplantation. Chouchoutez-la au maximum pour l'aider à s'habituer à son nouveau pot.

DES VÊTEMENTS IMPECCABLES

La lessive

Les montagnes de linge à laver ne sont plus un problème. Même si votre lave-linge tombe en panne, il y a toujours la laverie. Le problème, à part les taches tenaces, c'est plutôt le repassage.

Lave-linge

Avant toute chose, assurez-vous que votre lave-linge est propre et qu'il n'y a pas une chaussette oubliée dans le tambour.

Nettoyez l'intérieur du hublot et le tambour de votre machine à laver avec du bicarbonate.

Comme le recommandent certaines publicités, il faut détartrer votre lave-linge régulièrement. Et c'est très simple, il suffit, une fois par mois, de verser 1 litre de vinaigre blanc dans le lave-linge et de faire un cycle complet de lavage à vide. Cette opération débouche aussi tous les tuyaux.

Les lessives

Pour le linge avec des taches tenaces de gras, de vin et de fruits, selon une enquête de Canal +, il vaut mieux utiliser de la lessive en poudre chère et garder la lessive liquide pour le linge sans taches.

Mais vous pouvez aussi utiliser une autre stratégie. Celle d'optimiser l'efficacité de votre lessive liquide et d'adoucir l'eau en ajoutant une demi-tasse de bicarbonate pour les machines qu'on charge par le haut et un quart de tasse pour les machines à hublot.

Supprimez les adoucissants

Vous n'avez pas d'adoucissant ou vous pensez, à juste titre, que ça encrasse la machine ? Remplacez-le par une demi-tasse de bicarbonate ou 1 tasse de vinaigre qui, en prime, est antistatique.

Fini les bouloches sur les pantalons de velours !
Ajoutez un peu de gros sel à l'eau de rinçage et votre linge sera plus facile à repasser.

Le coton, les tenues de bébé et les couvertures de laine seront plus doux et plus aériens en ajoutant 2 tasses de vinaigre au cycle de rinçage.
Attention : ne mettez jamais de vinaigre dans le lave-linge si vous avez déjà mis de la Javel.

Dans un moment d'égarement, vous avez mis trop de lessive et il y a de la mousse qui déborde de partout ! Calmez le jeu et surtout la mousse en ajoutant 1 bouchon d'assouplissant dans la machine.

Le blanc

"Alors t'as la lessive qui lave plus blanc que la lessive qui lavait déjà plus blanc, la même marque hein ! Alors, moi, j'ose plus changer de lessive, j'ai peur que mes vêtements deviennent transparents !", disait Coluche.

Vos rideaux blancs sont devenus jaunes ? Ajoutez 1 tasse de bicarbonate à l'eau de rinçage pour les blanchir ou 1 sachet de levure chimique à l'eau de rinçage pour les blanchir et les amidonner.

Pour les laver sans enlever les crochets, enfermez le haut des rideaux dans un petit sac en tissu soigneusement noué.

Ravivez le blanc de vos chaussettes devenues grisâtres ou jaunâtres en les mettant à bouillir 3 minutes dans une casserole d'eau avec une tranche de citron juste avant de les passer au lave-linge.

Lavez plus blanc en ajoutant 1 cachet d'aspirine, le contenu d'une canette de cola ou un jus de citron à votre lessive.

Toujours pour obtenir un blanc plus blanc que blanc mais pas transparent, utilisez du produit de lavage pour lave-vaisselle, en poudre ou liquide.

Pour rendre leur blancheur éclatante à des vêtements de soie ou de laine jaunie, passez-les dans 2 litres d'eau additionnée de 4 cuillers à soupe de vinaigre. Lavez comme d'habitude.

La couleur

Évitez que les couleurs ne déteignent en mettant une lingette à cet effet ou en ajoutant 1 tasse de sel, 1 tasse de vinaigre ou 1 cuiller à café de poivre moulu à votre lessive.

Vous pouvez aussi mettre les vêtements qui pourraient déteindre à tremper dans du vinaigre pendant 10 minutes avant de les laver, ou dans de l'eau additionnée d'une demi-tasse de sel et d'une demi-tasse de vinaigre pendant 1 heure avant de les mettre au lave-linge.

Pour raviver les couleurs, ajoutez 1 tasse de vinaigre à votre lessive.

Si vous ajoutez une demi-tasse de sel à votre lessive lorsque vous lavez vos jeans, ils seront doux au toucher et garderont leur couleur plus longtemps.

Les tissus en coton noir seront plus éclatants en ajoutant de la bière à l'eau de rinçage.

Protégez les vêtements fragiles, les bas, les collants et les sous-vêtements pendant le lavage en machine, souvent un peu brutal, en les mettant dans un filet à linge bien fermé ou dans une taie d'oreiller.

Pour laver des vêtements fragiles à la main, comme les vêtements en satin, utilisez des paillettes de savon de Marseille. Avant le rinçage, ajoutez un peu de sucre et de vinaigre blanc à l'eau. N'essorez jamais les vêtements en satin et repassez-les lorsqu'ils sont encore humides.

Lavez la soie et le satin à froid. Ajoutez quelques gouttes de vinaigre et 1 sucre à l'eau du dernier rinçage pour donner de la tenue et raviver la couleur. N'essorez pas et ne séchez pas au soleil. Repassez la soie et le satin encore humides.

Pour éviter que vos petits pulls de laine ne piquent, ajoutez une demi-cuiller à café d'huile d'olive à l'eau de lavage du lave-linge ou du lavage à la main.

Ou lavez-les avec du shampooing et remplacez l'adoucissant par de l'après-shampooing.

Vos vêtements ne sont pas sales mais ils empestent la fumée. Remplissez votre baignoire avec de l'eau très chaude à laquelle vous ajoutez 1 tasse de vinaigre. Suspendez vos vêtements au-dessus de la baignoire pendant la nuit.

Terrassez les taches

Si une blonde jalouse renverse des spaghettis sur votre manteau, n'en faites pas un drame. Assommez la blonde, puis retirez le maximum de spaghetti et de sauce, arrosez la tache avec de l'eau gazeuse. Allez aux toilettes pour la frotter avec des lingettes pour bébé que vous devriez toujours avoir dans votre sac pour les accidents, du savon liquide ou du shampooing.
Si la blonde a renversé de la vinaigrette ou du café sur votre chemisier, assommez-la puis épongez au maximum et, si vous n'avez rien d'autre sous la main, vaporisez la tache avec de la laque pour éviter qu'elle ne s'incruste dans le tissu.

Les taches non identifiées

Frottez-les avec de l'eau gazeuse, puis essayez, si vous êtes chez vous, de la lessive liquide, du shampooing ou du liquide à laver la vaisselle. Rincez bien. Si la tache fait de la résistance, mélangez en quantités égales de l'ammoniaque et de l'alcool. Faites un test de couleur sur l'ourlet, par exemple. Si la couleur ne résiste pas, oubliez l'ammoniaque et frottez avec l'alcool. Rincez et mettez au lave-linge.

Pour les vêtements très sales de Momo le mécano, avec des taches de graisse, prenez de préférence une lessive en poudre et ajoutez le contenu d'une canette de cola à votre lessive. Faites la petite lessive de vos petits footballeurs ou rugbymen, qui ont fait des taches d'herbe et de boue sur leur tenue préférée, en utilisant du détergent en poudre pour lave-vaisselle.

Acide

Pour neutraliser l'acide de l'urine, des vomissures humaines ou animales sur les vêtements, enlevez le plus gros, lavez avec de l'eau gazeuse et saupoudrez avec du bicarbonate avant de les mettre dans le lave-linge.

Vous pouvez aussi utiliser, après avoir lavé la tache avec de l'eau gazeuse, un mélange en quantités égales de vinaigre et d'eau tiède. Rincez avec de l'eau claire. S'il reste encore des traces, essayez, après avoir fait un test de couleur, un mélange d'un quart d'eau oxygénée et trois-quarts d'eau. Rincez à l'eau claire et passez au lave-linge.

Alcool : cognac, vermouth, whisky, etc.

Aspergez immédiatement avec de l'eau gazeuse ou avec de l'eau chaude. S'il reste des traces, frottez avec de la glycérine. Laissez agir 30 minutes. Rincez avec de l'eau chaude.

Beurre ou margarine

Pour les taches anciennes bien incrustées, vaporisez du dégrippant, puis frottez-les avec du shampooing ou du liquide vaisselle.

Betterave

Faites tremper la tache dans du vinaigre puis lavez comme d'habitude ou vaporisez avec de la mousse à raser. Rincez et lavez. S'il reste des traces, mélangez en quantités égales de l'ammoniaque et de l'alcool. Faites un test de couleur sur l'ourlet, par exemple. Si la couleur ne résiste pas, oubliez l'ammoniaque et frottez avec l'alcool. Rincez et mettez au lave-linge.

Bière

Frottez la tache avec un mélange d'eau et de vinaigre. Rincez avec de l'eau tiède et du liquide vaisselle et passez au lave-linge.

Blanco

Vous avez renversé du liquide correcteur sur votre chemise rose. Sortez votre huile solaire et versez-en sur la tache. Frottez avec une serviette en papier et répétez plusieurs fois jusqu'à ce que la tache ait disparu.

Boue

Utilisez du détergent en poudre pour lave-vaisselle ou mettez les vêtements à tremper dans l'eau de cuisson des pomme de terre.

Bougie

Passez un glaçon sur la cire pour en retirer le maximum. Posez le vêtement taché sur du papier absorbant ou sur un torchon en coton propre et recouvrez la tache avec un autre morceau de papier absorbant ou un torchon en coton. Repassez avec un fer tiède. Une fois que toute la cire a été absorbée, nettoyez la tache avec de l'alcool. Lavez comme d'habitude.

Brûlures

Des traces de brûlure légères que vous venez de faire avec le fer à repasser, par exemple, peuvent parfois être effacées en lavant immédiatement le vêtement avec votre lessive habituelle puis en l'exposant au soleil pendant 1 journée.

Si c'est votre chemisier blanc qui a été légèrement brûlé, mouillez un torchon blanc avec de l'eau oxygénée puis posez-le sur la tache pour bien recouvrir les traces de brûlé. Recouvrez ce torchon avec un autre torchon blanc sec et repassez avec un fer réglé sur moyen. Si l'eau oxygénée mouille le torchon du dessus, déplacez-le pour qu'une partie sèche recouvre le torchon mouillé. Répétez le processus jusqu'à disparition de la tache. Rincez soigneusement à l'eau tiède.

Ou frottez la tache avec un oignon écrasé, ou avec de l'eau très vinaigrée. Puis lavez comme d'habitude.

Café et thé

Mettez quelques gouttes de glycérine sur la tache et rincez à l'eau vinaigrée.

Frottez les taches avec un mélange de vinaigre et d'alcool ou avec 1 cuiller à soupe d'eau oxygénée diluée dans 3 cuillers à soupe d'eau tiède.
Épongez et vaporisez la tache avec de la mousse à raser, laissez agir, frottez avec un chiffon humide. Recommencez jusqu'à disparition de la tache et rincez avec de l'eau.

Cambouis

Frottez avec du beurre, lavez à l'eau savonneuse et passez à la machine.

Vaporisez du dégrippant en aérosol (4 fonctions, 3-en-1 ou autre) sur la tache, laissez agir quelques instants, frottez avec du savon, de la lessive, du liquide vaisselle ou du shampooing et passez au lave-linge.

Versez du cola sur la tache, laissez agir, épongez et rincez avec de l'eau additionnée de lessive, de produit pour lave-vaisselle, de liquide vaisselle ou de shampooing.

Cerises noires, mûres, myrtilles

Versez immédiatement du jus de citron sur la tache, laissez agir puis rincez avec de l'eau très chaude.

Chocolat, cacao

Retirez le maximum de chocolat en grattant, puis arrosez la tache avec de l'eau gazeuse et frottez.

Si le chocolat résiste, passez la tache sous l'eau très froide. Ajoutez même des glaçons et frottez ou brossez pendant 10 minutes.

Cigarettes
Enlevez les taches des brûlures de cigarette avec un peu de lait. Laissez agir pendant un petit moment. Le lait va diluer la couleur et éviter qu'elle ne brunisse. Frottez la tache avec une pomme de terre crue coupée en deux et passez au lave-linge.

Cirage
Sur les tissus blancs, frottez avec de l'alcool pur. Pour la couleur, frottez avec 1 solution composée d'1 mesure d'alcool et de 2 mesures d'eau. Passez au lave-linge.

Cola
Appliquez du vinaigre pur directement sur la tache. Lavez comme d'habitude.

Colle
Enlevez les traces de colle en les vaporisant avec de la laque ou avec du vinaigre.

Crayon
Essayez une gomme sur les vêtements non lavables. Sur les autres, les marques devraient partir en les frottant avec un peu de votre lessive habituelle.

Crayons de couleur
Attaquez les marques de crayons de couleur sur les vêtements lavables avec du dégrippant. Posez la partie du vêtement taché sur un torchon propre, vaporisez la tache avec le dégrippant et laissez agir pendant quelques minutes. Retournez le vêtement et vaporisez du dégrippant sur l'envers de la tache. Attendez 5 minutes puis versez de la lessive liquide sur la tache et frottez. Déplacez le torchon sous la tache au fur et à mesure que le torchon absorbe la tache. Passez au lave-linge.

Déjections d'oiseau
Enlevez ce que vous pouvez, arrosez avec de l'eau gazeuse puis frottez avec du vinaigre et de l'eau.

Eau

Des taches d'eau ou de pluie sur votre robe de gala en satin et autres tissus non lavables ou sur de la feutrine disparaîtront si vous les frottez en rond avec des mouchoirs en papier ou du papier absorbant roulés en boule.

Encre

La composition des encres varie. Si l'encre n'est pas sèche, essayez d'en faire absorber le maximum par du talc, du sel, du bicarbonate ou de la fécule de maïs. Puis mettez du papier absorbant ou des mouchoirs sous la tache et vaporisez de la laque sur la tache. Changez régulièrement le papier absorbant. Continuez jusqu'à disparition de la tache. Passez à la machine. La laque permet également d'enlever l'encre sur le vinyle.
Versez du jus de citron sur une tache d'encre toute fraîche. Essayez avec du dentifrice. Mettez-en sur l'endroit et l'envers de la tache. Laissez sécher puis passez au lave-linge.

Vous pouvez aussi recouvrir la tache avec un mélange d'1/3 d'alcool et 2/3 de shampooing ou de liquide vaisselle. Laissez agir pendant 15 minutes. Lavez avec du shampooing.

Essayez aussi l'alcool à brûler, ou encore une recette plus ancienne qui préconise de tremper la tache quelques heures dans du lait tourné, apparemment plus efficace que le lait frais. Rincez et lavez comme d'habitude.

Feutres indélébiles

Mettez du papier absorbant sous la tache et vaporisez avec de la laque. Renouvelez souvent le papier absorbant.
Si la couleur ne déteint pas, frottez la tache avec un mélange d'alcool et d'ammoniaque. Si elle déteint, frottez la tache avec de l'alcool. Rincez à l'eau tiède et passez au lave-linge.

Fruits

Saupoudrez généreusement la tache avec du bicarbonate. Puis tendez bien le tissu taché au-dessus d'un saladier et versez de l'eau bouillante sur la tache.

Ou préparez un petit mélange en parts égales de vinaigre, jus de citron et alcool.

Fond de teint

Épongez ce que vous pouvez et recouvrez la tache avec de la mousse ou de la crème à raser. Laissez agir, frottez avec un chiffon humide. Recommencez jusqu'à ce que le fond de teint ait disparu. Rincez et passez au lave-linge.

Goudron, grésil et asphalte

Retirez le maximum en grattant avec un couteau. Mettez dans la machine avec de la lessive en poudre et le contenu d'une canette de cola.

Mettez un vieux torchon sous la tache. Faites une pâte avec du bicarbonate. Laissez agir, frottez avec du savon, du shampooing ou de la lessive et passez au lave-linge.
Ou frottez du beurre, de la margarine, de la mayonnaise sur la tache, laissez agir 3 heures, lavez avec du savon et passez à la machine.

Vous pouvez aussi utiliser du dégrippant et frotter. Mettez à tremper dans une lessive en poudre puis passez au lave-linge.

Faites un essai et si la couleur résiste, utilisez du dissolvant sur du coton pour vous débarrasser du goudron.

Graisse et huile

Videz le contenu d'une canette de cola sur les taches et lavez en machine comme d'habitude. Ou ajoutez une canette à votre lessive.

Recouvrez avec du sel, du bicarbonate, de la farine, du talc, de la fécule de maïs ou avec une pâte de bicarbonate ou de fécule de maïs et d'eau. Laissez sécher, frottez et passez au lave-linge.
Frottez les taches avec de la craie blanche, brossez et lavez comme d'habitude.
Essayez avec du shampooing, du liquide vaisselle ou du liquide pour lave-vaisselle. Frottez avec une brosse douce et rincez.

Passez au lave-linge.
Pour les taches anciennes bien incrustées, vaporisez du dégrippant, puis frottez avec du shampooing ou du liquide vaisselle.

Pour enlever les taches de graisse sur le daim, trempez une brosse à dents dans du vinaigre et frottez.

Ou saupoudrez les taches de graisse sur le daim et le nubuck avec du talc. Laissez agir 12 heures puis brossez.

Herbe

Si le tissu n'est pas fragile, frottez la tache avec de l'alcool ou avec de la vodka.

Frottez avec un mélange d'1/3 de vinaigre et 2/3 d'eau. Ou utilisez de l'eau oxygénée ou de l'alcool à brûler. Rincez et lavez comme d'habitude.

Ou utilisez du détergent en poudre pour lave-vaisselle dans votre lave-linge.

Faites une pâte avec du sucre et de l'eau dont vous recouvrez généreusement les taches. Laissez agir pendant 1 heure environ puis lavez avec votre lessive habituelle.

Mastic

Retirez le maximum avec un couteau ou une cuiller puis vaporisez du dégrippant sur la tache. Essuyez avec un linge propre. S'il reste des traces, frottez-les avec un linge trempé dans de l'alcool. Épongez et rincez. Puis frottez avec un peu de shampooing ou de liquide vaisselle. Passez au lave-linge.

Métal

Nettoyez les traces métalliques que peuvent laisser les ceintures ou certains bijoux sur vos vêtements, avec du vinaigre, du jus de citron ou de l'alcool.

Moisissures
Mélangez du vinaigre et du jus de citron. Appliquez sur la tache et laissez sécher au soleil. Lavez comme d'habitude mais séparément.

Moutarde
La moutarde est très tenace. Si c'est votre petit tailleur en laine que vous avez taché, le mal est irréparable.
Sur les vêtements lavables, retirez tout ce que vous pouvez le plus rapidement possible. Sur un tissu blanc : mélangez du vinaigre et de l'eau oxygénée. Frottez, rincez et lavez comme d'habitude.
Pour de la couleur, utilisez du vinaigre ou un mélange d'1/3 d'alcool et 2/3 de shampooing ou de liquide vaisselle. Attendez 15 minutes avant de rincer avec de l'eau aussi chaude que le permet le tissu. Il faudra peut-être répéter l'opération plusieurs fois avant que toute la moutarde ne disparaisse.

Parfum
Vérifiez si le tissu ne déteint pas avant de traiter les taches de parfum avec un mélange d'ammoniaque et de bicarbonate.

Ou mouillez la tache avec de l'eau gazeuse, enduisez-la de glycérine et rincez.

Peinture
La composition des peintures est très variable. Sur les tissus lavables et après avoir fait un test de couleur, utilisez le solvant recommandé par le fabricant sur la boîte de peinture. Puis frottez avec de la lessive, du shampooing ou du liquide vaisselle et passez au lave-linge.

Agissez le plus rapidement possible. N'attendez pas que la tache sèche, elle sera beaucoup plus difficile à enlever. Si par malheur, la tache a eu le temps de sécher, ramollissez-la avec de la glycérine avant d'appliquer le solvant recommandé.

Peinture acrylique

Vaporisez de la laque sur la peinture, grattez avec l'ongle et lavez. Pour la peinture à l'huile, la peinture émaillée ou de la peinture non identifiée, retirez le maximum en grattant avec un couteau. Vaporisez du dégrippant sur la tache ou faites-la tremper dans de la térébenthine ou de l'essence. Passez au lave-linge.

Les peintures à base de latex ou les peintures à l'eau sont faciles à enlever avec de l'eau savonneuse, à condition de les traiter immédiatement. S'il reste des traces, frottez-les avec de l'alcool.

Rouge à lèvres

Mettez du papier absorbant sous la tache et frottez avec du shampooing ou avec du produit démaquillant "yeux et lèvres". Le rouge est transféré sur le papier absorbant et il ne vous reste plus qu'à rincer.

Essayez avec du papier absorbant sous la tache et en frottant avec un coton imbibé d'éther, d'alcool, de vodka ou d'eau oxygénée. Passez au lave-linge.
Recouvrez la tache de rouge à lèvres avec de la vaseline et passez au lave-linge.

Rouille

Frottez la tache avec un bout de papier alu froissé.

Ou enduisez d'un mélange de jus de citron et de sel. Frottez et lavez.

Sang

Rincez avec de l'eau gazeuse ou de l'eau froide. Puis frottez avec du bicarbonate ou de l'eau oxygénée. Pour les taches tenaces, faites une pâte avec du bicarbonate et de l'eau oxygénée. Ou frottez avec du dentifrice.

Vous pouvez aussi mettre le vêtement taché à tremper dans de l'eau salée froide. Frottez avec du shampooing et passez au lave-linge.

Sauce soja

Épongez au maximum. Lorsque la tache est pratiquement sèche, mélangez 1/4 d'alcool et 3/4 de liquide vaisselle. Détrempez la tache avec ce liquide et laissez agir pendant 15 minutes. Rincez à l'eau chaude et frottez avec de la lessive liquide. Répétez le processus plusieurs fois et passez au lave-linge.

Sauce tomate

Retirez le maximum avec une serviette, mouillez avec de l'eau gazeuse. Épongez soigneusement puis frottez la tache avec de la glycérine et laissez agir pendant une demi-heure. Recouvrez avec votre lessive habituelle, du shampooing ou du liquide vaisselle et frottez. S'il reste des traces, frottez-les avec un mélange d'1/3 d'eau oxygénée et de 2/3 d'eau. Rincez et frottez avec un peu de lessive ou de shampooing et passez au lave-linge.

Stylo à bille

Placez du papier absorbant sous la tache. Vaporisez la tache avec de la laque à cheveux. Vous pouvez aussi utiliser de l'alcool à brûler.

Suie et fumée

Secouez le vêtement, saupoudrez-le généreusement avec du talc ou de la fécule de maïs. Laissez agir et secouez à nouveau avant de passer au lave-linge.

Transpiration

Frottez les marques de transpiration avec du bicarbonate. Si elles sont très incrustées, faites une pâte et laissez agir pendant quelques heures avant de passer au lave-linge.

Ou frottez-les avec une solution d'eau et de citron ou de vinaigre, et passez au lave-linge.

Vernis à ongle

Faites un test pour vous assurer que la couleur de votre vêtement résiste au dissolvant. Si c'est le cas, mettez du coton, du papier absorbant ou un vieux torchon en coton sous la tache et attaquez-la avec du dissolvant. Lavez comme d'habitude.

Vin
Arrosez immédiatement avec de l'eau gazeuse. Saupoudrez avec du sel. Rincez avec du vinaigre et lavez comme d'habitude. Ou versez du vin blanc sur le vin rouge, puis mettez du sel.

Lavage des couettes et des doudounes
Pour laver votre couette synthétique ou votre doudoune, mettez-la au lave-linge avec quelques balles de tennis pour éviter que la garniture ne se mette en boule et ne vous fasse ressembler à Quasimodo.

Si vous les passez au sèche-linge, n'oubliez pas les balles de tennis pour les mêmes raisons. Et en plus, les balles absorberont l'électricité statique.
Lorsque vous passez des vêtements fragiles ou légers dans le sèche-linge, mettez aussi une serviette mouillée. La serviette restera mouillée plus longtemps que le linge délicat, ce qui évitera qu'il ne soit trop sec pour le repassage et qu'il n'emmagasine de l'électricité statique.

Une autre astuce pour éliminer l'électricité statique dans le sèche-linge, c'est d'y mettre une feuille de papier alu ou un chiffon sur lequel vous aurez vaporisé du vinaigre blanc. Ajoutez quelques gouttes de parfum si l'odeur vous déplaît.
Les lingettes pour sèche-linge remplissent également ce rôle, mais elles sont très polluantes. La solution, c'est de fabriquer vos propres lingettes écologiques : imbibez un torchon propre d'un mélange d'eau et de liquide assouplissant. Essorez-le et glissez-le dans le séchoir avec votre linge.

Attention : les lingettes pour sèche-linge, achetées ou fabriquées, encrassent le filtre du sèche-linge. Lavez-le régulièrement avec une brosse à ongles ou une vieille brosse à dents et de l'eau chaude avec du liquide vaisselle. Votre sèche-linge durera plus longtemps et vos factures seront moins élevées.

Le repassage de l'extrême

Il n'y a que dans le *Docteur Jivago* que le repassage donne l'impression d'être une activité follement romantique. En filmant la très belle Lara (Julie Christie), penchée sur sa planche, avec un rayon de soleil qui l'éblouit sous les yeux amoureux de Youri (Omar Sharif), David Lean parvient à idéaliser cette corvée ! Enfin, depuis Jivago, un excentrique a compris que le repassage était un sport de l'extrême et propose donc d'emmener une planche et un fer pour repasser dans les endroits les plus inattendus. Il entend ainsi associer "les sensations fortes d'un sport dangereux avec la satisfaction d'une chemise bien repassée".

Les aventurières le suivront, les autres associeront avec bonheur le repassage dans leur salon en visionnant un bon film. Ça dépayse autant.

Le linge qui n'est pas trop sec ou encore un peu humide est beaucoup plus facile à repasser.

Repassez à l'envers, sauf le coton, pour éviter que vos tissus ne brillent.

Pour repasser plus vite que votre ombre, mettez du papier alu sur votre planche à repasser, sous la housse, côté brillant sur le dessus pour réfléchir le maximum de chaleur.

Défroissez les pantalons en les passant au sèche-linge pendant 5 minutes à basse température avec une chaussette mouillée et une lingette pour sèche-linge achetée ou fabriquée par vos soins.

Défroissez les robes, manteaux et costumes en les suspendant au-dessus d'un bain chaud.
Ou contre la vitre ou le rideau de la douche, tout en dirigeant un jet d'eau très chaude contre le mur. La vapeur fera disparaître les faux plis.

Les plis de pantalon seront impeccables si, avant de le repasser, vous retournez le pantalon à l'envers pour frotter, à l'endroit du pli, une savonnette légèrement humide. Remettez le pantalon à l'endroit et repassez-le avec une pattemouille.
Ou trempez un torchon dans un mélange moitié eau moitié vinaigre. Essorez le torchon, posez-le sur le pli et repassez. L'odeur du vinaigre disparaît dans le quart d'heure qui suit.

Pour que votre chemise blanche reste immaculée plus longtemps, saupoudrez-la de talc avant de la repasser.

Vous n'avez pas d'amidon ? Dissolvez entièrement 1 cuiller à soupe de fécule de maïs dans un demi-litre d'eau froide. Versez dans un vaporisateur. Secouez vigoureusement avant chaque utilisation.
Attendez avant de ranger le linge que vous venez de repasser sinon il risque de moisir.

Nettoyage du fer

Débouchez votre fer, en remplissant le réservoir à eau de vinaigre. Faites chauffer le fer. Une fois que le fer est chaud, appuyez sur le bouton vapeur 4 ou 5 fois. Toute la saleté accumulée va disparaître. Videz le vinaigre et rincez soigneusement avec de l'eau.

Nettoyez la semelle de votre fer en le passant sur une lingette pour sèche-linge pendant qu'il est encore tiède.

Saupoudrez un peu de sel sur du papier absorbant et passez le fer à repasser dessus plusieurs fois pour enlever toutes les impuretés collées sous la semelle.

Votre fer laisse des traces jaunâtres, frottez la semelle avec un chiffon trempé dans du vinaigre puis dans du sel fin. Essuyez avec un chiffon sec.

Vous avez repassé un tissu synthétique avec un fer trop chaud et maintenant il y a des fibres collées sous le fer. Laissez refroidir le fer puis frottez la semelle du fer avec du dissolvant pour vernis à ongle afin de faire partir les fibres fondues et collées.

LA COUTURE

Les secrets de couturières

Sans être Jean-Paul Gaultier, autodidacte de génie, il y a des moments dans la vie d'une femme ou d'un homme où il faut assurer avec du fil et une aiguille pour faire face à l'urgence de recoudre un ourlet défait, un bouton arraché ou une couture décousue juste avant une réunion importante. Il faudrait toujours avoir sur soi un petit kit de couture d'urgence, mais si vous n'en avez pas et que votre ourlet est défait, priez le ciel pour qu'il vous reste du ruban double face qui avait servi pour poser la moquette du salon, un rouleau d'adhésif de bricolage ou de sparadrap.

Aiguisez vos ciseaux en coupant plusieurs fois dans une feuille de toile émeri.

Si vous avez du fil et une aiguille, mais que vous n'avez jamais eu le niveau pour vous présenter aux présélections du Dé d'Or, voici quelques trucs qui vous aideront à maîtriser le fil rebelle.

Ne coupez pas un morceau trop long, pas plus de 40 cm, sinon il risque de faire des nœuds. Et enfilez toujours l'extrémité libre du fil que vous venez de couper pour éviter qu'il ne fasse des nœuds. Pour plus de précaution, passez l'aiguille enfilée dans une lingette pour sèche-linge (achetée ou que vous avez fabriquée) et votre fil ne s'emmêlera pas.
Enfilez le fil facilement en le coupant en biais et en mouillant le chas de l'aiguille plutôt que le fil.

Si le fil a tendance à s'effilocher, vaporisez un peu de laque ou d'amidon dessus.

Pour changer un élastique sans difficulté, attachez l'élastique neuf à l'ancien avec une épingle de sûreté et tirez sur l'élastique à remplacer. N'oubliez pas de maintenir l'autre extrémité.

Vous avez des problèmes pour coudre des boutons à quatre trous ? Cousez-les deux par deux, c'est plus facile. Une fois que vous avez cousu les deux premiers trous, faites un nœud et coupez le fil. Puis cousez les deux autres trous.

Une fois qu'ils sont cousus, renforcez le fil des boutons des chemises en passant un peu de vernis à ongle sur le centre de chaque bouton.

Si vous êtes en panne de fil pour coudre vos boutons blancs, utilisez du fil dentaire, beaucoup plus solide que le fil ordinaire.

Lorsque vous cousez des boutons sur un tissu léger, placez sous le tissu, à l'emplacement du bouton, une petite rondelle de tissu. Cousez le bouton en même temps que la rondelle. Le tissu sera moins fragilisé.

Pour coudre des boutons sur du cuir, du daim ou de la fourrure, faites la même chose avec une rondelle de cuir ou de daim. Vous pouvez remplacer la rondelle par un petit bouton plat.
Lorsque vous cousez des boutons sur du tissu épais, coincez une allumette entre le tissu et le bouton. Une fois que vous avez cousu le bouton, retirez l'allumette et enroulez plusieurs fois, très serré, le fil autour du fil qui maintient le bouton.

Pour découdre un bouton sans risquer de couper le tissu, coupez le fil sur le bouton ou coincez le fil entre les dents d'une fourchette et coupez le fil entre le bouton et les dents de la fourchette.

Frottez l'envers d'un bouton de jean un peu dur avec du savon sec pour pouvoir le fermer facilement.

Les ourlets que l'on ne descend pas laissent une marque que vous pouvez essayer d'effacer à condition que le tissu n'ait pas déteint. Frottez la marque avec une brosse à dents trempée dans de l'eau additionnée d'un peu de vinaigre. Répétez plusieurs fois et repassez.

Vous pouvez aussi passer un morceau de savon sec sur la marque de l'ourlet. Recouvrez d'un papier absorbant ou d'un chiffon propre et passez un fer chaud sur la marque de l'ourlet.

Réparez temporairement un accroc sur votre jean avec de l'adhésif pour bricoleur. Mettez le jean à l'envers, rapprochez les bords de l'accroc autant que possible et collez l'adhésif. Passez un fer à repasser chaud sur l'adhésif. Cette réparation de fortune résiste au lavage.

Fabriquez votre colle pour tissus et cuirs
Faites fondre à feu doux 1 sachet de gelée alimentaire dans 3 cuillers à soupe d'eau dans une casserole. Lorsqu'elle est fondue, ajoutez 3 cuillers à soupe de vinaigre et 1 cuiller à café de glycérine. Mélangez soigneusement. Cette colle doit être appliquée chaude. Conservez le surplus dans un petit bocal en verre ou en plastique et faites-la chauffer avant la prochaine utilisation.

Les fermetures Eclair® "à glissière" s'usent vite. Lorsqu'elles accrochent, vaporisez-les avec de l'amidon en bombe ou frottez-les doucement avec une bougie, du savon, une goutte d'après-shampooing, un soupçon de baume à lèvres ou la mine d'un crayon à papier.

Remplacez le curseur cassé avec un trombone.

Si vous devez changer une fermeture Eclair®, pour éviter qu'elle ne gondole une fois cousue, trempez-la dans l'eau et laissez-la sécher avant de la coudre.

Quelques créations rapides
Confectionnez rapidement un tablier pour un enfant. Prenez une taie d'oreiller rectangulaire et découpez un demi-cercle dans

le haut, et 2 autres sur les côtés pour les manches. Et voilà. Pour un tablier de peinture pour votre chérubin, faites la même chose avec un sac poubelle.

Les bas et les collants

C'est en faisant des pubs pour les bas et les collants que Diane Kurys et Luc Besson font leurs premières armes en publicité. Pour avoir "des jambes bouleversantes" comme dans les pubs, ce sont des accessoires indispensables mais terriblement éphémères. Pour prolonger un peu leur vie et réduire votre budget bas et collants, voici quelques astuces.
Trempez vos bas et collants neufs dans l'eau froide et mettez-les une nuit au congélateur pour qu'ils durent plus longtemps. A moins d'aimer les sensations fortes, faites-les sécher et repassez-les avant de les mettre. Le repassage avec un fer réglé sur synthétique les rendra plus solides.

Laissez-les pendant quelques heures dans l'eau froide vinaigrée.

Un trempage dans de l'eau chaude salée les rend également plus solides. Mélangez 1 tasse de sel à 2 litres d'eau chaude et trempez-y vos bas et collants pendant quelques heures.

Ajoutez du vinaigre ou un morceau de sucre fondu à l'eau de rinçage de chaque lavage.

Vaporisez les orteils et les talons des bas et des collants avec de la laque après chaque lavage.

Pour enfiler des bas ou des collants sans risques, mettez une paire de gants.

Stoppez une maille qui file avec une goutte de vernis incolore, un jet de laque, une pointe de colle, un morceau de savon humide ou un peu d'eau sucrée.

Pas de squelettes dans les placards

Les mites

Tuez les œufs de mites en passant le vêtement que vous soupçonnez d'être infesté dans le sèche-linge.

Romarin, menthe, thym et clou de girofle

Les tisseurs et les fileurs d'autrefois utilisaient des sachets contenant du romarin, de la menthe, du thym et des clous de girofle. Pour en mettre dans tous vos placards et vos tiroirs, mélangez 200 g de romarin, 200 g de menthe, 100 g de thym, 2 cuillers à soupe de clous de girofle et divisez dans des petits sachets.

Vous pouvez aussi mettre une poignée de romarin, de menthe, de sauge, 1 cuiller à soupe d'écorces de citron et 1 cuiller à soupe de cannelle dans des petits sacs.

Les mites n'aiment pas le poivre. Faites des petits sachets remplis de poivre pour mettre dans les placards et les tiroirs.

Désodorisez vos placards

Mettez un récipient ouvert contenant du marc de café ou du bicarbonate dans vos placards.

Accrochez des lingettes pour sèche-linge achetées ou un torchon imbibé d'assouplissant pour lessive.

Avant de ranger une valise, mettez-y une lingette pour sèche-linge.

Des chaussures impeccables

Il n'y a rien de pire qu'une paire de chaussures sales. Ça fait désordre, surtout si tout le reste est impeccable. Une fois vos chaussures cirées, attendez une dizaine de minutes avant de les faire briller avec un collant usagé, un chiffon de laine préalablement tiédi sur le radiateur en hiver ou une peau de chamois. Et pour leur donner un brillant exceptionnel, après les avoir cirées, vaporisez un peu de laque fixation forte et faites briller.
Vous n'avez plus de cirage sous la main et il faut que vos chaussures soient impeccables ? Pas de panique. Astiquez vos chaussures avec l'intérieur d'une peau de banane.
Vous n'avez pas de bananes ? Alors frottez vos escarpins préférés avec des tranches de pomme de terre crue, puis faites-les amoureusement briller avec un chiffon doux ou une peau de chamois.

Nettoyez vos chaussures avec une lingette pour bébé et faites-les briller avec un petit coup de lingette pour sèche-linge ou de l'assouplissant sur un chiffon, ou bien encore de l'après-shampooing.

Vaporisez-les avec du dépoussiérant pour les meubles et faites-les briller.

Appliquez un peu de vaseline sur vos chaussures, bottes, vestes de cuir et autres peausseries préférées pour les nourrir, les faire briller et les imperméabiliser.

Un peu d'huile végétale, d'huile de ricin ou de crème pour les mains sur un chiffon doux et vos chaussures seront étincelantes à vos pieds.
Du jus de citron donnera un joli poli aux chaussures de cuir noir ou marron. Faites-les briller avec un chiffon doux, une peau de chamois ou un vieux bas.

Enlevez les taches d'eau sur le cuir en les frottant avec un chiffon propre trempé dans un mélange de vinaigre et d'eau.
Pour les autres taches, utilisez de l'alcool à brûler sur le cuir foncé et de l'essence sur le cuir clair.

Pour détacher et nourrir des chaussures en cuir blanches, utilisez du lait démaquillant.

Utilisez quelques gouttes de dissolvant pour enlever des traces sur des chaussures en cuir blanches.

Nettoyez des chaussures vernies avec un peu de vaseline puis faites-les briller avec un chiffon doux ou une peau de chamois.

Effacez les rayures sur les chaussures en cuir verni en les frottant avec de l'huile de bain pour bébé sur un chiffon doux.

Pour les faire étinceler, essuyez-les avec un chiffon doux imbibé de vinaigre.

Frottez les traces de sel sur les chaussures en hiver avec un chiffon doux imbibé d'un mélange fait avec une cuillère à soupe de vinaigre pour une tasse d'eau.

Nettoyez des chaussures en daim avec une brosse à dents trempée dans un mélange d'eau et d'ammoniaque en quantités égales. Séchez immédiatement.

Pour faire disparaître les taches de graisse sur des chaussures en daim, frottez les taches avec une brosse à dents trempée dans du vinaigre ou de l'éther.

Pour enlever des marques sur le daim, frottez-le avec un peu de mie de pain, une gomme à crayon, une lime à ongle ou du papier de verre très fin.
Redressez les poils lustrés du daim en mettant la partie brillante au-dessus d'un bain de vapeur puis en frottant avec une lime à ongle ou du papier de verre très fin.

Pour noircir du daim qui a perdu un peu de couleur, passez-le avec précaution au-dessus d'une flamme de bougie.

Vous avez dansé sous la pluie et vos chaussures sont trempées.

Bourrez-les avec du papier absorbant ou un vieux journal. Une fois qu'elles sont bien sèches, et uniquement si elles sont en cuir, enduisez-les de vaseline. Le lendemain cirez-les.

Non seulement vos chaussures ont pris l'eau mais en plus elles ont déteint sur vos pieds. Ils ont d'ailleurs une drôle de couleur fort peu appétissante. Bourrez les chaussures avec du papier journal froissé. Une fois que vos chaussures sont bien sèches, frottez l'intérieur avec un chiffon imbibé d'alcool à brûler ou appliquez une fine couche de vernis incolore.

Vos divins escarpins sont un peu serrés. Versez de l'eau bouillante dans une grande casserole que vous recouvrez d'une grille. Mettez les escarpins au-dessus de la vapeur. Et lorsqu'ils seront bien souples, chaussez-les pour être la plus belle pour aller danser. Les semelles en crêpe de vos chaussures sont devenues un peu collantes, ce qui est très gênant pour les détectives comme pour les autres d'ailleurs. Saupoudrez généreusement les semelles avec du talc. N'oubliez pas de l'essuyer avant de les remettre.

Pour imperméabiliser la semelle en cuir de votre somptueuse nouvelle paire de sandales, frottez-la avec de l'huile de ricin.

Pour retirer l'affreux chewing-gum collé sous la semelle de vos petites mules d'été, vaporisez un bon coup de dégrippant sur l'intrus et laissez agir quelques minutes pour pouvoir l'arracher sans effort.

Pour désodoriser les chaussures de sport et même les autres, mettez un peu de bicarbonate. Videz-les dans les toilettes avant de les remettre. Et si vous oubliez de les vider, ce n'est pas grave. Le bicarbonate absorbera la transpiration pendant l'effort.

Les lingettes pour sèche-linge rempliront le même office avec bonheur.

Et n'oubliez pas le proverbe amérindien qui recommande de ne jamais juger un homme avant d'avoir fait 2 kilomètres dans ses mocassins.

UN PEU DE MAGIE À LA CUISINE

Votre petit chéri vient de vous téléphoner qu'il arrive à la campagne avec son patron pour dîner. Il n'y a pas grand-chose dans les placards, il est trop tard pour faire des courses et impossible de se faire livrer des dim sum, des sushi ou un curry correct dans votre coin perdu. Le problème, c'est que vous n'êtes pas une surdouée des fourneaux, mais si vous servez un désastre votre jules n'y survivra pas. Il ne vous reste plus qu'à faire preuve de créativité.

Les solutions quand les magasins sont fermés pour remplacer les produits de base

Commencez par mettre de la musique, ça vous donnera du courage. N'oubliez pas qu'il va falloir ruser sans se faire prendre. Dites-vous bien que certaines grandes inventions culinaires sont nées dans l'urgence et parce qu'il manquait un ingrédient habituel. Mais si ! Les cornets de glace par exemple, ont été improvisés en catastrophe par un petit malin qui vendait de la pâtisserie syrienne à côté d'un vendeur de glace en panne de petits pots à l'exposition universelle de Saint-Louis en 1904. Ernest Hamwi le dégourdi a eu l'idée de génie de rouler un morceau de pâte en cône qu'il a tendu au vendeur en rupture de pots en lui suggérant d'y mettre sa glace.

Alors si vous n'avez pas d'alfalfa, ce n'est pas grave, utilisez du cresson et voilà. Ils n'y verront que du feu !

4 épices : 1/4 de cuiller à café de cannelle en poudre, 1/4 de cuiller à café de noix de muscade en poudre, 1/4 de cuiller à café de clou de girofle en poudre et 1/4 de cuiller à café de poivre blanc si vous faites de la pâtisserie, sinon 1/4 de cuiller à café de poivre noir.
Aneth : grains de cumin, la partie verte du fenouil, un peu d'anis ou 2 gouttes de pastis.
Anis : fenouil, cumin ou un peu de pastis.
Basilic séché : estragon.
Cannelle : tout-épices (aussi appelé 4 épices ou poivre de la Jamaïque) en moindre quantité ou cardamome.
Cardamome : cannelle ou macis.
Carvi : fenouil, cumin ou anis.
Chocolat : 1 carré de chocolat peut être remplacé par 3 cuillers à soupe de cacao plus 1 cuiller à soupe de beurre ou de margarine.
Ciboulette : la tige verte des oignons frais ou la partie verte du poireau, mais en moindre quantité.
Citron : remplacez 1 cuiller à café de jus de citron par 1/4 de cuiller à café de vinaigre.
Citronnelle : zeste de citron frais râpé.
Clou de girofle : 4 épices, noix de muscade ou macis.
Cognac : whisky.
Coriandre fraîche : persil et jus de citron ou sauge et zeste d'orange ou persil et menthe.
Coriandre en poudre : cumin et carvi, ou sauge et citron ou 4 épices et citron.
Crème : yaourt ou un demi-verre de lait concentré et un demi-verre de lait ou lait et beurre. Remplacez 250 ml de crème par 220 ml de lait et 3 cuillers à soupe de beurre.
Crème fouettée : battez le jus d'un demi-citron avec 1 boîte de lait concentré. Vous pouvez aussi battre vigoureusement 1 tasse de lait en poudre dans 1 tasse d'eau glacée avec 2 cuillers à café de sucre pendant 5 minutes à utiliser immédiatement. Ou battez 1 banane écrasée avec 1 blanc d'œuf en neige très ferme avec 1 cuiller à café de sucre.

Curcuma frais : 1 cuiller à café de poudre remplace 2,5 cm de racine fraîche.
Dattes : raisins secs ou figues sèches ou pruneaux. Ecorces d'oranges ou de citron séchées : zestes d'oranges ou de citron non traités.
Genièvre : remplacez des baies de genièvre par quelques gouttes de gin ou des feuilles de laurier, des graines de carvi et quelques feuilles de menthe fraîche hachées.
Gingembre frais : 1 cuiller à café de gingembre en poudre et un quart de cuiller à café de poivre blanc et 1 cuiller et demie à café de jus de citron remplacent 1 cuiller à soupe de gingembre frais râpé.
Gingembre en poudre : macis ou noix de muscade en poudre et zeste de citron.
Huile : dans une recette de gâteau, remplacez l'huile que vous n'avez pas ou réduisez la quantité d'huile en la remplaçant par de la compote de pomme.
Huile de noix : ajoutez 1 pincée de curry à votre huile de tournesol, de colza ou de pépins de raisin.
Lait : uniquement dans la pâtisserie, remplacez par la même quantité de jus de fruit plus une demi-cuiller à café de bicarbonate mélangé à la farine. Dans les autres recettes, remplacez par de la crème liquide et diminuez la quantité de beurre ou de matière grasse.
Lait de coco frais : lait de coco en boîte ou en poudre ou 3 cuillers à soupe de noix de coco râpée battue dans 1 tasse de lait.
Lardons : vous n'avez plus de lardons pour mettre dans la quiche lorraine, remplacez-les par du saumon fumé.
Levure chimique : vous n'avez plus de levure pour faire un gâteau, remplacez 1 sachet de levure par 1/4 de cuiller à café de bicarbonate et un demi-verre de crème. Réduisez la quantité de liquide de la recette en conséquence. Ou par 1/4 de cuiller à café de bicarbonate et une demi-cuiller à café de vinaigre ou du jus de citron et une demi-tasse de lait.

Macis : noix de muscade ou 4 épices.
Noix de coco fraîche : noix de coco râpée trempée dans du lait (de vache) pendant 10 minutes.
Noix de muscade : macis ou 4 épices.
Œufs : remplacez les œufs dans une recette de gâteau par 1 cuiller à café de vinaigre ou 1 cuiller à café de levure pour 1 œuf.
Oignon ou échalote : 1 cuiller à café d'oignon en poudre ou du poireau haché.
Oignon frais : ciboulette ou la partie verte du poireau mais en moindre quantité.
Orange (écorce ou zeste) : écorce de citron ou de citron vert, marmelade, Grand Marnier, Cointreau ou curaçao.
Pancetta : bacon ou jambon fumé coupé en tranches très fines.
Pignons de pin : pistaches, amandes effilées, noix ou noix de cajou.
Pruneaux : dattes, raisins secs ou abricots séchés.
Rhum : cognac.
Saké : porto sec ou vermouth.
Sel : poivre, paprika, piment, jus de citron, vinaigre, sauce de soja ou un peu de moutarde.
Sauge : romarin ou marjolaine.
Thym : laurier ou marjolaine.
Vanille (extrait pour la cuisine) : extrait d'amande.
Vinaigre : jus de citron ou jus de pamplemousse dans les salades ou vin dans les marinades.
Vinaigre balsamique : vinaigre de Xérès.
Vinaigre de champagne : vinaigre de cidre.
Vinaigre de riz : vinaigre de cidre.
Vinaigre de vin : 2 cuillers à soupe de vinaigre de cidre avec 1 cuiller à soupe de vin rouge.
Yaourt : crème fraîche.

Comment rattraper ses ratés sans rien dire aux invités

Vous pouvez fuir ou vous pouvez essayer de sauver la situation. Si vous optez pour cette deuxième solution, vous trouverez toutes les astuces qui vous sauveront la mise dans les pages qui suivent...

La béchamel est remplie de grumeaux

Versez-la dans une passoire très fine et fouettez-la énergiquement avec un fouet ballon pour la faire passer à travers les mailles. Remettez-la sur le feu pour la réchauffer. Et cachez immédiatement ces objets compromettants dans le lave-vaisselle. Même sous la torture, n'avouez jamais qu'il vous arrive de rater votre béchamel. Ces petites faiblesses ne regardent personne, pas même votre psy.

La sauce est trop liquide

Délayez hors du feu 1 cuiller à soupe de fécule de maïs dans 1 tasse d'eau et ajoutez à la sauce. Ou ajoutez 1 ou 2 cuillers à soupe de purée mousseline.

La sauce tomate des spaghettis ou du chili est trop acide

Ajoutez vite 1 pincée de bicarbonate.

La mayonnaise est en déroute

S'il vous reste 1 œuf, recommencez. Ajoutez de la moutarde, du sel et du vinaigre au jaune d'œuf. Montez votre deuxième mayonnaise en ajoutant l'huile goutte par goutte, puis progressivement la mayonnaise loupée.

La viande est trop cuite

Servez-la en sauce, dans un curry par exemple. Ou hachez-la et faites-en un chili.

Le poisson est trop cuit

Émiettez-le et faites un pâté ou une terrine de poisson.

Les légumes sont trop cuits
Réduisez-les en purée à laquelle vous ajoutez des herbes et des épices. Vous pouvez aussi en faire une soupe.

Les pommes de terre sont trop cuites pour la purée
N'ajoutez pas de lait en bouteille mais du lait en poudre pour redonner un aspect appétissant à votre purée liquéfiée.

Le riz a brûlé
Retirez la cocotte du feu. Mettez un quignon de pain sur le riz et remettez le couvercle. Attendez 5 minutes, le temps que le pain absorbe l'odeur de brûlé. Mettez le riz qui n'est pas brûlé dans le plat de service et prenez un air dégagé.

La laitue est fanée
Pour lui rendre tout son croquant rapidement, plongez-la 2 secondes dans de l'eau chaude puis aussitôt dans de l'eau avec des glaçons. Elle retrouvera toute sa fraîcheur.

Les épinards aussi
Jetez-les dans un bain d'eau vinaigrée additionnée de 2 morceaux de sucre.

Le gruyère est sec
Pour le servir, malgré son état à la fin du repas, enveloppez-le pendant au moins 1 heure dans un linge mouillé avec du vin blanc. Il passera le test sans problème.

Le gâteau est brûlé
Coupez les morceaux brûlés et jetez-les dans la poubelle. Faites des tranches avec ce qui reste, mettez-les sur les assiettes, recouvrez-les avec de la glace et décorez avec ce que vous avez sous la main : amandes effilées, sauce au chocolat, coulis de fruit, caramel ou des fruits. Baptisez votre création d'un nom exotique et le tour est joué.

Le gâteau se démantibule

Coupez-le en petits morceaux. Prenez de jolies coupes dans lesquelles vous alternez une couche de gâteau, une couche de mousse au chocolat ou de crème, une couche de fruits et ainsi de suite. Décorez avec ce que vous avez et attribuez-en la paternité à une quelconque célébrité.

Le chocolat que vous avez fait fondre fait des grumeaux

Vous n'avez pas un désastre sur les bras, mais de quoi faire une ganache. Mettez-le dans un bol en métal que vous placez au bain-marie dans une casserole d'eau chaude. Ajoutez très lentement en fouettant continuellement un quart de tasse de crème épaisse pour 100 g de chocolat. Le chocolat va fondre et devenir une crème divinement onctueuse.

Votre sorbetière est en panne et vous voulez faire vite fait un sorbet à la banane

Épluchez les bananes, coupez-les en tranches et mettez-les dans un sac plastique au congélateur. Au moment de servir le dessert, sortez les bananes du congélateur et mettez-les dans le mixeur avec une cuiller à café de gingembre, du sucre, un jus de citron et broyez le tout. Mettez dans de jolies coupes et servez cet onctueux sorbet avec votre ganache par exemple.

Des petits bouts de bouchon flottent dans la bouteille de vin après un accident avec le tire-bouchon

Sortez une jolie carafe, un entonnoir et un filtre à café. Mettez le filtre dans l'entonnoir et l'entonnoir sur la carafe. Servez le vin qui sera parfaitement chambré pour le dîner.

Comment rattraper les excès quand on a mis TROP DE...

Dans le film *Sunshine* d'István Szabó, à Budapest, avant l'assassinat de l'empereur François-Joseph, papa Emmanuel Sonnenschein (David De Keyser) se plaint : "Il y a trop de sel dans cette soupe !" A quoi Valeria (Jennifer Ehle) répond : "La cuisinière doit être amoureuse !" Ce qui est effectivement le cas. Non seulement elle est amoureuse de son cousin Ignatz (Ralph Fiennes), mais en plus elle est enceinte. Amoureuse ou pas, vous avez eu la main un peu lourde, ne vous en faites pas, tout n'est pas perdu !

Trop d'ail

Faites mijoter un peu de persil pendant 10 minutes dans le plat trop aillé.

Trop d'alcool

Votre punch ou vos autres mélanges sont beaucoup trop alcoolisés, augmentez les doses des ingrédients non alcoolisés et mettez des rondelles de concombre dans les breuvages. Servez les boissons sans le concombre.

Trop de beurre, d'huile ou autre matière grasse

Si vous avez le temps, mettez le tout au congélateur pendant un moment, lorsque la surface commence à durcir, il ne vous restera qu'à enlever cette pellicule de graisse figée.

Sinon, mettez des glaçons dans la sauce ou la soupe. La matière grasse va se coller sur eux. Retirez-les rapidement. Répétez le processus aussi longtemps que nécessaire.

Vous pouvez aussi passer du papier absorbant ou du pain à la surface de la sauce ou de la soupe. Ils absorberont une partie de la graisse. Renouveler l'opération plusieurs fois.

Trop d'épices

Votre sauce est beaucoup trop épicée. Ajoutez un peu de crème, de lait, de lait de coco, de yaourt, de beurre ou d'huile.

Vous pouvez aussi, si vous avez le temps, refaire la même sans les épices. Retirez la moitié de la sauce trop *hot* et remplacez-la par celle que vous venez de faire.

Trop de sel

Épluchez une ou deux pommes de terre, coupez-les en gros morceaux que vous mettez dans la sauce trop salée pendant

15 minutes. Retirez les morceaux de pomme de terre avant de servir le plat.
Ou/et vous pouvez ajoutez un peu de sherry, un pot de yaourt ou de la sauce tomate selon la nature du plat à sauver. Vous pouvez aussi augmenter le volume du plat. Si c'est une soupe, rajoutez de l'eau et des légumes.

Trop de sucre

Vous avez forcé sur le sucre dans un dessert cuit ? Mettez un peu de sel.

Trop de vinaigre

Masquez vite les dégâts avec 1 pincée de bicarbonate.

Petites astuces volées aux grands cuisiniers

Ail

Retirez le germe et mettez l'ail à tremper dans un bol d'eau glacée pour le rendre plus digeste.
Pour l'éplucher plus facilement, passez les gousses au micro-ondes pendant 10 secondes.

Avocat

Ajoutez un noyau d'avocat à votre guacamole pour qu'il ne noircisse pas.

Conservez les avocats en les enfouissant dans de la farine.

Pour les faire mûrir, enveloppez-les dans du papier journal et mettez-les dans le bac à légumes du réfrigérateur. Si vous êtes pressée, mettez-les dans un sac en plastique avec 1 peau de banane. Fermez bien le sac. Ils mûriront rapidement.

Banane

Écrasez les bananes très mûres et conservez-les au congélateur pour faire des sorbets ou un cake à la banane.

Si vous n'aimez pas les bananes trop mûres, conservez-les au réfrigérateur : leur peau deviendra noire, mais les bananes resteront bien fermes.
Pour ne pas être envahi(e) par les petites mouches qui s'agglutinent autour des bananes, glissez une gousse d'ail entre les fruits ou encore mieux, conservez-les au réfrigérateur.

Boissons gazeuses

Les bouteilles entamées conserveront leurs bulles plus longtemps si, après avoir bien revissé le bouchon, vous les entreposez au réfrigérateur la tête en bas.

Bouchon

Vous n'avez pas de bouchon pour reboucher le vin ou le champagne. Sortez votre rouleau de ruban adhésif et bouchez soigneusement votre bouteille.

Café

Une pincée de cacao amer dans le café moulu lui donnera un arôme corsé sans le rendre amer.

Le café se conserve mieux au réfrigérateur. Et les grands stocks, au congélateur. Il gardera son arôme plus longtemps.

Si le café a tendance à vous énerver, ajoutez 1 pincée de bicarbonate à votre breuvage favori.

Cake aux fruits

Pour qu'il reste bien moelleux, enveloppez-le dès sa sortie du four sans le sortir de son moule dans une serviette épaisse jusqu'à ce qu'il soit complètement refroidi.

Céleri en branches

S'il a un goût amer, coupez le bout des tiges et mettez le céleri dans un récipient rempli d'eau avec 1 cuiller à café de sucre dans le réfrigérateur. Il se conservera plus longtemps et aura un goût plus agréable.

Champagne
Rafraîchissez-le rapidement en alternant des couches de glaçons et des couches de sel dans le seau à glace. Le champagne sera prêt à être servi en 10 minutes.

Champignons
Emincez les champignons avec un tranche-œuf.

Chocolat chaud
Une petite pincée de sel donnera encore plus de goût à votre chocolat.

Citron
Lavez toujours les citrons à l'eau chaude pour les rendre plus moelleux.

Pour extraire le maximum de jus d'un citron, usez de violence. Roulez-le sur la table en appuyant dessus très fort. Ou trempez-le dans de l'eau chaude puis très froide juste avant de le presser. Ou passez-le au micro-ondes pendant 30 secondes.

Vous n'avez pas de presse-agrume ? Piquez le citron d'un bout à l'autre avec une aiguille à tricoter, retirez-la et pressez.

Il ne vous faut que quelques gouttes de jus de citron ? Piquez le citron avec un cure-dent ou une allumette et pressez. Replacez le cure-dent ou l'allumette et mettez le citron au réfrigérateur. Conservez un citron entamé au réfrigérateur, retourné sur une soucoupe avec un peu de vinaigre ou de sel fin.

Un citron dont vous avez prélevé le zeste peut se conserver pendant 1 ou 2 semaines. Mettez-le dans un récipient rempli d'eau que vous changez tous les jours.

Conservez indéfiniment les citrons et les carottes au réfrigérateur dans des récipients remplis d'eau.

Crème fouettée
Elle sera plus légère en ajoutant un peu de lait glacé ou en la mettant au réfrigérateur dans un bol en acier 1 heure avant de la battre. Ajoutez toujours 1 pincée de sel ou de sucre pour qu'elle soit ferme.

Crêpes
Vos crêpes seront plus légères si vous remplacez la moitié du lait par de l'eau gazeuse ou de la bière.

Décorations d'urgence
Trempez des feuilles de rose, de lierre ou de ce que vous avez dans vos vases en ce moment dans du chocolat fondu. Les sortir et laisser le chocolat durcir.

Endives
Une pincée de cannelle transformera votre salade d'endives.

Film alimentaire étirable
Pour maîtriser le film alimentaire qui s'emberlificote lorsqu'on le déroule, il suffit de le ranger, dans son emballage, au réfrigérateur.

Fondue bourguignonne
Ajoutez quelques brins de persil dans l'huile chaude pour éviter les projections.

Fondue savoyarde
Ajoutez 1 pincée de bicarbonate à la fondue pour qu'elle soit plus digeste et pour lier tous les ingrédients.

Four
Vous n'avez plus de thermostat. Pour avoir une idée sur la température qu'il fait dans votre four, placez-y un bout de papier. S'il jaunit : le four est moyen ; s'il brunit : le four est chaud ; s'il noircit : le four est très chaud.

Fraises
Elles auront plus de goût si vous les arrosez de jus de citron juste avant de les servir.

Un tour de moulin à poivre et vos fraises seront transformées.

Utilisez un tranche-œuf pour les découper en tranches fines et décorer le dessert.
Elles peuvent être congelées entières à condition de les disposer bien à plat et sans les serrer sur une plaque. Saupoudrez-les de sucre en poudre et mettez la plaque au congélateur. Une fois congelées, vous pourrez les mettre dans un sachet ou une boîte pour les ranger facilement.

Framboises
Pour que les framboises de la veille restent fraîches, rangez-les dans un récipient et recouvrez-les d'une feuille de papier absorbant avant de les mettre au réfrigérateur.

Frites et fritures
Elles seront plus croustillantes si vous les mettez sur du papier kraft (qui n'a jamais servi) plutôt que sur du papier absorbant avant de les servir.
Un petit récipient avec du vinaigre près de la friteuse encouragera les odeurs de friture à se dissiper plus facilement.

Fromage
Pour éviter que le fromage ne moisisse, mettez 1 morceau de sucre dans la boîte à fromage ou une pincée de sel.

Et mettez-y aussi 1 brin de thym pour absorber les odeurs trop puissantes.

Fruits
Ils se conserveront plus longtemps au réfrigérateur, mais si vous préférez les mettre dans la corbeille à fruits, placez-y un bouchon en liège pour les garder un peu plus longtemps.

Pour faire mûrir les fruits plus rapidement, y compris les tomates, enveloppez-les dans du papier journal.

Gâteau

Pour démouler un gâteau qui s'accroche désespérément au moule, retournez le moule et recouvrez le fond d'un chiffon mouillé. Ou plongez le fond du moule dans l'eau froide.

Votre four chauffe un peu trop et vos gâteaux ont tendance à brûler sur le dessus ? Mettez un récipient d'eau à côté du moule à gâteau pendant la cuisson pour éviter les catastrophes.

Gélatine

Elle prendra plus rapidement avec une pincée de sel.

Glace

Il y a des paillettes à la surface de la glace que vous conservez au réfrigérateur. Pour éviter qu'elles ne se forment, mettez un morceau de plastique sur la glace, en appuyant bien fort pour le faire adhérer, avant de remettre le couvercle pour fermer la boîte. Les cornets de glace ne couleront plus si vous mettez 1 marshmallow ou une cuiller de beurre de cacahuète au fond du cornet avant d'y mettre la boule de glace.

Glaçons

Ne vous battez plus avec des glaçons collants. Mouillez-les avec un peu d'eau gazeuse.

Pour servir des glaçons originaux, mettez dans chaque alvéole du bac à glace, un petit fruit, une petite feuille ou des insectes si vous n'aimez pas particulièrement vos invités, et recouvrez d'eau avant de mettre le bac à glace au congélateur.

Et si vous voulez des glaçons aussi transparents que du cristal, faites bouillir l'eau, attendez qu'elle tiédisse et versez-la dans le bac à glace.

Lait
Le lait se conservera plus longtemps si vous ajoutez 1 pincée de sel.

Légumes
Conservez vos légumes plus longtemps en tapissant le fond de votre bac à légumes avec du papier absorbant et en enveloppant les légumes dans du papier aluminium.
Redonnez un peu de vigueur aux légumes raplapla en les faisant tremper dans de l'eau vinaigrée.

Légumes verts
Ils seront d'un vert éclatant si, avant de les faire sauter dans l'huile, vous ajoutez une pincée de curcuma.

Faites-les cuire dans très peu d'eau ou à la vapeur pour préserver les vitamines.

Ne les salez qu'au moment de servir pour qu'ils ne durcissent pas.

Otez le goût de conserve aux légumes en les passant rapidement dans une eau vinaigrée ou citronnée.

Lentilles
Ajoutez un peu de vinaigre et 2 morceaux de sucre à l'eau de cuisson pour qu'elles soient plus moelleuses et 1/4 de cuiller à café de bicarbonate pour éradiquer les flatulences.

Maïs
Si vous faites bouillir plutôt que griller les épis, ils seront plus moelleux avec un demi-verre de lait ajouté à l'eau de cuisson.

Melon
Lavez toujours les melons ou les pastèques avant de les découper.

Noix
Elles s'ouvriront plus facilement si vous les mettez à tremper pendant une nuit dans de l'eau salée. Le lendemain, donnez un petit coup de marteau et hop, les noix s'ouvrent sans résister.

Œufs

Évitez que les œufs durs ne se fendent en les perçant avec une épingle avant de les mettre dans l'eau de cuisson.

Ajoutez 1 cuiller à soupe de vinaigre ou quelques rondelles de citron à l'eau de cuisson.

Remuez-les de temps en temps pour que le jaune soit bien au centre.

Pour économiser de l'énergie et éviter que les œufs ne se fendent, mettez un linge plié au fond de la casserole, puis les œufs, recouvrez d'eau froide et faites bouillir l'eau pendant 1 minute. Retirez du feu et recouvrez la casserole avec un couvercle bien ajusté. Attendez que l'eau soit froide. Vos œufs seront cuits et la coquille intacte.

Vous ne savez plus quels sont les œufs cuits et quels sont les œufs crus. Faites-les tourner sur eux-mêmes sur le plan de travail ou la table. Les œufs cuits tourneront comme des toupies, les crus vont trembler.

Omelette

Pour qu'elle soit plus légère ajoutez une demi-cuiller à café de bicarbonate pour 3 œufs.

Oignon

Si vous l'aimez cru en salade, faites-le macérer pendant 5 ou 6 jours dans de l'huile d'olive. Il sera plus digeste.

Mâchez du chewing-gum ou faites brûler une bougie près de l'oignon pour éviter de pleurer en l'épluchant.

Lorsque que vous faites cuire des oignons ou de l'ail, mettez un petit bol avec du vinaigre sur la plaque de cuisson pour absorber ces odeurs envahissantes.

Vous faites du camping sauvage, vous manquez d'eau et la lame de votre couteau sent l'oignon, il ne vous reste plus qu'à couper des carottes pour éliminer l'odeur.

Pour chasser l'odeur des oignons cuits dans la poêle à frire, frottez-la avec des feuilles de menthe.

Pour effacer sur vos mains les odeurs d'ail, d'oignon ou d'échalote, sortez le tube de dentifrice et frottez-vous les mains avec la pâte blanche.

Ou frottez vos mains avec du vinaigre, du jus de citron ou de la levure chimique avant de les laver.

Orange et pamplemousse
Plongez-les dans l'eau bouillante pendant 5 minutes pour pouvoir les éplucher facilement et ne pas avoir de peau blanche sur les tranches.

Oseille
Elle est à la fois acide et âcre. Ajoutez un jaune d'œuf pour faire disparaître l'acidité et un jus de citron contre l'âcreté.

Faites-la fondre dans du beurre avant d'en mettre dans une omelette, elle aura meilleur goût.

Pâtes
Pour éviter que l'eau des pâtes ne déborde, frottez le haut de la casserole sur 4 cm avec de la margarine ou une autre matière grasse.
Gardez les pâtes au chaud pendant 1 heure en les mettant dans une passoire recouverte d'une assiette ou d'un couvercle, installée au-dessus d'une casserole d'eau bouillante.

Papier absorbant
Vous êtes en panne de papier absorbant ? Utilisez des filtres à café.

Piment

Ajoutez une pointe de piment en poudre à la glace à la vanille, au chocolat et à votre mousse au chocolat. Le mélange chocolat piment est absolument divin.

Maniez le piment frais avec précaution. Portez des gants pour le couper et n'oubliez pas de recouvrir le piment broyé ou émincé d'un film étirable si vous le conservez au réfrigérateur.

Poires

Pour les poires Belle-Hélène, faites pocher les poires dans de la limonade. Inutile d'ajouter du sucre.

Poisson congelé

Faites décongeler votre poisson en le mettant à tremper dans du lait pour lui redonner un goût de poisson frais qu'on vient juste d'attraper.
Pour tuer l'odeur du poisson qui cuit, mettez sur votre plaque de cuisson une casserole avec du vinaigre à laisser frémir doucement pendant 30 minutes.

Vos mains sentent le poisson ? Frottez-les avec du citron. Le vinaigre et le dentifrice sont tout aussi efficaces.

Pommes

Pour prolonger leur vie, mettez-les dans la corbeille de fruits avec la queue en bas.
Les pommes coupées ne jauniront pas si vous les arrosez de jus de citron ou en les passant dans du Sprite®.

Donnez un bain d'eau salée aux pommes ridées pour les défriper.

Pomme de terre

Roulez les pommes de terre épluchées dans la farine avant de les mettre à rôtir au four avec la viande. Elles seront beaucoup plus croustillantes et bruniront plus vite.

Évitez l'apparition de germes sur les pommes de terre en les conservant dans le bac à légumes du réfrigérateur avec une pomme.

Punch

Pour que le punch ou la sangria restent froids plus longtemps, faites congeler des grains de raisins à ajouter au dernier moment.

Purée

Pour qu'elle soit plus légère, ajoutez 1 pincée de bicarbonate aux pommes de terre pendant que vous les écrasez.

Riz

Le riz basmati est très fragile et se casse facilement. Pour éviter cela, mettez-le à tremper au moins 1 heure dans l'eau. Puis faites-le cuire dans cette même eau pour conserver les sels minéraux.

Le riz sera plus léger si vous ajoutez 1 cuiller à café de vinaigre ou de citron à l'eau de cuisson lorsqu'elle bout.

Salade

Lavez la salade feuille par feuille puis rincez-la dans de l'eau vinaigrée ou citronnée pour éliminer insectes et pesticides. Une fois dans le saladier, saupoudrez-la avec du sel pour qu'elle reste bien craquante.

Sardines à l'huile

Évitez les projections d'huile à l'ouverture en mettant la boîte au congélateur pendant 10 minutes avant de l'ouvrir.

Sel

Ajoutez des grains de riz dans le bocal à sel pour qu'ils absorbent l'humidité.

Tartes

Saupoudrez les tranches de pommes avec un peu de fécule de maïs, la plus facile à trouver en supermarché, avant de les mettre sur la pâte pour éviter que le jus des pommes ne dégouline partout.

Ou recouvrez le fond de la tarte avec de la poudre d'amandes avant d'y mettre les tranches de pommes.

Tomates

Elles sont plus faciles à couper avec un couteau à pain. La peau restera intacte et vous irez plus vite.

Vous pouvez aussi utiliser le tranche-œuf si elles sont bien fermes.

LE BRICOLAGE

Depuis que le bricolage est devenu un loisir à part entière, la moitié des bricoleurs sont des bricoleuses. Elles ont pris d'assaut le dernier bastion du mâle triomphant et manient le tournevis et la perceuse comme des chefs. Même si vous ne briguez pas le titre de championne, quelques trucs et astuces malins vous permettront de vous débrouiller.

Toutes les petites astuces pour épater son jules

Tout le monde n'a pas le grand bonheur d'avoir un mari bricoleur. Et si vous partagez la vie d'un réfractaire à cette activité, il n'y a pas trente-six solutions. Soit vous faites faire les travaux et peut-être que, totalement séduite par le plombier, vous déciderez de partir avec. Ou alors, vous vous lancez dans l'aventure extrêmement périlleuse du bricolage. Plus encore que le repassage, c'est un sport de l'extrême. Mais si ! Selon les chiffres donnés par les compagnies d'assurance, les accidents de bricolage et de jardinage sont la principale cause des accidents domestiques des personnes entre 25 et 45 ans en France. Alors vérifiez le matériel, ne faites pas d'imprudences, et portez des gants et de grosses lunettes de soudeur ou votre masque de plongée, les deux sont furieusement tendance. Ne faites pas l'impasse sur les lunettes en prétextant, comme Stéphane, qu'elles s'embuent. Pour y remédier, frottez simplement l'intérieur des verres avec un peu de mousse à raser ou du dentifrice et faites bien briller pour qu'il ne reste aucune trace. Ça vous évitera de vous retrouver aux urgences avec un éclat de carrelage dans l'œil.

Parmi les accidents les plus courants on trouve les coupures. Alors si vous dégainez le cutter, ne coupez jamais vers le pouce mais toujours en partant du pouce vers l'extérieur.

Vous avez cassé une ampoule en essayant de la changer et vous ne savez pas comment faire pour dévisser ce qui en reste dans la lampe. Vous aviez bien entendu éteint cette lampe avant de changer l'ampoule. Sinon faites-le immédiatement, puis coupez une pomme de terre en deux. Poussez vigoureusement la moitié de votre choix contre les restes de l'ampoule et dévissez sans vous couper. Si l'ampoule est en hauteur et que vous devez regarder vers le haut pour la dévisser, mettez votre masque de plongée ou empruntez le casque intégral du voisin.

Pour éviter d'avoir des problèmes en dévissant les ampoules, enduisez le pas de vis avec un peu de vaseline.

Ce sont surtout les hommes qui tombent des échelles avec 80 % des chutes à leur actif. Évitez la chute en vous assurant que l'échelle est bien calée, que les pieds sont bien en équilibre. Et pour ne pas marquer le mur, enfilez des chaussettes sur les montants de l'échelle qui le touchent.

L'art de manier les clous et le marteau

Pas question de vous ridiculiser comme Laurel et Hardy en train de bricoler dans *Les Bricoleurs* ou *Marchands de Poisson*. Alors voici quelques astuces pour maîtriser l'art délicat du maniement du marteau.
Assurez-vous qu'il est solidement fixé sur son manche car, toujours selon les compagnies d'assurances, les têtes de marteaux qui volent causent une grande partie des accidents domestiques.

Si la tête du marteau bouge sur son manche et que le manche est en bois, mettez-le à tremper toute une nuit dans un seau d'eau. Le bois va gonfler et le manche se dilater dans l'œil du marteau.

L'autre risque, c'est bien entendu les coups de marteau malencontreux sur les doigts. L'astuce pour éviter des souffrances inutiles, c'est d'utiliser un carré de carton dans lequel vous passez le clou. Comme ça vous tenez le carton et pas le clou.

Vous pouvez aussi utiliser une fourchette ou un peigne. Coincez le clou entre leurs dents, tenez le manche de la fourchette ou le bout du peigne et tapez.

Sacrifiez une balle de tennis pour donner des coups de marteau sans laisser de marques. Fendez la balle avec un cutter et enfilez-la sur le marteau.

Planter un clou dans du bois sans le fendre n'est pas à la portée de la première venue. Un coup de marteau sur la pointe du clou avant de le planter vous évitera ce désagrément.

Ou mieux encore, faites un pré-trou dans le bois avec une chignole ou la perceuse avant de planter le clou.

Si vous devez planter plusieurs clous dans un tasseau par exemple, évitez de les planter en ligne. Le bois se fendra. Faites d'abord de jolis pré-trous bien alignés avec la perceuse puis plantez vos clous sans risque.

Les virtuoses des vis et des tournevis

Les outils sont des éléments essentiels des films d'horreur, dans lesquels on retrouve fréquemment des tournevis enfoncés dans la tête des gens. Si c'est bien dans une vis que vous voulez enfoncer la pointe du tournevis, frottez l'extrémité de celui-ci avec de la craie pour éviter qu'il ne glisse dans la fente de la vis.

Enfoncez une vis plus facilement en l'enduisant auparavant de savon ou de matière grasse comme de la vaseline ou de l'huile. Elle sera aussi plus facile à dévisser et ne rouillera pas.

Si le bois dans lequel vous allez la fixer est très dur, frottez-la avec un peu de graisse ou de cire d'abeille.

Pour être sûre qu'une vis restera bien en place, trempez-la dans un peu d'ammoniaque avant de la visser.

Si elle bouge, enlevez-la, entourez-la d'une petite ficelle et trempez le tout dans de la colle avant de la remettre.

Ou retirez la vis, mettez un cure-dents dans le trou, coupez ce qui dépasse et revissez-la.

Si le trou est vraiment devenu beaucoup trop grand pour la vis, retirez-la, remplissez le trou avec de la paille de fer que vous enfoncez dans le trou avec un clou puis revissez la vis. La paille de fer coincera la vis comme le bois.

Des boutons de commode vacillent dans leur trou. Dévissez-les, trempez le bout de la vis dans du vernis à ongle, revissez et laissez sécher avant d'ouvrir les tiroirs.
Les vis coincées sont un vrai cauchemar. Si l'une d'elles est bloquée par de la peinture, chauffez-la avec la flamme d'un briquet pour ramollir la peinture en faisant bien attention de ne pas brûler le reste. La vis devrait sortir sans difficulté.

Pour débloquer une vis rouillée, chauffez votre tournevis et appliquez-le quelques instants sur la vis. La chaleur va dilater la vis qui se détachera de la rouille. Vous pouvez aussi mettre du pétrole sur la vis et laisser agir.

Nettoyez les vis rouillées dévissées en les faisant tremper une nuit dans du jus de citron, du cola, du Tabasco®, de l'eau oxygénée ou du pétrole.

Idem pour les écrous coincés sur les vis. Si vous n'avez pas de dégrippant sous la main, versez quelques gouttes des mêmes produits sur l'écrou et la vis. Laissez agir et dévissez sans problème.

Évitez que les vis, écrous et autres boulons ne rouillent ensemble en mettant un peu de vaseline ou de l'après-shampooing sur les 2 parties avant de les visser.

Dans la maîtrise des clous et des vis, la gestion des stocks tient une part aussi importante. Triez-les et rangez-les dans des pots à confiture ou de moutarde. Celles qui ont un coin bricolage pourront même faire un trou dans les couvercles et des trous dans une étagère pour visser les couvercles sous l'étagère.

Percez un couvercle de pot de plus. Mettez votre bobine de ficelle toute neuve dans le pot. Tirez l'extrémité de ficelle qui est à l'intérieur de la bobine et passez l'extrémité de la ficelle dans le trou du couvercle. Vissez le couvercle. Et voilà, votre ficelle ne s'emmêlera pas.

Le maniement de la perceuse

Même si on n'envisage pas de percer un coffre-fort, quelques précautions s'imposent si on veut faire des trous sans que cela ne se transforme en parcours du combattant (ou de la combattante) et sans risquer de faire un petit séjour aux urgences.

Pour juger de la profondeur du trou à faire, faites une marque sur la mèche de la perceuse avec de la craie, un bout de scotch coloré ou du ruban adhésif.

Percer des trous dans le plafond est toujours une aventure assez périlleuse, imposant le port de lunettes et d'une casquette, sans compter le ménage après. Ne renoncez pas, il y a une solution à condition d'accepter de sacrifier sur l'autel du bricolage le bouchon de votre aérosol de peinture ou de laque à cheveux ou une boîte de conserve vide, bien entendu. Percez un trou au centre de la base du bouchon ou de la boîte, enfoncez le bouchon sur la mèche pour que ce petit réceptacle collecte la plus grande partie de la poussière que vous ferez.

Les trous dans le carrelage ou autres surfaces en céramique ne tourneront pas au cauchemar si vous prenez la simple et élémentaire précaution de faire une croix sur le carrelage avec du ruban adhésif, du scotch ou du sparadrap et de percer au centre de la croix.

Avant de percer, prenez un clou et tournez-le plusieurs fois en appuyant pour marquer l'endroit à percer. La mèche risquera moins de glisser.

Lorsque le trou est fait et que vous avez mis une cheville, assurez-vous que la cheville passe bien dans le carrelage avant d'y mettre la vis. De cette façon, le carrelage ne se fendra pas.

Si vous passez à la vitesse supérieure en attaquant les vitres et les miroirs, prévoyez du mastic. Marquez l'endroit à percer au feutre. Faites un boudin de mastic que vous placez autour du point. Remplissez ce petit puits improvisé avec une goutte d'huile. Percez lentement en utilisant une mèche en carbone.

L'art délicat de reboucher les trous

Camoufler des trous dans un mur, c'est faisable. Tout dépend de l'urgence de la situation, de la taille du ou des trous et s'ils sont regroupés ou pas.
S'ils sont regroupés, vous pouvez, s'il y a le feu au lac, accrocher un tableau, un poster ou votre brevet de natation par-dessus. Si vous n'avez pas de tableau et que les trous sont suffisamment regroupés, mettez un cadre autour et dites que c'est votre dernière création artistique.

Sinon, toujours dans l'urgence, à condition que les murs soient blancs et que les trous soient petits, remplissez-les avec du dentifrice. Si vous avez du temps devant vous, une fois le dentifrice bien sec, vous pourrez peindre par-dessus.

Il vous reste de la peinture jaune avec laquelle vous avez peint les murs du salon et vous avez de l'enduit ou du plâtre de rebouchage, les dieux sont avec vous ! Remplacez l'eau pour préparer l'enduit par de la peinture et remplissez les trous et les fissures sans avoir à peindre par-dessus.
Vous n'avez pas d'enduit et vous préférez un produit plus compact que le dentifrice ? Alors mélangez en quantités égales du sel et

de la fécule de maïs et ajoutez juste assez d'eau pour faire une pâte épaisse et souple. Remplissez le trou, laissez sécher et poncez.

Si le trou est important, comme le gros cratère laissé par le thermostat de l'aquarium de l'ancien locataire, plutôt que de mettre une tonne de plâtre de rebouchage, trempez du papier journal dans une petite quantité de ce plâtre, froissez-le, mettez-le dans le trou, enfoncez bien puis recouvrez avec le plâtre. Vous utiliserez moins de produit et vous éviterez du même coup les fentes qui apparaissent souvent plus tard. Puis recouvrez d'une couche de plâtre ou de votre mixture sel et fécule. Laissez sécher et poncez.

Pour les trous sur le mur extérieur, remplissez le trou avec de la paille de fer bien enfoncée, puis recouvrez d'enduit de rebouchage. Laissez sécher et poncez.

Le plâtre de réparation et l'enduit de rebouchage sèchent plus rapidement en utilisant de l'eau chaude dans la préparation.

Si au contraire vous souhaitez ralentir le séchage, ajoutez du vinaigre à l'eau utilisée pour le préparer. Comptez une demi-cuiller à café par litre d'eau.

Pour réparer des trous ou des bouts cassés sur du carrelage mural blanc, préparez un mélange de résine époxy et de talc.

La peinture dans tous ses états

Petites retouches

Les murs sont propres et en bon état, mais à force de laver autour des prises ou de certains endroits fréquemment salis, la peinture a pâli. S'il vous reste de la peinture d'origine et qu'elle est à base d'eau, vous pouvez rattraper les dégâts. Assurez-vous que les endroits à retoucher sont bien propres, puis enfilez vos gants en caoutchouc ou en latex et prenez une éponge que vous trempez dans l'eau. Essorez-la bien puis trempez-la dans la peinture. Commencez les retouches en partant du centre de la tache et faites des cercles comme pour laver une tache. Ne prenez que la peinture nécessaire pour recouvrir la tache plus claire. Continuez à faire des cercles pour atteindre les bords de l'endroit à recouvrir. Les touches doivent être plus légères sur les bords pour fondre les retouches dans la peinture d'origine.

La préparation

La peinture, ça demande beaucoup de préparation. Alors si vous avez décidé de repeindre toute la pièce, avant de vous lancer dans la peinture, il faut commencer par préparer le terrain. Couvrez et déplacez les meubles, recouvrez soigneusement les sols avec des cartons, de vieux draps ou de vieux rideaux de douche et lessivez les murs.

Mettez des gants, et sur le gant de votre main de travail, fixez un gant de toilette autour du poignet avec un élastique. Cette coquette décoration est destinée à empêcher l'eau de couler le long de votre bras.

Lessivez les murs, plafonds, portes, plinthes et fenêtres avec un demi-verre de vinaigre et 1/4 de verre de bicarbonate dans 4 litres d'eau chaude, ou un demi-verre de produit pour lave-vaisselle en poudre dans 4 litres d'eau chaude ou un demi-verre de gros sel dans un seau d'eau chaude.

S'ils sont très sales, mélangez 2 cuillers à soupe de bicarbonate, une demi-tasse de vinaigre et 1 tasse d'ammoniaque dans 1 seau d'eau chaude. Lessivez toujours du bas vers le haut pour éviter les marques de coulure. Inutile de rincer.

Une fois que tout est bien lessivé, enlevez les poignées ou protégez-les avec du papier aluminium ou du ruban adhésif. Ouvrez les fenêtres pour ne pas vous asphyxier. L'odeur de la peinture est parfois très forte. Pour la masquer, mettez un seau d'eau fraîche dans la pièce avec un oignon coupé en quatre.

Ajoutez 2 cuillers à café d'extrait de vanille à la peinture et mélangez bien. La vanille neutralise les vapeurs de peinture. Ou/et posez des pommes coupées en tranches sur une assiette.

Mettez un sac en plastique sur le bac à peinture avant d'y verser la peinture. Ça vous évitera d'avoir à le laver. Une fois que vous aurez terminé, jetez le sac et votre bac est propre.

Si malgré un planning soigneusement établi, vous êtes obligée de vous interrompre avant d'avoir fini, mettez votre rouleau dans un sac en plastique, idem pour votre pinceau, nouez soigneusement les anses du sac ou fermez-les avec un élastique et mettez le sac au congélateur, dans un compartiment à part. Lorsque vous serez prête à reprendre le travail, faites simplement décongeler vos pinceaux.

Utilisez de préférence une brosse plate, aussi appelée "queue-de-morue", pour les angles et un manchon, alias un rouleau, fin en mohair ou en mousse pour une finition lisse sur le plafond et les murs.

Commencez par le plafond, puis les murs, les portes, les fenêtres, les radiateurs et les plinthes.
Si vous repeignez la pièce de la même couleur, une couche suffira sûrement, mais si vous décidez de recouvrir une couleur plus foncée ou vive par une couleur claire ou du blanc, il faudra mettre une ou deux sous-couches de peinture grise. Si vous avez de la peinture blanche et de la peinture noire du même type, mélangez un peu de peinture noire dans la peinture blanche pour fabriquer votre base grise.

Pour transformer une peinture brillante en peinture mate, ajoutez du talc et mélangez soigneusement. Il y a 15 000 ans, les hommes des cavernes utilisaient déjà le talc dans leurs peintures.

À vos pinceaux

Le plafond

Commencez dans un angle. Peignez les coins au pinceau. Puis avec le rouleau, faites des bandes larges en partant toujours de l'angle mouillé.

Il faudra peut-être une deuxième couche. Dans ce cas, attendez avant d'attaquer le reste.

Les murs

Comme pour le plafond, faites les angles au pinceau en commençant par le haut. Si vous êtes droitière travaillez de la gauche vers la droite et *vice versa* pour les gauchères. Puis passez au rouleau pour peindre le mur.

Les portes

Retirez les poignées et coincez la porte pour qu'elle reste ouverte. Mettez de la vaseline ou de l'après-shampooing sur les gonds. Commencez par peindre l'encadrement, puis la porte.

Les fenêtres

Pour protéger les vitres, coupez de larges bandes de journal, mouillez-les et collez-les sur les vitres. Elles seront protégées et une fois le travail terminé, vous n'aurez aucun mal à décoller le journal.

Il vaut mieux peindre les fenêtres le matin pour qu'elles aient le temps de sécher et pour pouvoir les refermer le soir. Commencez par les montants, toujours du haut vers le bas, puis l'encadrement extérieur et l'encadrement intérieur.

Les radiateurs

Assurez-vous qu'ils sont froids pour les peindre. Utilisez une peinture adaptée au métal. Évitez les peintures à l'eau qui risquent de coller lorsque le radiateur est chaud.

Les plinthes

Vérifiez que le sol est toujours bien protégé. Vous pouvez aussi le protéger en mettant un carton entre le sol et la plinthe. Il suffit de le faire glisser au fur et à mesure que vous peignez.

Les tuyaux

Avant de peindre les tuyaux métalliques de la maison ou les meubles en métal, lavez-les avec du vinaigre pour les empêcher de s'écailler.

Le grillage

Pour peindre un grillage, le mieux c'est de le faire avec votre petit chéri. Vous vous installez de chaque côte du grillage, et vous peignez rouleau contre rouleau. Expliquez-lui avec douceur que c'est simplement une variante du joue contre joue.

La clôture

Pour peindre une clôture en bois, utilisez un manchon. Il couvrira tout rapidement.

Les taches

Si malgré toutes vos précautions, vous avez fait quelques taches sur le parquet, recouvrez-les avec de l'huile d'olive. Laissez agir 5 minutes et frottez doucement avec de la paille de fer. Une fois que la peinture est partie, passez un chiffon mouillé sur l'endroit que vous venez de poncer.

Les taches de peinture sur le plastique, le verre, le carrelage partiront en les frottant avec de l'alcool pour les ramollir, puis en les détachant avec une lame de rasoir.

Après les travaux

La peinture blanche ne jaunira pas dans son pot si vous ajoutez 1 goutte de peinture noire et que vous mélangez vigoureusement. Une fois que vous avez terminé les travaux, avant de refermer le pot de peinture, marquez avec la peinture, sur l'extérieur du pot, le niveau de la peinture restante. Plus tard, vous saurez immédiatement la quantité et la couleur de la peinture dans la boîte.

Fermez hermétiquement le couvercle avec quelques petits coups de marteau tout autour du couvercle. Une fois sûre que le pot est bien fermé et que la peinture ne coule pas, rangez le pot à l'envers pour ne pas avoir de peau à la surface de la peinture.

Vous pouvez aussi, si vous préférez ranger les pots à l'endroit, découper une feuille de papier aluminium de la taille de la base du pot de peinture et la poser sur la surface de la peinture avant de refermer le pot.

Pour déboucher l'embout de la valve de vaporisation d'une bombe de peinture, retirez la valve de la bombe et remplacez-la par la valve de votre bombe de dégrippant. Appuyez deux ou trois fois avant de replacer la valve de dégrippant sur sa bombe légitime. Remettez la valve de la bombe de peinture en place aussi.

L'entretien des pinceaux

Pour nettoyer brosses et manchons, suivez les instructions sur la boîte de peinture. Essuyez-les et plongez-les dans le diluant correspondant à la peinture employée.

Un moyen pratique pour nettoyer un manchon, c'est de le mettre à tremper dans une boîte de balles de tennis. Remplissez cette boîte avec suffisamment de solvant pour recouvrir le manchon. Fermez bien le couvercle et secouez comme pour préparer un cocktail. Puis laissez agir pendant quelques heures, secouez à nouveau puis lavez-le avec de l'eau et du savon, du shampooing, du liquide vaisselle ou de la lessive.

Pour nettoyer les pinceaux, choisissez de préférence un pot haut et étroit pour les mettre à tremper dans du solvant. Puis frottez les poils avec du shampooing bon marché, mais pas 2-en-1, ou de la lessive en poudre mélangée à un peu d'eau. Rincez soigneusement et ajoutez un peu d'adoucissant pour lessive ou de l'après-shampooing à l'eau de rinçage.

Ne jetez pas les vieux pinceaux durcis. Trempez-les dans du vinaigre, rincez, lissez et faites sécher.

Décoller le papier peint

On ne sait jamais, sauf dans une maison neuve bien entendu, ce qu'on va trouver sous le papier peint.
Si vous décidez de le conserver et de tapisser par-dessus, mettez un peu de laque ou de vernis sur les taches de graisse qui s'y trouvent pour éviter qu'elles ne ressortent sur le nouveau papier.

Pour remplacer un morceau de papier arraché, déchirez le papier au lieu de le couper. Le raccord sera moins visible.

Les plus téméraires pourront retirer, à leurs risques et périls, le papier peint sans effort avec un demi-seau d'eau chaude et 1 bouchon d'assouplissant à lessive. Lavez le papier peint, laissez agir 30 minutes et arrachez.

Une autre recette très efficace pour décoller le vieux papier consiste à ajouter de la colle à papier peint pour épaissir le mélange et 1 verre de Javel à un demi-seau d'eau chaude pour l'opération de décollage.

Un minimum de menuiserie pour les débutantes

Point de film d'horreur sans portes et parquets qui grincent. Des premiers films parlants aux derniers sortis, on y échappe rarement. Rien de tel pour vous mettre dans l'ambiance. Et même dans les autres films, ces simples sons signalent, la plupart du temps, une atmosphère un peu tendue. Selon Rex Beaber, psychologue de son état, les choses changeront avec l'évolution de la technologie des portes, qui devraient bientôt se fermer avec un mécanisme silencieux, comme dans les films de science-fiction. En attendant ce jour béni ou le passage d'un menuisier musclé, mettez fin au cauchemar.

Votre parquet grince lorsque vous essayez de faire une entrée discrète à 3 heures du matin. Assurez-vous d'abord que personne n'a caché quelque chose sous l'une des lames, comme Mathilde dans *Léon*. Puis, saupoudrez les fentes de talc et marchez dessus pour bien distribuer celui-ci. Votre parquet ne grincera plus.

Un peu de liquide vaisselle entre les planches calmera temporairement les grincements dès qu'il sera sec.

Mettez fin aux horripilants grincements des portes dans leurs gonds en les lubrifiant. Retirez un gond à la fois et frottez-le entièrement avec de la vaseline, particulièrement pratique parce qu'elle ne coule pas, sur un Coton-Tige®.

Si vous n'avez pas de vaseline, il vous reste le liquide vaisselle, l'après-shampooing ou l'huile. Vous pouvez aussi vaporiser du dégrippant, de la mousse à raser ou frotter le gond avec une mine de crayon ou de la bougie. Remettez en place et savourez le silence.

Un problème de porte qui fait un peu de résistance ne tient parfois qu'à une ou deux vis desserrées. Commencez par vérifier les vis des gonds sur la porte puis celles sur le montant de la porte. Si elles ne sont pas assez serrées, la porte pendouille un peu, frotte contre le montant et se coince lorsqu'on la ferme.

Si les vis sont effectivement desserrées, ouvrez la porte au maximum et resserrez les vis.

Les vis sont desserrées mais vous ne pouvez pas les resserrer parce que les trous se sont agrandis. Pas de panique. Retirez la ou les vis et mettez des allumettes ou des cure-dents trempés dans de la colle dans chaque trou. Coupez-les bien à ras et attendez que la colle soit bien sèche avant de remettre la vis.

La clé ne se bloquera plus dans la serrure si vous la frottez avec la mine d'un crayon ou du savon.

Les portes coulissantes ne coulissent plus très bien ? Ouvrez complètement la porte et lubrifiez les côtés et l'intérieur du rail avec du dégrippant.

Si les tiroirs de la commode coincent, frottez-les avec de la bougie, de la cire ou du savon sur les côtés.
S'ils coincent toujours, mettez de la craie sur les côtés, replacez les tiroirs et retirez-les. Rabotez ou poncez les endroits marqués par la craie.

Pour enlever de la colle sur le bois, utilisez du vinaigre chaud.

Avant de scier du bois mou ou du contre-plaqué, qui se fendent tous deux facilement, collez du ruban adhésif sur l'endroit que vous allez couper.
Essuyez la sciure de bois avec une lingette pour sèche-linge ou un chiffon trempé dans de l'assouplissant.

Mastic
Votre mastic est trop mou. Ajoutez un peu de plâtre, mais pas trop, et mélangez bien.

Le lissage du mastic avec les doigts relève du grand art. Laissez ça aux professionnels et lissez sans souffrir avec une brosse plate ou une pomme de terre coupée.

Conservez l'excédent de mastic dans un bocal hermétique avec de l'eau ou avec 2 gouttes de glycérine, ou en l'emballant dans du papier aluminium.

Les premiers secours en plomberie

Essayez de dormir avec un robinet qui goutte. C'est tellement insupportable que c'est une torture des plus classiques.

Robinet

Donc, si votre robinet fuit, en attendant de pouvoir vous en occuper ou de déléguer, attachez une ficelle au robinet. Les gouttes couleront sans bruit le long de la ficelle.

Pommeau de douche entartré

Détartrez-le en le mettant à tremper dans un récipient rempli de vinaigre. Si le pommeau est fixé au mur, mettez du vinaigre dans un sac en plastique et fixez-le au pommeau avec un élastique ou une ficelle. Laissez agir pendant la nuit. Le lendemain, le calcaire aura disparu.

L'évier refoule

Pour que le siphon de votre évier reste propre, versez 1 tasse de bicarbonate dans l'évacuation de l'évier, puis 1 tasse de vinaigre blanc. Attendez un quart d'heure avant de faire couler de l'eau très chaude.

L'eau s'écoule lentement

Videz une bouteille de cola dans l'évacuation. Ça suffira peut-être à faire partir les dépôts de gras dans la tuyauterie.

Jetez quelques pastilles destinées à nettoyer les dentiers dans l'évacuation et faites couler l'eau chaude. La tuyauterie sera propre comme un sou neuf.

Avant de partir en vacances ou en week-end, versez du bicarbonate dans l'évacuation de l'évier sans faire couler d'eau. Il n'y aura pas de mauvaises odeurs à votre retour.

L'évier est bouché

Trois Alka-Seltzer® dans l'évacuation, une tasse de vinaigre chaud et voilà ! Votre évier est sauvé.

Si vous n'avez pas d'Alka-Seltzer®, jetez quelques comprimés pour nettoyer les dentiers dans l'évacuation. Laissez agir pendant la nuit. Le lendemain, faites couler l'eau chaude.

Versez 4 tasses de bicarbonate dans l'évacuation, ajoutez un demi-litre de vinaigre blanc chaud. S'il n'y a pas de corps étranger solide dans la tuyauterie, ce traitement devrait suffire à déboucher l'évier.

S'il est toujours bouché, recommencez. Et dès que le mélange bicarbonate et vinaigre ne mousse plus, attaquez le trou d'écoulement avec une ventouse. Puis versez de l'eau bouillante.

Le flotteur de la chasse d'eau est percé

En attendant de faire venir le plombier, dévissez le flotteur, sortez-le, videz-le, revissez-le et enveloppez-le dans un sac en plastique maintenu par un élastique.

Les tuyaux sont gelés

Utilisez votre sèche-cheveux ou des bouillottes pour faire fondre la glace.

LES TRUCS SIMPLES POUR ÉCONOMISER DES CENTAINES D'EUROS

Il n'est jamais trop tôt pour sensibiliser les enfants aux problèmes d'énergie.
En ce qui nous concerne, pour lutter contre les effets du nouveau choc pétrolier, nous avons quelques petites astuces simples qui ne demandent aucun investissement, à part les ampoules électriques.

Commencez par remplacer au fur et à mesure vos ampoules par des ampoules à économie d'énergie ou des ampoules de plus faible voltage, 75W au lieu de 100W par exemple.

Éteignez la lumière en sortant d'une pièce.

N'utilisez pas toutes les sources de lumière d'une pièce en même temps.

Nettoyez régulièrement les ampoules et les abat-jour.

La meilleure façon de se chauffer économiquement

Comme le fait très justement remarquer l'agent soviétique Anya Amasova (Barbara Bach) qui a suivi une formation de survie en Sibérie, à James Bond (Roger Moore) dans *L'Espion qui m'aimait*, pour lutter contre le froid, il faut une attitude mentale positive, de quoi manger et, si nécessaire, partager la chaleur corporelle. C'est d'ailleurs ce dernier point que James avoue préférer. En l'absence de James, on met des pulls.

Chauffez les pièces entre 18 et 20 °C. Chaque degré supplémentaire augmente considérablement la facture de chauffage.

Éteignez le chauffage lorsque vous ouvrez les fenêtres dans une pièce.

Assurez-vous que l'eau chaude ne dépasse pas 65 °C.

Rincez la vaisselle à l'eau froide.

Utilisez de l'eau froide à chaque fois que c'est possible.

Économisez l'eau

L'or bleu est une denrée rare et de plus en plus chère. Quelques idées simples vous permettront de faire des économies d'eau.

Attention aux fuites

Prenez des douches plutôt que des bains.
Conservez l'eau de cuisson des aliments pour arroser les plantes.

Ne laissez pas l'eau couler pendant que vous vous brossez les dents ou que vous vous rasez.
Lorsque vous faites la vaisselle à la main, faites-la dans le bac ou une cuvette remplie d'eau au lieu de la faire sous un robinet ouvert.

Contrôlez le froid

Les vieux réfrigérateurs et congélateurs étaient extrêmement voraces en énergie. Les nouveaux ont fait de gros progrès, il n'empêche que vous pouvez encore réduire leur consommation en suivant quelques consignes simples :

Placez le réfrigérateur au moins à 5 cm du mur.

Essayez de ne pas mettre le réfrigérateur et le congélateur dans un endroit ensoleillé ou près du four ou de la plaque chauffante.

Vérifiez la température du réfrigérateur, qui doit être de 3 °C et celle du congélateur de –15 °C. En baissant ces températures vous augmentez votre facture.
Le givre fait consommer davantage. Dégivrez un congélateur horizontal 1 ou 2 fois par an et un congélateur à tiroirs 2 ou 3 fois par an.

Ne mettez pas de nourriture chaude au réfrigérateur.

Un réfrigérateur plein utilise moins d'énergie qu'un réfrigérateur vide. Si vous n'avez presque rien dans le vôtre, mettez-y des bouteilles pour qu'il soit plein au moins aux trois-quarts.

La cuisine moins gourmande en énergie

Le travail des femmes et la flambée du prix du pétrole ont largement contribué à bousculer les traditions culinaires au profit de recettes qui permettent de réaliser en un minimum de temps un repas familial ou de réception, tout en leur conservant une note d'originalité et en faisant des économies d'énergie. On ne fait plus mijoter les aliments pendant des heures.

La cuisson au micro-ondes réduit les temps de cuisson de moitié et votre facture en conséquence.

Si vous utilisez le four, profitez-en pour faire cuire plusieurs plats en même temps.

N'ouvrez pas la porte pendant la cuisson. La température chute de 15 °C à chaque ouverture.

On utilise le toaster plutôt que le grill

Utilisez une bouilloire électrique pour faire chauffer l'eau, c'est tellement plus pratique et plus rapide qu'une casserole !

Un autocuiseur plutôt qu'une casserole.
Et mettez des couvercles sur les casseroles.

Maîtrisez le lave-vaisselle

Dans un film publicitaire pour lave-vaisselle, la scène débute dans l'ambiance courtoise et détendue d'un déjeuner dominical partagé entre un couple de jeunes gens et les parents du jeune garçon. Lorsque la maîtresse de maison suggère gentiment de changer les assiettes pour le fromage, la belle-mère décline aimablement la proposition… provocant la colère de sa belle-fille : " j'ai dit, on change les assiettes !"
Tout le monde reste quelque peu saisi par cette attitude. Le beau-père ose la question : "Qu'est ce qu'elle a ta femme ?" et le mari répond : "Une Brandt®." Gros plan sur le lave-vaisselle et dénouement : "Un lave-vaisselle auquel rien ne résiste, ça donne envie de s'en servir. Et vous, vous avez quoi ?".

Même si rien ne résiste à votre lave-vaisselle, prenez soin :

De le remplir entièrement avant de le mettre en route.

D'utiliser le programme économique ou la plus basse température possible.

De l'arrêter avant le programme de séchage et de laisser la vaisselle sécher à la chaleur du lave-vaisselle, ou d'ouvrir la porte et de laisser sécher.

Lavez économique

Si l'on en croit une publicité pour une marque de lave-linge, ce petit robot ménager serait aussi une arme de séduction massive. Le film montre un bel homme qui vit dans un bel appartement design apparemment meublé d'un seul objet : une machine à laver hyper design. De très jolies femmes lui rendent visite pour laver leur linge et le sien !

Dans tous les cas :

Ne surchargez pas le lave-linge.

Ne mettez pas trop de lessive, qu'elle soit liquide ou en poudre.

Utilisez le programme économique et la température la plus basse possible.

Sèche-linge :

Essayez de l'utiliser le moins possible.

Enchaînez les tournées pour profiter de la chaleur de la précédente.

Nettoyez régulièrement le filtre.

Évitez de le charger trop ou pas assez.

CONSIGNES DE SECURITE : On n'est jamais trop prudent(e), un accident est si vite arrivé...

Dans la cuisine de tous les dangers

Les couteaux et les ciseaux sont hors de portée.

Les placards ferment à clé.

Tous les produits toxiques sont sous clé.

Les cordons électriques sont hors d'atteinte.

On sait comment éteindre une friteuse en feu : on ne verse jamais d'eau sur de la graisse en feu. On verse du sel ou du bicarbonate sur les flammes. On la recouvre avec un torchon mouillé, une serviette mouillée ou un couvercle.

Pas de friteuse sans surveillance.

On s'assure que le manche des poêles à frire et la friteuse sont hors de portée des enfants.

Pas de psychose dans la salle de bains

On fait d'abord couler l'eau froide avant l'eau chaude du bain pour éviter que les enfants pressés de sauter dans le bain ne s'ébouillantent.

On met les rasoirs hors de portée.

L'armoire à pharmacie est en hauteur et ferme à clé.

Et pour le reste :

On s'assure qu'il y a de la lumière dans les escaliers ;

Qu'il n'y a rien qui traîne sur les marches ;

Que la moquette est bien fixée et qu'on ne risque pas de s'y prendre les pieds en descendant ;

Que les enfants ne peuvent pas ouvrir les fenêtres.

Pas question de jouer à *La Tour infernale*
On range les allumettes hors de portée des enfants.

On ne surcharge pas les prises.

On débranche tout ce qui peut l'être.

On ne fait jamais passer les fils électriques sous la moquette.

On ne fume pas au lit.

On ne vide jamais un cendrier encore chaud.

BICHONNEZ VOTRE VOITURE

Les choses changent au cinéma dans le monde des voitures et plus particulièrement dans le domaine exclusivement masculin du rodéo urbain. Exit les filles avec des coiffures bouffantes qui se contentent de sauter le long du parcours pour encourager leur copain. Maintenant, elles conduisent les voitures et en plus elles les trafiquent. Elles mettent les mains dans le cambouis, leurs T-shirts en témoignent !

Petits problèmes courants

Quelques trucs et astuces élémentaires, qui ne demandent aucun talent de mécanicien, rendent parfois de grands services. Il est temps de s'y mettre. D'autant plus que la mécanique et la philosophie font bon ménage. Mais si, relisez *Traité du Zen et de l'Entretien des Motocyclettes* !

Corrosion de la batterie

Pour éviter la corrosion de la batterie et les problèmes de démarrage, enduisez les terminaux bien nettoyés avec du baume à lèvres ou de la vaseline.

La courroie de ventilateur

La maudite courroie décide de vous lâcher en pleine campagne. Remplacez-la avec un collant pour aller jusqu'au garage le plus proche. Pas question de faire de grandes distances, mais sur quelques kilomètres, ça marche.

La direction

Si la direction vous semble bizarre ou dure, vous avez peut-être un pneu à plat.

Si ce n'est pas le cas, vous avez peut-être un problème avec la direction assistée. Dans ce cas, vous ne pouvez rien faire, sauf l'amener au garage.

Les feux

Le feu arrière est cassé : couvrez-le avec du plastique rouge en attendant de le changer.

L'ampoule du clignotant vient de rendre l'âme

Remplacez-la en dépannage avec une ampoule des feux antibrouillard. Mais n'oubliez pas de la remplacer rapidement.

Les mains sales

Il vaut mieux mettre des gants de chirurgien en latex si vous devez changer une roue ou regarder sous le capot, mais si le mal est fait, lavez-vous les mains avec un mélange de sucre et de liquide vaisselle.

Utilisez votre huile de cuisine pour nettoyer vos mains de mécanicien.

Le pare-brise

Plus de pare-brise embué

Le secret bien gardé de la grand-mère de MacGyver, c'est de frotter le pare-brise avec une pomme de terre crue coupée en deux, puis de le frotter avec une peau de chamois ou une lingette en microfibres.

Le grand-père de MacGyver utilise plutôt de la mousse à raser pour faire la même chose. Chacun sa spécialité.

Avant de vous mettre au volant, assurez-vous que le pare-brise est propre. Ça vous évitera de la fatigue et des visites chez l'ophtalmo.

Fabriquez un lave-glace antigel en ajoutant 1 goutte de liquide vaisselle dans 1 petit verre de vodka.

Pour dégivrer un pare-brise, frottez-le avec de l'alcool à brûler ou du cola.

Si vous n'avez rien pour gratter le pare-brise gelé, utilisez une carte de fidélité ou l'un des autres bouts de plastique dans votre portefeuille, sauf les cartes de crédit. Il vaut mieux ne pas risquer de la perdre ou de la déformer.

Pour éviter d'avoir à gratter la glace le matin, appliquez la veille au soir 1 mélange de 3/4 de vinaigre et 1/4 d'eau sur votre pare-brise.

Ou frottez le pare-brise et les vitres avec un chiffon imbibé d'alcool.

Ou mettez des pages de journal sur les vitres pour les protéger.

Si vos essuie-glaces n'essuient plus très bien, et que vous n'avez pas le temps de les changer immédiatement, frottez le caoutchouc avec du papier de verre très fin pour lui redonner un peu de peps.

Les portes

Talquez les joints de votre voiture pour qu'ils ne collent plus lorsqu'il gèle.

Si les portes sont un peu dures, vérifiez s'il ne faut pas lubrifier les charnières.

Si elles coincent toujours après avoir été lubrifiées, il faudra les faire réaligner.

Le radiateur fuit

Faites comme les soldats américains pendant la Deuxième Guerre mondiale lorsqu'ils réparaient les réservoirs et les pneus des jeeps avec du chewing-gum. Mâchez un chewing-gum et collez-le sur le trou pour aller jusqu'au garage le plus proche.

Ou, pour les petites fuites, mettez des grains de poivre dans le radiateur. Ils tombent au fond, se gonflent et bouchent les trous.

Les roues

Les roues dans la boue

Vous avez trouvé moyen de vous embourber. Plutôt que de pleurer sur votre triste sort, utilisez les tapis en caoutchouc que vous placez devant les roues avant. Secouez la voiture pour que les pneus avant entament un peu sur le caoutchouc et remettez-vous au volant pour repartir.

Celles qui sillonnent les petites routes devraient avoir, dans le coffre, une pelle et un vieux sac de jute ou un bout de moquette pour désembourber leur véhicule en cas de besoin.
Un sac de litière pour chat peut vous sauver sur un chemin glissant.

Les roues dans la neige

Versez une demi-tasse de lessive liquide pour le linge sur les pneus pour qu'ils adhèrent mieux sur la route.

Mettez 1 sac de litière pour chat dans le coffre, là aussi, bien utile si vous vous mettez à patiner sur le verglas.

Utilisez de la litière également sur les escaliers, les allées et les chemins verglacés.
La Javel vous rendra le même service. Versez-en une bonne quantité sur et autour des pneus arrière.

Les serrures

Les serrures gelées

Chauffez la clé avec un briquet ou des allumettes avant de la mettre dans la serrure. Mais faites attention à ne pas casser la clé.

En prévention, gardez toujours un rouleau de ruban adhésif ou de scotch dans votre boîte à gants. Les soirs d'hiver, pensez à en coller un morceau sur la serrure en laissant largement dépasser les coins. L'adhésif sera plus facile à décoller.
Enduisez les serrures de glycérine ou de vaseline.

Nettoyez votre voiture

Laver sa voiture est plus important qu'on le croit :
Une voiture propre se voit mieux la nuit ;
Elle permet une meilleure visibilité si les phares et les vitres sont propres ;
Elle réfléchit mieux les rayons du soleil, ce qui en été peut se traduire par une baisse de température de 3 à 5° dans l'habitacle.

La carrosserie

Mettez 1 cuiller à café d'huile et quelques gouttes d'alcool dans le seau avant d'ajouter l'eau et le liquide vaisselle ou la lessive liquide pour laver la carrosserie.

Enlevez le goudron sur la carrosserie de la voiture sans abîmer la peinture avec de l'huile de bain pour bébé.

Le pare-brise encrassé

Nettoyez et faites briller le pare-brise avec du dentifrice ou avec du bicarbonate et de l'eau ou du cola.

Pour enlever les insectes collés sur le pare-brise et les phares, utilisez un chiffon glissé dans un bas ou un collant.
Enlevez facilement les vignettes collées sur le pare-brise en les imbibant de vinaigre chaud.

Les roues

Les roues et les pneus auront l'air neuf si vous les vaporisez avec une bombe de nettoyant pour le four. Laissez agir quelques minutes, lavez avec de l'eau et du liquide vaisselle ou de la lessive et rincez à l'eau.

La voiture sent la fumée de cigarette

Coupez une pomme en deux et mettez 1 moitié sous chaque siège. Jetez les morceaux lorsqu'ils seront desséchés. Si l'odeur de fumée est très tenace, il faudra renouveler l'opération 2 ou 3 fois.

Le kit de survie

Préparez-vous un petit kit de survie à laisser dans la voiture pour les urgences : des gants en latex, des lingettes, du papier absorbant, du produit pour nettoyer les vitres, une petite trousse de secours, un couteau suisse, une lampe frontale, une couverture de survie, une corde, une pelle et de la litière pour chats. Les plus pessimistes y ajouteront 1 tube de dentifrice, une brosse à dents et un stick de déodorant. Sans oublier une paire de chaussures plates si vous portez des talons hauts.

LES SECRETS DU BON JARDINIER

Dans les produits basiques pour le jardinage, on retrouve les mêmes grands classiques qu'on utilise dans la maison : bicarbonate, bière, café, cannelle, cola, thé, vinaigre, citron, piment, liquide vaisselle, paille de fer, vaseline, etc.

Comment réussir vos semis

Les gourous des cabinets de style sont absolument formels : l'engouement pour les fleurs, les plantes, les jardins, est un phénomène planétaire. Plus personne ne peut nier les bienfaits du jardinage pour les hyper-stressés et victimes de la pollution que nous sommes.

Pour savoir si les graines qu'on a depuis longtemps sont encore bonnes pour la germination, il suffit de les tremper 15 minutes dans un verre d'eau : celles qui restent au fond sont bonnes.

Pour accélérer la germination des graines, mettez-les dans un récipient, ajoutez 1 cuiller à soupe de thé froid très fort pour 250 g de graines. Recouvrez le récipient avec du film étirable et mettez-le au réfrigérateur pendant 5 jours. Puis mettez les graines à sécher sur un journal pendant 1 jour ou 2 avant de les semer.

Si vous n'avez pas de godets "spécial semis", plantez vos graines dans des coquilles d'œufs que vous installerez dans une boîte ou un plateau à œufs. Remplissez les œufs avec du terreau, faites vos semis et lorsque les graines seront de petites plantes, il ne vous restera plus qu'à planter les coquilles en pleine terre.

Vous pouvez aussi mettre le terreau directement dans le carton ou le plateau à œufs que vous découperez en petits godets au moment de les mettre en terre.

Des moitiés d'orange ou de pamplemousse évidées font également d'excellents godets écologiques.

Avant de faire vos plantations, pour être sûre que le sol sera suffisamment riche en calcium, saupoudrez-le avec des craies blanches écrasées.

Lorsque vous devez semer des graines minuscules, mélangez-les avec un peu de sable pour ne pas en semer trop au même endroit.

Avant de planter vos semis, mettez des feuilles de journal mouillées dans le trou.

Comment avoir un beau gazon sans dépenser plus

Si vous décidez de vous essayer à l'art délicat du gazon impeccablement entretenu, les ouvrages sur le sujet ne manquent pas. Le premier est anglais, on s'en serait douté, et date de 1613. Les gazons étaient déjà une obsession à l'époque, mais la véritable explosion a lieu deux siècles plus tard, grâce à l'invention d'Edwin Beard Budding, un ingénieur anglais, qui met au point la première "machine pour tondre le gazon" poussée par un seul homme et dépose le brevet en 1830. Mais c'est un colonel de l'armée américaine, Edwin George, qui récupère le moteur au gasoil de la machine à laver de sa femme pour fabriquer la première tondeuse individuelle poussée à moteur en 1919.

Comment tondre

Les experts estiment que 70 % des problèmes liés à l'entretien des gazons sont dus à des techniques de tonte incorrectes. Alors :

Ne rasez pas tout et ne coupez jamais en une seule tonte plus d'1/3 de la hauteur de l'herbe.
La hauteur de l'herbe est déterminée par l'espèce de l'herbe. Coupez-la à la limite de la hauteur supérieure recommandée par le vendeur, entre 5 et 8 cm.

Une herbe un peu plus haute réduit la consommation d'eau, améliore la tolérance aux parasites de la pelouse et permet à l'herbe du gazon de bien se répandre et de devenir plus dense, ce qui étouffera les mauvaises herbes.

Ne passez pas toujours la tondeuse dans le même sens.

Ne coupez pas l'herbe humide.
Veillez à ce que la lame soit toujours bien coupante. Les lames émoussées abîment l'herbe.

Tondez tant que l'herbe pousse.

Si l'herbe coupée n'est pas très longue, laissez-la sur le gazon.

Si les fauchures sont longues, mettez-les en fines couches autour des fleurs, légumes, arbustes et arbres.

Comment réparer

Bicarbonate
Pour réparer les taches jaunes faites par l'urine du chien du voisin sur votre gazon, vous pouvez remédier au mal en mélangeant 1 tasse de bicarbonate dans 4 litres d'eau dans un arrosoir et en inondant les taches disgracieuses tous les 3 jours.

Bicarbonate et huile d'olive

Si votre gazon est également défiguré par des taches marron provoquées cette fois par l'affreux champignon rhizoctonie, mélangez 1 cuiller à soupe de bicarbonate, 1 cuiller à soupe d'huile à 4 litres d'eau et vaporisez les taches.

Café

Le marc de café est un excellent engrais pour le gazon.

Sel

On tue le pissenlit en versant du sel dessus.

Thé

Votre gazon est pelé par endroits, il a des plaques chauves. Recouvrez-les avec des feuilles de thé usagées ou avec des sachets de thé. Et avant de semer du gazon pour réparer les dégâts, faites tremper les graines dans du thé refroidi pendant 1 heure.

Comment avoir une bonne terre écologique

Un proverbe chinois dit que le meilleur engrais, c'est l'ombre du jardinier, mais rien n'empêche d'en ajouter quelques autres.

Testez le sol

Pour savoir si le sol est trop acide, prenez un peu de terre, mouillez-la et saupoudrez d'une pincée de bicarbonate. Si le bicarbonate fait des bulles, le sol est sans doute trop acide pour la plupart des fleurs et des légumes.

Neutralisez l'acidité du sol en l'arrosant avec un mélange de 4 cuillers à soupe de bicarbonate dans 1 litre d'eau.

Pour savoir si le sol est alcalin, prenez un peu de terre et versez quelques gouttes de vinaigre. Si le vinaigre fait des bulles, le sol est alcalin.

Pour réduire l'alcalinité du sol, mélangez du marc de café à la terre.

Ammoniaque

L'ammoniaque est un excellent engrais riche en nitrogène et qui éloigne les mouches noires en prime. Comptez 2 cuillers à soupe d'ammoniaque par litre d'eau. Mélangez et arrosez vos plantes.

Banane

Mettez une peau de banane dans le trou destiné à accueillir vos nouvelles plantations, plus particulièrement les rosiers, les bulbes et les tomates, et les légumes en général. Une fois les plantations faites, mettez des peaux de banane au pied des plants. Les peaux se décomposent rapidement en apportant un grand nombre de minéraux au sol.

Les peaux de banane sont également recommandées pour le compost parce qu'elles accélèrent le processus de compostage.

Bière

Ne jetez plus les restes de bière. Les plantes raffolent de ce breuvage riche en levure. Attendez qu'elle soit bien plate et donnez-en quelques cuillers à vos plantations.

Mélangez 1 mesure de bière dans 2 mesures d'eau et enrichissez de cette mixture le sol des azalées, buissons et herbes décoratives.

Bicarbonate

Excellent pour les géraniums, bégonias et hortensias et toutes les plantes qui aiment les sols alcalins. Arrosez-les de temps en temps avec une solution de 4 litres d'eau additionnée d'1 cuiller à soupe de bicarbonate.

Saupoudrez de bicarbonate les pieds de tomates. Elles seront plus sucrées et les insectes fuiront.

Cendres
Épandez les cendres de la cheminée ou du barbecue au pied des plantes pour leur donner une bonne dose de potassium. Et en plus, la cendre dégoûte les limaces.

Cola
Arrosez de temps en temps les plantes qui aiment les sols acides avec les restes de cola.

Craie
Écrasez de la craie blanche et saupoudrez-la au pied des plantes qui manquent de calcium.

Eau de cuisson des légumes
Arrosez vos plantes avec l'eau de cuisson de légumes, riche en sels minéraux.

Eau de l'aquarium
Videz l'eau des poissons rouges dans le jardin.

Gélatine
Faites fondre 1 sachet de gélatine selon les instructions indiquées sur l'emballage. Mélangez à 2 tasses d'eau et versez au pied du plant qui a besoin d'être dopé.

Journaux
Déchiquetez des vieux journaux et mettez-les au pied des plants. Recouvrez avec un peu de terre. En se décomposant, le papier journal donne de l'engrais au sol et décourage les mauvaises herbes.

Œufs
De la poudre de coquille d'œuf séchée constitue un excellent engrais. Mettez les coquilles à sécher sur du papier journal pendant quelques jours, passez-les au mixeur ou écrasez-les avec un rouleau à pâtisserie ou en sautant dessus et versez cette poudre au pied des plants.

Orties

Mettez des orties à pourrir dans de l'eau et versez ce liquide au pied des plants pour les doper et stimuler leur résistance aux maladies.

Paille de fer

Enterrez des tampons à récurer en paille de fer usagés, sans savon évidemment, au pied des azalées et de toutes les plantes qui ont besoin de fer.

Poisson

Avant de faire vos plantations, mettez des restes de poisson – qui constituent un engrais de premier choix – au fond du trou, recouvrez-les d'un peu de terre puis installez votre plant dans sa nouvelle demeure.

Thé ou café

Arrosez le jardin avec les restes de thé et de café. Mettez les feuilles de thé usagées, en vrac ou en sachet, ou le marc de café au pied des plants et recouvrez avec un peu de terre.

Vinaigre

Augmentez l'acidité du sol pour les plantes qui en ont besoin, comme les azalées, les gardénias et les rhododendrons, en arrosant de temps en temps avec un mélange d'eau et de vinaigre. Comptez 1 tasse de vinaigre pour 4 litres d'eau.

Arrosez vos roses 1 fois par mois avec 2 cuillers à soupe de vinaigre dans 4 litres d'eau.

Comment réparer un gazon abîmé

Plusieurs études montrent que les désherbants chimiques sont dangereux pour la santé. Alors on s'en tient aux bonnes vieilles recettes.

Bicarbonate ou sel

Les jours de grand soleil sans vent, saupoudrez les endroits où vous ne voulez pas que poussent l'herbe ou les mauvaises herbes d'un peu de bicarbonate ou de sel.

Cartons ou journaux

Pour traiter les mauvaises herbes éparpillées ou regroupées sur de petites surfaces, les autres trucs conviennent parfaitement. Par contre, si elles ont envahi une surface importante de votre gazon, sortez les cartons ou les vieux journaux dont vous les recouvrirez pour les étouffer. Évidemment, du point de vue esthétique, c'est pas top. Camouflez les cartons et les journaux disgracieux en les recouvrant avec de l'herbe fraîchement tondue. Faites-le de préférence après la dernière tonte de la saison et laissez les cartons en place jusqu'à ce qu'ils se décomposent, tuent les envahisseurs et fertilisent le sol.

Eau bouillante

Versez de l'eau bouillante sur les mauvaises herbes entre les pavés japonais, les dalles du patio, les briques, le long des allées ou sur les autres endroits où vous voulez exterminer les herbes indésirables.

Eau de cuisson des pommes de terre ou des pâtes

Conservez soigneusement l'eau de cuisson des pommes de terre ou des pâtes. Toutes deux sont des désherbants puissants.

Sucre

Attaquez les mauvaises herbes entre les dalles du patio en les saupoudrant de sucre.

Torche à propane

Une méthode efficace et terriblement spectaculaire consiste à attaquer les mauvaises herbes avec une torche à propane. Un *must* dans l'outillage du jardinier branché. Inutile de tout brûler. Un coup de torche sur les mauvaises herbes suffit à les neutraliser. Sans compter qu'elle peut toujours vous servir pour autre chose que le jardinage, pour dégeler les tuyaux gelés par exemple. Dans la série *Friends*, par exemple, Joey s'en sert pour faire des effets spéciaux.

Vinaigre

Plus classique que la torche, nous avons aussi le vinaigre à verser directement sur les intrus.

Vinaigre et citron

Une petite variation sur le thème du vinaigre consiste à mélanger 1/4 de tasse de jus de citron avec 1 tasse de vinaigre. Vaporisez directement sur les herbes à éliminer et uniquement sur elles après le coucher du soleil, 2 ou 3 jours de suite.

Vodka

Mélangez 3 cuillers à soupe de vodka et 2 tasses d'eau pour vaporiser directement sur les intruses.

Arrosez intelligemment

Contrairement aux apparences, l'arrosage n'est pas une activité de tout repos. Non seulement ça peut être dangereux, mais en plus, c'est très mathématique. Il faudrait, si on veut arroser correctement et en économisant l'eau, prendre en compte les facteurs suivants :

Profondeur des racines (PR) : plus elles sont profondes moins la plante a besoin d'eau ;

Hauteur (H) : plus la plante est haute, plus elle a besoin d'eau ;

Largeur des feuilles (L) : plus les feuilles sont larges plus la plante a besoin d'eau.

Les plantes avec des fleurs (PF) ont besoin de plus d'eau que celles sans fleurs (PSF), ce qui donne donc une équation du type : (H)x(L)/(PR)x(PF/PSF).

.../...

.../...
Et ce n'est pas tout, car :
Plus les plantes sont rapprochées (PR), moins elles ont besoin d'eau ;
S'il y a beaucoup de vent, (BV) il faut augmenter la dose ;
Les plantes en plein soleil (PS) ont besoin de plus d'eau que les plantes à l'ombre (PO) ;
Ce qui nous donne : (BV)x(PS)/(PR)x(PO)...

À moins d'être Einstein ou de posséder un logiciel qui vous fasse les calculs, il vaut peut-être mieux y aller au feeling et utiliser quelques petits trucs bien simples.

Un binage vaut mieux que deux arrosages. Alors à vos binettes !

Au printemps ou lorsque vous faites vos plantations en terre ou dans des pots, déchiquetez l'intérieur absorbant des couches pour bébé et mélangez-le avec de la terre avant de planter vos nouveaux pensionnaires. Le gel contenu dans les couches, qui n'est pas biodégradable, retiendra l'eau plus longtemps et vous permettra de réduire les arrosages.

Si vous devez vous absenter pour quelque temps, posez des couches mouillées au pied des plants.

Coupez le fond des grandes bouteilles en plastique vides, enfoncez-les à l'envers dans la terre autour des plants et remplissez-les d'eau.
Pour un arrosage plus lent, coupez le fond des grandes bouteilles en plastique vides, percez des petits trous dans les bouchons et sur les bouteilles. Enfoncez-les à l'envers dans la terre autour des plants et remplissez-les d'eau.

Récupérez des grandes boîtes de conserve ou d'autres boîtes en métal, comme celles pour les farines pour bébé, et percez des trous dans le fond et tout autour. Mettez-les dans le sol à côté de vos plants et remplissez-les d'eau.

Arrosez le jardin avec les restes d'eau gazeuse, l'eau de lavage et de cuisson des légumes, les restes de thé et de café.

Il vaut mieux arroser le matin pour éviter que les feuilles n'attrapent des maladies. Idem pour le gazon, ça empêchera l'eau de s'évaporer trop rapidement.

Si la météo a prévu du gel pendant la nuit, vaporisez les plantes tard dans la soirée avec de l'eau froide. La chaleur générée pendant l'évaporation de l'eau limitera les dégâts provoqués par le gel.

Mis à part les jeunes pousses qui ont besoin d'être arrosées peu et souvent, mettez vos plantations au régime. Il vaut mieux les habituer à des arrosages copieux mais espacés, comme 2 fois par semaine par exemple, qu'à de faibles arrosages quotidiens.

La couleur des fleurs

Dans *Alice au Pays des Merveilles*, Alice aperçoit trois cartes à jouer occupées à peindre des roses blanches en rouge. Elle leur demande pourquoi, et les cartes lui expliquent qu'elles ont planté un rosier blanc par erreur et que la reine qui n'aime que les rosiers rouges leur fera trancher le cou si elle voit un rosier blanc !

La couleur des hortensias et autres hydrangeas varie en fonction du sol. Ils sont blancs ou verts dans des sols neutres.
Ils seront roses dans des sols alcalins ou si vous les arrosez de temps en temps avec de l'eau additionnée de 2 cuillers à café de bicarbonate.

Bleus dans des sols très acides et avec du sulfate d'alumine. Arrosez-les avec 2 tasses de vinaigre dilué dans 4 litres d'eau et mettez de l'ardoise pilée au pied des plants ou plantez de grands clous rouillés dans le sol en direction des racines.

Après avoir tondu la pelouse, mettez l'herbe au pied des hortensias. L'herbe coupée en se décomposant acidifie le sol. Les têtes d'hortensias seront plus grosses que des salades.

Comment vous débarasser des parasites

Dès l'apparition

Pour éradiquer l'oïdium ou mildiou sec, le mildiou, la tavelure, la rouille et la fonte des semis, vaporisez les plantes dès l'apparition de la maladie avec l'un des cocktails suivants.

Ail et huile de bain pour bébé, liquide vaisselle

Faites tremper 100 g d'ail haché ou 1 cuiller à café d'ail en poudre dans 2 cuillers à café d'huile pour bébé pendant 24 heures. Ajoutez un demi-litre d'eau et une demi-cuiller à café de liquide vaisselle. Mélangez et conservez ce concentré dans un bocal en verre. Pour vaporiser les plantes, prenez 2 cuillers à soupe du concentré et mélangez à un demi-litre d'eau. Testez ce mélange sur 1 ou 2 feuilles de la base pour vérifier qu'il n'est pas trop fort.

Ail, piment de Cayenne ou Tabasco® et liquide vaisselle

Aux premiers signes d'invasion par des champignons, vaporisez avec un mélange de 2 tasses d'eau, 1/4 de cuiller à café de piment ou une demi-cuiller à café de Tabasco®, une demi-cuiller à café d'ail en poudre et 1 goutte de liquide vaisselle.

Camomille

Faites infuser 1 cuiller à café de feuilles de camomille par tasse d'eau.

Cannelle

Tuez les moisissures, le mildiou et les champignons qui attaquent les pivoines en saupoudrant de la cannelle au pied de chaque plant.

Lait

C'est un excellent fongicide contre le mildiou. Vous pouvez utiliser n'importe quel lait. Mélangez en quantités égales du lait et de l'eau que vous appliquerez tous les 3 jours dès les premiers signes.

Ce mélange particulièrement efficace a été découvert par Wagner Bettiol, un scientifique brésilien, qui s'est aperçu que ce mélange fonctionnait aussi bien que les fongicides classiques.

Vinaigre de cidre

Ajoutez 3 cuillers à soupe de vinaigre de cidre à 4 litres d'eau et vaporisez les plantes infectées le matin.
Ce remède marche bien également pour traiter la tache noire de la rose causée par le champignon *Diplocarpon rosae*, la maladie des roses de jardin la plus répandue au monde.

Comment vous débarasser des insectes indélicats

Dites-vous bien que seulement 5 % des insectes qu'on trouve dans les jardins ou les maisons sont nuisibles. Réfléchissez bien avant de jouer les Terminators dans votre jardin. Traiter un jardin entier avec un insecticide toxique peut empirer le problème au lieu de le diminuer. En éliminant les insectes bénéfiques, comme les coccinelles, les chrysopes, les araignées et plusieurs autres, vous les empêcherez de faire leur travail de prédateurs utiles.

Si vous prévoyez un barbecue ou une garden party, n'oubliez pas la bière. Même si vous n'en buvez pas, les insectes, eux, apprécieront. Placez quelques récipients remplis de bière pour délimiter votre territoire. Les insectes s'arrêteront pour la boire. De la laque premier prix est une arme redoutablement efficace contre les insectes petits ou grands.
Remplissez un pistolet à eau avec de l'eau additionnée de liquide vaisselle pour en faire une arme insecticide longue distance contre les guêpes, les abeilles ou tout autre insecte volant non identifié.

Araignées

Vous pouvez aussi ruser et faire de la prévention comme Jules Sylvester, le dresseur des araignées utilisées dans le film *Arachnophobie*. Pendant le tournage, ce dompteur des bestioles à huit pattes, principal fournisseur de reptiles et insectes pour l'industrie hollywoodienne, utilisait une bombe d'encaustique parfumée au citron pour vaporiser les endroits que les araignées devaient éviter. Plutôt que de tuer ces prédateurs utiles qui sont aussi une délicatesse fort appréciée des oiseaux, vaporisez le rebord de vos portes et de vos fenêtres avec un dépoussiérant au citron.

Cafards

Exterminez les cafards avec un mélange en parts égales de fécule de maïs et de plâtre sur lequel ils se jetteront avec voracité.

Fourmis

Pour éloigner les fourmis, faites une ligne en saupoudrant du bicarbonate, de la cannelle, du charbon de bois pilé, de la craie en poudre, de la farine, du talc, du piment de Cayenne, du poivre, du sel. Elles ne la franchiront pas. Elles n'aiment pas le jus de citron, le vinaigre, les clou de girofle, la sauge, les épluchures de concombre, les lingettes pour sèche-linge.

Elles adorent le marc de café mais ça les fait mourir.
Idem pour le riz. Si vous mettez du riz cru au pied de la fourmilière, elles l'emporteront dans leur souterrain pour le manger et mourront.

Arrosez la fourmilière avec de l'eau et saupoudrez-la de bicarbonate, attendez 30 minutes puis versez du vinaigre sur le bicarbonate.

Guêpes

Des lingettes adoucissantes pour sèche-linge ou un chiffon trempé dans de l'assouplisseur éloignent les guêpes.

Les guêpes adorent la bière. Accrochez une canette de bière vide aux trois-quarts à un arbre ou un poteau au fond du jardin pour les attirer dans votre guet-apens.

Pour les guêpes qui ne boivent pas d'alcool, prévoyez le même piège avec de la limonade.

Moustiques

Les mêmes lingettes dissuadent aussi les moustiques.

Apparemment le parfum, les bijoux colorés, les couleurs vives, les ramages fleuris attirent les moustiques. Évitez de les porter si vous ne voulez pas qu'ils vous attaquent.

Pucerons

Ail et alcool

Passez quelques gousses d'ail au presse-ail pour en extraire le jus. Mélangez 1 cuiller à soupe de jus d'ail et 1 cuiller à café d'alcool dans 4 litres d'eau. Vaporisez sur les rosiers squattés par des pucerons et sur les autres plantes envahies par des pucerons et des acariens.

Ail, Tabasco® et liquide vaisselle

Préparez une mixture qui tue avec 2 cuillers à café de Tabasco®, 2 cuillers à café d'ail en poudre, 1 cuiller à café de liquide vaisselle et 2 tasses d'eau. Vaporisez les feuilles avec ce mélange épicé.

Bicarbonate et huile

Vaporisez les pucerons, les araignées rouges et les mouches blanches avec une solution composée d'1 cuiller à café de bicarbonate, 1/3 de tasse d'huile et 1 tasse d'eau.

Citron

Diluez 4 cuillers à soupe de jus de citron dans 2 tasses d'eau pour vaporiser les plantes infectées.

Farine ou talc

Pour éliminer les pucerons, saupoudrez les feuilles avec de la farine ou du talc.

Huile et liquide vaisselle

Faites un sort aux pucerons en vaporisant les plantes qu'ils occupent avec 1 tasse d'huile – n'importe laquelle, ce que vous avez dans vos placards – quelques gouttes de liquide vaisselle et 2 tasses d'eau.

Lait

Mélangez en quantités égales lait et eau pour vaporiser sur les feuilles. Les pucerons restent collés dans le liquide lorsqu'il sèche.

Liquide vaisselle, piment de Cayenne

Ajoutez 1 cuiller à café de liquide vaisselle et 1 pincée de piment dans 1 litre d'eau. Pulvérisez pour éradiquer les pucerons, cochenilles et chenilles.

Sucre

Faites fondre 1 mesure de sucre dans 10 mesures d'eau et vaporisez les plantes contaminées pour attirer les insectes qui mangeront les pucerons.

Chenilles

Citron et autres agrumes

Faites bouillir les zestes d'un citron, d'un citron vert et d'une orange ou d'un pamplemousse pendant quelques minutes. Laissez reposer 24 heures. Filtrez et vaporisez sur les plantes envahies par les chenilles, les doryphores et autres insectes.

Les plantes amies et ennemies

Une autre tactique consiste à déléguer le travail en attirant les insectes prédateurs utiles autour des plantes infestées en y plantant, par exemple, des carottes, des achillées millefeuille, des asters ou de l'aneth. Ou en choisissant des plantes que les insectes indésirables n'aiment pas.

Pour éloigner pucerons, fourmis, puces, et moustiques : plantez de l'anis, du basilic, des capucines, de la ciboulette, de la coriandre, de la menthe, des géraniums, des œillets d'Inde et de la tanaisie.

L'achillée attire les insectes bénéfiques tels que coccinelles, guêpes et abeilles. Et c'est un excellent engrais.

L'ail, l'oignon, la ciboulette et l'échalote sont d'excellents compagnons pour les rosiers et les framboisiers. Ils éloignent les pucerons et les maladies comme le mildiou et la tache noire des rosiers.

Le basilic augmente le goût et stimule la croissance de toutes les plantes auprès desquelles il est planté. Il fait beaucoup de bien aux tomates et chasse les pucerons qui les attaquent.

La camomille attire les bons insectes dans le jardin.

Les capucines chassent les pucerons, les mouches blanches et les ennemis des tomates.

L'estragon, que la plupart des insectes nuisibles détestent, dope la croissance des légumes et leur goût. Plantez-en dans tout le jardin.

La lavande chasse les mouches, les mites, les tiques et certains rongeurs. Plantez des petites haies de lavande autour des parterres de fleurs et de légumes.

La menthe plantée avec les fraises décourage les pucerons et les fourmis qui les envahissent. Elle repousse à peu près tous les insectes nuisibles. Elle est souvent utilisée comme insecticide ou encore pour éloigner des animaux indésirables.

Les œillets d'Inde sont d'excellents compagnons pour la plupart des plantes. Mettez-en dans tout le jardin, leur odeur forte déstabilise les nuisibles qui ne trouvent pas leur plante favorite.

Le persil planté au pied des rosiers les rend plus odorants.

La sauge favorise la croissance des fraises, des tomates, des carottes, des choux et chasse les insectes qui leur sont nuisibles.

La tanaisie "booste" la croissance des mûres, des framboises et des roses. En plus, elle éloigne les fourmis et les autres insectes nuisibles pour ces plantes.

Les tournesols attirent les pucerons, ce qui libère les autres plantes de leurs attaques, et les pucerons n'endommagent pas les tournesols.

Fini les animaux qui saccagent le jardin

Les chats font des dégâts dans votre jardin

Placez de la naphtaline près des bulbes ou des légumes que vous venez de planter. Vous pouvez aussi broyer la naphtaline pour la répandre sur les endroits qu'ils affectionnent. Le piment de Cayenne, le poivre, le marc de café et les lingettes pour sèche-linge les découragent aussi.

Les lapins

Utilisez de la naphtaline comme pour les chats ou saupoudrez un peu de bicarbonate ou de talc autour des parterres de fleurs pour leur ôter l'envie de grignoter les bulbes.

Les limaces et les escargots

Écrasez des coquilles d'œufs et faites un cercle avec cette poudre autour des plantes qu'ils attaquent.

La cendre marche aussi mais ne résiste pas à la pluie.
Les escargots évitent les barrières de sable ou de gravier autour des plantes.

Saupoudrez le tour de vos plantes de farine, de talc ou de craie pilée. Les escargots ne s'y attaqueront plus.

Les limaces et les escargots ne résistent pas à la bière ou au cola. Remplissez un récipient avec l'un ou l'autre breuvage et ils se noieront dedans après avoir pris une bonne cuite.

Vaporisez les limaces avec un mélange en quantités égales de vinaigre et d'eau. Soumises à ce cruel traitement, elles meurent très rapidement.

Vous pouvez aussi saupoudrer les malheureuses de sel ou de bicarbonate. Ça les tuera aussi sûrement que n'importe quel anti-limace chimique.

Faites macérer pendant 24 heures 6 cuillers à soupe de poudre d'ail dans une demi-tasse d'huile d'olive. Filtrez et ajoutez 2 cuillers à café de ce mélange à 2 tasses d'eau et quelques gouttes de liquide vaisselle. Mélangez bien, conservez dans un bocal en verre. Pour utiliser cette arme contre les nuisibles, mélangez 2 cuillers à café dans 2 tasses d'eau et pulvérisez les envahisseurs comme les limaces et les punaises.

Pas de souris ni de rats dans le jardin

Mettez un peu de purée instantanée "en paillettes" sur une assiette et un petit récipient avec de l'eau à proximité. Après avoir mangé la purée, nos petits rongeurs assoiffés vont se précipiter sur l'eau. Ils vont gonfler et mourir.
Mettez un peu de cola dans un récipient. Ils n'y résisteront pas et n'y survivront pas.

Placez des lingettes assouplissantes près des sacs de graines et autres douceurs qui pourraient les attirer.

Arrosez le jardin potager avec une demi-tasse d'huile de ricin mélangée à 8 litres d'eau. Les rongeurs détestent l'huile de ricin.

Saupoudrez les bulbes qui font envie aux rongeurs avec une bonne dose de piment de Cayenne. Ils repartiront les larmes aux yeux et les amygdales en feu.

Vaporisez le sol autour des bulbes que vous venez de planter avec 1 cuiller à soupe de Tabasco®, 1 cuiller à café de piment de Cayenne, une demi-cuiller à café de liquide vaisselle et 2 tasses d'eau. Mélangez bien. Cette mixture explosive fera fuir les rats, les souris et les écureuils.

Les taupes

Elles détestent qu'on mette de l'huile d'olive, de la naphtaline, de la litière sale du chat (on les comprend !), du houx, des branches de rosier dans leur petite taupinière.

Elles n'aiment pas non plus les lingettes assouplissantes dans leur nid douillet.

Le marc de café leur enlève toute envie de rester dans votre jardin.

Préparez un petit cocktail avec 4 cuillers à soupe de liquide vaisselle et une demi-tasse d'huile de ricin. Mélangez bien et ajoutez à 4 litres d'eau pour inonder leur taupinière.

USAGES INHABITUELS ET ASTUCIEUX DE VOS PRODUITS COURANTS

– de l'Ail au Vinaigre de cidre –

On veut nous faire croire que les objets ont un usage unique. Niet ! Il suffit de faire preuve d'un peu d'imagination et de développer sa pensée latérale pour trouver au moins 20 autres façons d'utiliser un produit. Faites le test.

Pour plus d'informations sur l'une ou l'autre, se reporter au sujet concerné, qui précisera la condition d'utilisation des produits.

AIL

Encouragez votre bébé à téter plus longtemps en mangeant de l'ail.

Stimulez vos défenses et soignez-vous avec l'ail, qui est un antibiotique et un antiseptique naturel.

Utilisez-le contre le rhume, la grippe, les maux de gorge, les problèmes de sinus, en suppositoire contre les hémorroïdes, en cataplasmes sur l'acné, les furoncles, les pieds d'athlète, les verrues, les cors et les cals.

L'ail est un allié précieux **contre l'hypertension**.

Calmez les rages de dents en appliquant de l'ail contre la dent et dans la pliure des genoux.

Apaisez des maux d'oreille avec quelques gouttes de jus d'ail dans l'oreille.

Quelques gousses d'ail quotidiennes **favorisent le transit intestinal**.

Soulagez la goutte et les rhumatismes en mangeant de l'ail. Et il est encore plus efficace lorsqu'il est associé au jus de cerises noires.

Mangez 2 gousses d'ail tous les matins **contre les maux de dos**.

Dégagez les fosses nasales encombrées par une sinusite avec des inhalations d'ail.

Éloignez les charançons en mettant une gousse d'ail dans la farine et les légumes secs.

Faites fuir les pucerons et les mouches blanches en vaporisant vos plantes d'intérieur et d'extérieur avec un insecticide maison à base d'ail.

Plantez une gousse d'ail au pied de vos rosiers pour **chasser les pucerons**.

Éloignez les araignées, les moustiques, les puces, mais aussi les taupes et les lapins avec des gousses d'ail.

Vaporisez un mélange d'ail et de piments très forts sur les murs pour **décourager les chiens qui font leurs besoins** devant chez vous.

ALCOOL À 90°

Soulagez les démangeaisons du zona avec un cataplasme d'alcool et d'aspirine écrasée.

Calmez les piqûres d'insectes avec de l'alcool.

Suffoquez une tique avec de l'alcool.

Préparez un pack de glace ergonomique avec 2 tasses d'eau et 1 tasse d'alcool qui **empêchera l'eau de geler complètement.**

Si vous êtes en **panne de déodorant**, remplacez-le par de l'alcool.

Astiquez les interrupteurs, les poignées de portes, les téléphones, les écrans de télévision, d'ordinateur, les claviers avec un peu d'alcool sur un chiffon doux.

Enlevez les taches d'encre sur les vêtements, les plans de travail et même sur la peau en les frottant avec un chiffon imbibé d'alcool.

Dépoussiérez les bougies avec un peu d'alcool sur un chiffon doux.

Faites briller les vitres, les tables en verre, en plexiglas et le formica avec de l'alcool.

Nettoyez vos stores avec un chiffon imbibé d'alcool, enroulé autour d'une spatule et fixé avec un élastique.

Enlevez les traces de laque sur le carrelage et le miroir de la salle de bain avec de l'alcool.

Nettoyez les touches du piano avec un peu d'alcool sur un chiffon doux.

Faites étinceler les chromes avec de l'alcool.

Dégivrez votre pare-brise en le vaporisant avec de l'alcool.

Chassez les cochenilles sur les cactées avec 1/5 d'alcool et 4/5 d'eau.

Éradiquez les pucerons sur les plantes en les vaporisant avec 1 mélange moitié alcool, moitié eau.

Nettoyez les taches de cire avec de l'alcool.

Traitez les taches de cirage sur le coton blanc avec de l'alcool

Enlevez les taches d'herbe sur le coton avec de l'alcool.

ALCOOL À BRÛLER

Faites vos carreaux avec de l'alcool à brûler.

Astiquez les tables en verre et les miroirs avec de l'alcool à brûler.

Nettoyez la saleté incrustée sur l'ivoire avec de l'alcool à brûler.

Enlevez les traces de laque sur le carrelage avec de l'alcool à brûler.

Polissez les bronzes ternis avec de l'alcool à brûler et de l'eau tiède.

Retirez les traces de graisse et de colle sur le bois ou les murs avant de les peindre avec de l'alcool à brûler.

Retirez facilement l'adhésif et le sparadrap avec de l'alcool à brûler.

Enlevez les taches d'encre, de stylo à bille, de feutre, de rouge à lèvres, de cirage, d'herbe, de fleurs sur le tissu avec l'alcool à brûler.

Attaquez les taches de bière sur la laine avec de l'alcool à brûler.

Traitez les taches de fruits sur des tissus non lavables avec de l'alcool à brûler.

Détachez le cuir foncé avec de l'alcool à brûler.

Pour éviter que vous chaussures ne déteignent sur vos pieds la prochaine fois qu'elles prendront l'eau, frottez l'intérieur avec un chiffon imbibé d'alcool à brûler.

Dégivrez un pare-brise avec de l'alcool à brûler.

Quelques gouttes d'alcool à brûler **dans l'eau du lave-glace l'empêcheront de geler**.

Chassez les insectes sur les cactées avec de l'alcool à brûler.

Nettoyez les lames des outils de jardinage avec de l'alcool à brûler.

ALKA-SELTZER®

Atténuez les effets d'une soirée trop alcoolisée avec 2 comprimés d'Alka-Seltzer® dans un verre d'eau le soir au coucher.

Soulagez une indigestion avec 2 comprimés d'Alka-Seltzer® dans un verre d'eau.

Calmez les envies de fumer avec 2 comprimés d'Alka-Seltzer® à chaque repas, sauf si vous avez un ulcère ou si vous suivez un régime hyposodé.

Éradiquez la mauvaise haleine en faisant des bains de bouche avec 2 comprimés d'Alka-Seltzer® dans un verre d'eau.

Soulagez vos courbatures dans un bain bien chaud additionné de 6 comprimés d'Alka-Seltzer®, sauf si vous êtes allergique à l'aspirine.

Délassez vos pieds fatigués dans une cuvette d'eau chaude avec 4 comprimés d'Alka-Seltzer®.

Désodorisez des pieds malodorants avec 2 comprimés d'Alka-Seltzer® dans une cuvette d'eau chaude.

Soulagez les piqûres d'insectes en faisant des compresses avec 2 comprimés d'Alka-Seltzer® dans 1 verre d'eau.

Nettoyez les toilettes avec 2 comprimés d'Alka-Seltzer®.

Enlevez les taches sur un vase en cristal, les verres ou une carafe en les remplissant d'eau avec 2 comprimés d'Alka-Seltzer®.

Nettoyez un thermos en le remplissant avec de l'eau et 4 comprimés d'Alka-Seltzer®.

Enlevez la graisse brûlée dans une casserole ou un plat avec de l'eau chaude et 6 comprimés d'Alka-Seltzer®.

Débouchez un évier avec 3 comprimés d'Alka-Seltzer®, 1 tasse de vinaigre blanc et de l'eau chaude 30 minutes plus tard.

Prolongez la vie de vos fleurs coupées en mettant 1 comprimé d'Alka-Seltzer® dans l'eau du vase.

APRÈS-SHAMPOOING

Évitez que l'argent ne ternisse trop rapidement en appliquant un peu d'après-shampooing sur votre argenterie propre.

Faites-vous des pieds tout doux en les massant avec de l'après-shampooing le soir au coucher.

Démaquillez-vous avec de l'après-shampooing si vous êtes en panne de démaquillant.

Retirez un sparadrap sans douleur en enduisant la partie adhésive avec un peu d'après-shampooing.

Massez des lèvres gercées avec de l'après-shampooing.

Calmez le feu du rasoir sur les jambes avec de l'après-shampooing.

En panne de crème à raser ? Utilisez de l'après-shampooing.

Faites glisser une fermeture éclair plus facilement en la frottant avec un peu d'après-shampooing.

Nourrissez le cuir avec de l'après-shampooing.

Faites briller les chaussures en cuir vernis avec de l'après-shampooing.

Lubrifiez des joints de tuyaux avec de l'après-shampooing.

Empêchez les vis et les boulons de rouiller en les enduisant avec de l'après-shampooing avant de les visser ensemble.

Empêchez les outils de rouiller avec une fine couche d'après-shampooing.

Lubrifiez les gonds d'une porte qui grince avec de l'après-shampooing.

Nettoyez les meubles et les objets en bois avec de l'après-shampooing.

Atténuez les rayures sur les meubles en bois en les frottant avec de l'après-shampooing.

Faites briller l'acier inoxydable et le chrome avec un peu d'après-shampooing.

Nettoyez les plantes vertes avec un peu d'après-shampooing sur un chiffon doux.

Lubrifiez les rollers, les roues des skateboards et les chaînes de vélo avec de l'après-shampooing.

Pour que vos pulls de laine ou de mohair ne piquent pas la peau, ajoutez de l'après-shampooing à l'eau de rinçage.

ASPIRINE

Contrez les effets des soirées trop arrosées en prenant 2 aspirines avec de la limonade au coucher.

Calmez les piqûres d'abeille et de guêpe avec un petit emplâtre d'aspirine écrasée dans un peu d'eau.

Apaisez les piqûres d'insectes avec une compresse trempée dans un verre d'eau additionnée de 2 aspirines.

Calmez les courbatures dans un bain additionné d'un tube d'aspirine.

Éliminez les cals en les recouvrant avec un mélange d'aspirine et de jus de citron.

Attaquez les verrues avec 1 aspirine passée sous l'eau que vous écrasez et que vous appliquez sur la verrue. Recouvrez avec un sparadrap.

Rincez des cheveux qui ont viré au vert à cause du chlore de la piscine avec 10 aspirines dissoutes dans un bol d'eau chaude. Fabriquez votre shampooing antipelliculaire en ajoutant 1 cachet d'aspirine à votre shampooing habituel. (Voir page 368).

Détachez la graisse brûlée dans les plats et les casseroles avec de l'eau bouillante, 6 aspirines et un trait de vinaigre.

Lavez plus blanc en ajoutant 1 aspirine à votre lessive.

Prolongez la vie des fleurs coupées avec 1 aspirine dans l'eau du vase.

BANANE

Calmez rapidement les brûlures d'estomac en mangeant une banane.

Soulagez les brûlures, les piqûres, les éraflures, les irritations, les coupures, les furoncles et les engelures en appliquant l'intérieur d'une peau de banane sur la partie endolorie.

Calmez une attaque de diarrhée en mangeant des bananes pas encore mûres. Elles absorberont l'eau dans les intestins.

Prévenez les crampes en mangeant des bananes.

Atténuez les effets de la tension prémenstruelle avec la vitamine B6 contenue dans les bananes.

Déstressez en mangeant des bananes riches en potassium.

Freinez votre envie de fumer en mangeant des bananes.

Combattez la constipation en mangeant 1 ou 2 bananes le matin à jeun.

Étouffez les verrues en les recouvrant avec un petit bout de peau de banane.

Calmez les piqûres de moustique en les frottant avec l'intérieur d'une peau de banane.

Faites-vous une peau de rêve avec un masque à la banane.

Éliminez les points noirs en les frottant avec l'intérieur d'une peau de banane.

Bichonnez vos cheveux avec une banane écrasée et de l'huile. Ils seront tout doux.

Détachez les doigts barbouillés d'encre avec l'intérieur des peaux de bananes.

Faites briller vos chaussures en les astiquant avec l'intérieur d'une peau de banane.

Nettoyez les plantes vertes en les frottant délicatement avec l'intérieur d'une peau de banane.

Donnez de l'engrais en enterrant une peau de banane au pied des plants.

Faites mûrir des avocats rapidement en les mettant dans 1 sachet en plastique avec 1 peau de banane.

BASILIC

Afin de vous donner du courage pour parler en public, mâchez quelques feuilles de basilic.

Calmez la toux et les maux de gorge avec des infusions de feuilles de basilic.

Pour combattre la grippe, préparez des décoctions de basilic, clous de girofle et sel de mer.

Calmez les nausées avec une infusion de basilic.

Soignez les aphtes et les gencives enflées avec des bains de bouche au basilic.

Rafraîchissez votre haleine en mâchant du basilic.

Neutralisez les brûlures d'estomac, les nausées et même les flatulences en mâchant des feuilles de basilic frais.

Terrassez la toux avec des décoctions de basilic.

Calmez les maux de tête en reniflant du basilic séché et broyé en poudre fine.

Soulagez les petites coupures en les frottant avec des feuilles de basilic froissées.

Éloignez les moustiques, les mouches et les doryphores et attirez les abeilles avec du basilic.

Favorisez le sommeil avec une infusion de basilic au coucher.

Luttez contre le stress en mâchant du basilic.

Attaquez les verrues avec des emplâtres de feuilles de basilic broyées.

Soulagez des yeux irrités avec des infusions de basilic en bains oculaires.

Donnez volume et brillance à vos cheveux en les rinçant avec une infusion de basilic.

Stimulez la croissance et augmentez le goût des fruits et des légumes en plantant du basilic à proximité.

BAUME À LÈVRES

Prévenez les fissures des mamelons en les enduisant de baume à lèvres. Inutile de le retirer avant d'allaiter.

Calmez les irritations dues aux frottements en les enduisant avec du baume à lèvres, comme la peau du nez et sous le nez, irritée par le mouchoir lorsque vous avez un rhume.

Éliminez les cors aux pieds en les enduisant de baume à lèvres.

Arrêtez les saignements dus au rasage avec un peu de baume à lèvres.

Idem si vous vous êtes **coupé(e) avec du papier**.

Hydratez votre peau aux sports d'hiver ou en mer avec du baume à lèvres.

Traitez la peau dure autour des ongles, sur les talons, les coudes et les genoux avec du baume à lèvres.

Disciplinez vos sourcils avec un peu de baume à lèvres.

Appliquez du baume à lèvres à la racine des cheveux **si vous faites votre teinture chez vous.**

Pour enlever une bague coincée, enduisez le doigt de baume à lèvres.

Lubrifiez une fermeture éclair un peu dure avec du baume à lèvres.

Faites briller les chaussures en cuir ciré et vernis avec un peu de baume à lèvres sur un chiffon doux.

Enduisez les clous et les vis avec du baume à lèvres avant de les enfoncer dans le bois pour qu'ils pénètrent plus facilement. Prévenez la corrosion des terminaux de batterie en les nettoyant et en les enduisant de baume à lèvres.

BICARBONATE

Santé

Attaquez les boutons d'acné avec du bicarbonate additionné d'un peu d'eau.

Faites mûrir un furoncle en le recouvrant d'une pâte de bicarbonate et d'eau.

Apaisez les brûlures dues au soleil, au vent et à la chaleur avec des compresses de bicarbonate.

Calmez les douleurs d'une indigestion avec une demi-cuiller à café de bicarbonate dans un demi-verre d'eau.

Évitez les flatulences en ajoutant 1 cuiller à soupe de bicarbonate à l'eau de cuisson des haricots et des lentilles.

Neutralisez une cystite dès les premiers symptômes avec un demi-verre d'eau additionné d'une demi-cuiller à café de bicarbonate toutes les 2 heures.

Traitez les mycoses des pieds ou pieds d'athlètes avec une pâte de bicarbonate et d'eau.

Éradiquez les verrues avec une pâte de bicarbonate et d'eau.

Calmez les démangeaisons provoquées par la varicelle, le psoriasis, l'urticaire, les allergies ou les irritations en ajoutant 1 tasse de bicarbonate à l'eau de votre bain.

Desséchez un herpès avec un mélange de dentifrice et de bicarbonate.

Soulagez les piqûres d'abeille et de guêpe, de puce, d'autres insectes identifiés ou non, ainsi que celles des méduses, avec une pâte de bicarbonate.

Calmez vos courbatures dans un bain additionné de 2 tasses de bicarbonate.

Dorlotez vos pieds fatigués dans un bain de pieds au bicarbonate.

Désodorisez ces mêmes pieds en leur donnant un bain au bicarbonate.

Soulagez les maux de gorge en vous gargarisant avec de l'eau chaude additionnée d'1 cuiller à café de bicarbonate.

Soignez les aphtes en les recouvrant d'une pâte de bicarbonate ou en faisant des bains de bouche au bicarbonate.

Contrez la mauvaise haleine avec des bains de bouche au bicarbonate.

Brossez-vous les dents avec du bicarbonate en cas de panne de dentifrice.

Éliminez le tartre et la plaque dentaire en suivant la même méthode.

Rincez-vous les narines avec une solution de bicarbonate et d'eau en cas de sinusite.

Apaisez l'érythème fessier de votre bébé en ajoutant une tasse de bicarbonate à l'eau de son bain.

Faites des bains oculaires avec un quart de cuiller à café de bicarbonate dans une demi-tasse d'eau bouillie refroidie.

Chassez le stress avec un bain bien chaud additionné de bicarbonate et de gros sel de mer.

Rusez avec votre manque de nicotine grâce à 2 cuillers à café de bicarbonate dans 1 verre d'eau, et buvez pendant que cela pétille.

Faites monter une écharde ou une épine à la surface de la peau en recouvrant la peau avec une pâte de bicarbonate.

Hygiène/beauté

Si vous n'avez pas de déodorant, utilisez du bicarbonate.

Faites un shampooing sec avec du bicarbonate.

Ajoutez du bicarbonate à votre shampooing habituel pour **éliminer les résidus de laque**, gel et autres produits pour les cheveux.

Neutralisez la couleur verte que vos cheveux ont prise à la piscine en les lavant avec du bicarbonate. (Voir page 192, SOS Cheveux verts).

Pour avoir la peau douce, faites un gommage de la tête aux pieds avec du bicarbonate.

Faites un masque désincrustant avec une pâte de bicarbonate.

Blanchissez et durcissez vos ongles en les trempant dans de l'eau chaude avec du bicarbonate.

Calmez le feu du rasoir avec une lotion composée d'1 tasse d'eau et d'1 cuiller à soupe de bicarbonate.

Maison

Remplacez votre poudre à récurer par du bicarbonate pour les plans de travail, les planches à découper, le carrelage, l'évier en inox, la robinetterie, la plaque de cuisson, le four, les filtres de la hotte aspirante, la baignoire, le carré de douche, le lavabo, les toilettes, etc.

Dégraissez et détachez vos plats, cocottes et casseroles avec du bicarbonate.

Faites briller vos verres, carafes et vases avec du bicarbonate.

Nettoyez l'acier, le chrome et le nickel avec du bicarbonate.

Prévenez les mauvaises odeurs avant de partir en vacances ou en week-end, en versant du bicarbonate dans le trou d'évacuation de l'évier sans faire couler d'eau.

Désodorisez un évier qui refoule avec du bicarbonate et du vinaigre.

Débouchez l'évier, le lavabo ou la baignoire avec du bicarbonate et du vinaigre.

Désodorisez le réfrigérateur, le congélateur, le lave-vaisselle, la machine à laver, les placards, la poubelle, les valises, les chaussures et les pieds avec du bicarbonate.

Optimisez la lessive, le liquide vaisselle et le produit pour lave-vaisselle avec du bicarbonate.

Remplacez l'assouplissant par du bicarbonate.

Blanchissez des rideaux jaunis en ajoutant du bicarbonate à l'eau de rinçage.

Traitez les marques de transpiration sur les vêtements avec du bicarbonate avant de les passer au lave-linge.

Neutralisez l'urine et les vomissures sur les tapis et les vêtements en saupoudrant les taches de bicarbonate.

Traitez les taches de graisse sur les vêtements en les recouvrant avec du bicarbonate ou avec une pâte de bicarbonate.

Entretenez la fosse septique avec du bicarbonate.

Enlevez les traces de doigts, les marques de crayon ou de graisse sur les murs avec du bicarbonate.

Lavez les parquets et boiseries avec du bicarbonate, du vinaigre et de l'eau chaude.

Nettoyez le marbre taché avec une pâte de bicarbonate et de vinaigre.

Désodorisez les tapis ou la moquette avec du bicarbonate.

Fabriquez votre propre désodorisant avec du bicarbonate, de l'eau et du jus de citron.

Lavez les meubles en osier avec une petite brosse trempée dans de l'eau additionnée de bicarbonate.

Éteignez un feu dans une friteuse ou une poêle avec du bicarbonate.

Pour que la purée soit plus légère, ajoutez 1 pincée de bicarbonate aux pommes de terre pendant que vous les écrasez.

Si le café a tendance à vous énerver, ajoutez 1 pincée de bicarbonate à votre breuvage favori.

Nettoyez et faites briller le pare-brise avec du bicarbonate.

Enlevez les insectes collés sur le pare-brise et les phares avec du bicarbonate.

Jardin

Arrosez de temps en temps les hortensias avec du bicarbonate pour qu'ils soient roses.

Testez l'acidité du sol avec une pincée de bicarbonate. Neutralisez l'acidité du sol en l'arrosant avec un mélange de 4 cuillers à soupe de bicarbonate dans 1 litre d'eau.

Arrosez de temps en temps les géraniums, bégonias et hortensias et toutes les plantes qui aiment les sols alcalins avec une solution de bicarbonate.

Saupoudrez de bicarbonate **le tour de vos pieds de tomates**. Elles seront plus sucrées et les insectes fuiront.

Versez un peu de bicarbonate sur les **endroits où vous ne voulez pas d'herbe ou de mauvaises herbes**.

Inondez les taches jaunes faites par l'urine de chien sur votre gazon avec 1 tasse de bicarbonate diluée dans 4 litres d'eau tous les 3 jours.

Traitez l'oïdium, le mildiou, la tavelure, la rouille et la fonte des semis en vaporisant les feuilles contaminées avec du bicarbonate et du liquide vaisselle dilués dans de l'eau.

Éloignez les fourmis en saupoudrant une ligne de bicarbonate.

Arrosez la fourmilière avec de l'eau, du bicarbonate et du vinaigre.

Vaporisez les pucerons, les araignées rouges et les mouches blanches avec une solution composée de bicarbonate, d'huile et d'eau.

CAFÉ

Dilatez les voies respiratoires pendant une crise d'asthme en buvant 2 bonnes tasses de café bien fort.

Décongestionnez une poitrine encombrée pendant la grippe ou le rhume en buvant 1 café bien chaud avec 1 paille.

Chassez les maux de tête dus aux abus d'alcool avec 2 bonnes tasses de café bien serré.

Mâchez quelques grains de café si vous avez mangé de l'ail ou de l'oignon ou si vous avez forcé sur l'alcool.

Récupérez le marc de café pour faire un **masque facial gommant et stimulant.**

Massez les zones envahies par la cellulite avec du marc de café.

Donnez des reflets aux cheveux bruns et roux en les rinçant avec du café bien fort.

Désodorisez des mains qui sentent mauvais avec du marc de café.

Désodorisez le réfrigérateur et le congélateur avec un récipient contenant du marc de café.

Éliminez les odeurs d'humidité et de moisi dans un placard, la cave ou le grenier, avec du marc de café dans un récipient ouvert.

Cachez des rayures sur le bois foncé en les tamponnant avec un coton imbibé de café bien fort.

Patinez l'ivoire en le plongeant dans du marc de café refroidi.

Cachez les taches sur le daim noir avec un peu de café.

Conservez le café au réfrigérateur. Et les grands stocks, au congélateur. Il conservera son arôme longtemps.

Arrosez le jardin avec les restes de café.

Mettez le marc de café au pied des plants et recouvrez-les avec un peu de terre. Faites de même pour vos plantes d'intérieur.

Le marc de café est également un **excellent engrais pour le gazon**.

Tester l'alcalinité du sol avec du vinaigre.
Pour réduire l'alcalinité du sol, mélangez du marc de café à la terre.

Éloignez les fourmis en saupoudrant du marc de café près des portes, dans le jardin et sur les fourmilières.

Chassez les pucerons et les autres insectes en arrosant le pied des plantes avant de saupoudrer de marc de café.

Empêchez les chats de déterrer vos plantations en mettant du marc de café et un peu de sucre en poudre en pleine terre et dans les pots.

CITRON

Santé

Lotionnez les boutons d'acné avec du jus de citron jaune ou vert le soir et rincez le lendemain.

Arrêtez les saignements avec du jus de citron.

Désinfectez les plaies avec du jus de citron.

Frottez vos pieds ou vos mains avec du jus de citron, en insistant sur les endroits sensibles **pour prévenir les ampoules**.

Traitez les aphtes en faisant des bains de bouche avec du jus de citron et de l'eau tiède.

En cas de lendemains difficiles, buvez de l'eau avec du jus de citron vert et du sucre.

Chassez la grippe en mangeant des quartiers de citron bien salés.

Calmez les saignements de nez en mettant 1 petit tampon de coton imbibé de jus de citron dans la narine sinistrée.

Attaquez un début de sinusite en aspirant du jus de citron par les narines.

Soignez une toux tenace en ajoutant du jus de citron et du miel dans 1 tasse d'eau bouillante.

Calmez les démangeaisons de l'urticaire et les autres, en les badigeonnant avec du jus de citron.

Éliminez une verrue en la frottant avec du jus de citron 3 fois par jour.

Soulagez les nausées en suçant un quartier de citron.

Calmez les vomissements en buvant des petites gorgées de citron vert toutes les 30 minutes.

Faites des bains oculaires avec de l'eau tiède additionnée d'1 goutte de citron.

Effacez les effluves d'ail ou d'oignon de l'haleine en suçant un quartier de citron avec du sel.
Ou rincez-vous la bouche avec 1 jus de citron dilué dans 1 verre d'eau et avalez.

Calmez les maux de tête avec un café suivi d'1 jus de citron.
Coupez 1 citron vert en deux pour le frotter sur le front.

Calmez vos envies de manger en buvant 1 verre d'eau additionné de 2 cuillers à café de jus de citron.
Si cela ne suffit pas, buvez ce breuvage pendant le repas.

Donnez un coup de pouce à votre régime en buvant 1 grand verre d'eau additionné d'1 jus de citron et d'1 cuiller à café de miel le matin à jeun.

Évitez de vous faire piquer par les moustiques en vous enduisant de jus de citron.

Soulagez les piqûres d'abeille, de guêpe, de frelon et d'aoûtat avec une compresse imbibée de jus de citron.

Traitez les mains moites en les frictionnant avec 1 tranche de citron. Laissez-les sécher à l'air.

Soignez vos maux de gorge en vous gargarisant avec du jus de citron et du sel dilués dans 1 verre d'eau chaude.

Calmez une conjonctivite en ajoutant quelques gouttes de citron vert dans un peu d'eau bouillie refroidie, à instiller en gouttes dans les yeux plusieurs fois par jour.

L'utilisation régulière du mélange d'1 goutte de citron dans 4 gouttes d'eau de rose permettrait d'**éviter les problèmes de cataracte**.

Stimulez des intestins paresseux avec 1 jus de citron vert dans 1 verre d'eau chaude le matin à jeun.

Soulagez les brûlures avec un mélange de jus de citron et d'eau.

Calmez les brûlures provoquées par les cystites avec 1 cuiller à soupe de jus de citron vert dans 1 verre d'eau minérale.

Apaisez le feu des démangeaisons diverses et variées, dont celles de l'eczéma, en les badigeonnant avec du jus de citron.

Stoppez une diarrhée avec 1 jus de citron vert dans 1 verre d'eau minérale tiède.

Faites mûrir un furoncle en le recouvrant avec la pulpe d'un citron préalablement passé au micro-ondes pendant 8 minutes.

Lotionnez les hémorroïdes avec un coton trempé dans du jus de citron.

Stoppez un hoquet tenace en suçant des quartiers de citron saupoudrés avec du sel.

Hygiène/beauté

Bichonnez vos coudes rugueux en les mettant dans des demi-citrons pressés auxquels vous ferez faire des mouvements circulaires.

Adoucissez une peau abîmée par le soleil en ajoutant une demi-tasse de jus de citron et des peaux de citrons non traités à l'eau de votre bain.

Préparez votre propre lotion tonique en mélangeant un peu de jus de citron dans le double d'eau.

Lotionnez les taches de vieillesse 2 fois par jour avec du jus de citron frais.

Blanchissez vos dents et prévenez la pyorrhée en vous massant les gencives avec le zeste d'un citron non traité.

Retirez les affreuses taches jaunes laissées par la nicotine sur les doigts en les frottant avec du jus de citron.

Effacez les odeurs tenaces sur les mains en les frottant avec du citron, avant de les laver avec du savon.

Défroissez des mains qui ont fait un séjour prolongé dans l'eau, en les massant avec du jus de citron.

Soignez vos ongles et traitez les cuticules en les massant avec du jus de citron.

Blanchissez vos ongles dans du jus de citron pendant 5 minutes, puis brossez-les avec ce même jus.

Soulagez des pieds en feu en mettant des rondelles de citron sous la plante des pieds, que vous maintiendrez en place pour la nuit avec du film étirable.

Lustrez vos cheveux en les rinçant avec du jus de citron jaune ou vert.

Faites comme les Vénitiennes de Botticelli, appliquez du jus de citron sur vos cheveux lavés. Séchez-les au soleil avant de les rincer.

Éliminez les pellicules en vous massant le cuir chevelu avec du jus de citron. Attendez 5 minutes avant de rincer et de faire votre shampooing.

Fabriquez votre laque pour les cheveux secs avec une décoction de citron ou d'orange.

Préparez une lotion volumatrice avec un jus de citron dans 100 ml d'eau, à vaporiser très légèrement sur vos cheveux avant le brushing.

Maison

Donnez du poli aux bronzes ternis avec du jus de citron.

Décapez les cuivres avec 3 cuillers à soupe de sel et 1 cuiller à soupe de jus de citron ou de vinaigre chaud.
Ou abrasez-les avec 1 citron coupé en 2 trempé dans du sel ou du bicarbonate.

Nettoyez le laiton avec un mélange de sel et de jus de citron.
Ou coupez un citron en 2, trempez-le dans du bicarbonate et frottez.

Enlevez les taches de café et de thé sur le marbre en les frottant avec du jus de citron et du sel.

Lavez la paille des chaises ou d'autres objets en paille avec une brosse trempée dans du jus de citron.

Parfumez la pièce en jetant des écorces d'agrumes dans les feux de cheminée.

Diminuez votre consommation de sel en le remplaçant par du jus de citron.

Ravivez le blanc de vos chaussettes grisâtres ou jaunâtres en les faisant bouillir dans une casserole d'eau avec une tranche de citron juste avant de les passer au lave-linge.

Lavez plus blanc en ajoutant 1 jus de citron à votre lessive.

Versez immédiatement du jus de citron sur les **taches de cerises noires, de mûres ou de myrtilles**. Laissez agir puis rincez avec de l'eau très chaude.

Versez du jus de citron sur une **tache d'encre toute fraîche**.

Nettoyez les traces métalliques que peuvent laisser les ceintures ou certains bijoux sur vos vêtements avec du jus de citron.

Faites reluire des chaussures de cuir noir ou marron avec du jus de citron.

Nettoyez les vis rouillées dévissées en les faisant tremper une nuit dans du jus de citron. Idem pour les écrous coincés sur les vis.

Jardin

Éloignez les araignées en vaporisant les endroits que vous voulez les voir éviter avec une bombe d'encaustique parfumée au citron.

Chassez les fourmis avec du jus de citron.

Éradiquez les pucerons en vaporisant les plantes infectées avec du jus de citron dilué dans de l'eau.

Chassez les chenilles, les doryphores et autres insectes indésirables en vaporisant les plantes envahies avec une décoction de zestes de citron, citron vert et orange ou pamplemousse.

COLA

Santé

Dilatez les voies respiratoires pendant une crise d'asthme en buvant 2 canettes de cola.

Calmez la brûlure d'une piqûre de méduse avec du cola en attendant le médecin.

Soulagez un mal de gorge en vous gargarisant avec du cola si vous n'avez rien d'autre sous la main.

Dégagez des voies respiratoires un peu encombrées par du phlegme avec une tasse de cola chaud au coucher.

Évitez les flatulences en ajoutant le contenu d'une canette de cola à l'eau de cuisson des haricots.

Hygiène & beauté

Redessinez vos boucles en versant du cola sans bulles sur vos cheveux avant de faire votre shampooing.

Donnez du volume aux cheveux bouclés en vaporisant un mélange de cola et d'eau sur les cheveux humides en les froissant.

Maison

Nettoyez les joints du carrelage, jaunis ou noircis, en les frottant avec un mélange de bicarbonate et de vinaigre ou avec le contenu d'une canette de cola.

Détachez les restes de nourriture collés au fond d'une cocotte, d'une casserole ou d'une poêle avec un peu de vinaigre ou de cola, après avoir fait bouillir, puis laissé refroidir le récipient.

Remplissez votre bouilloire avec du cola pendant la nuit. Le lendemain, videz et rincez plusieurs fois. Complètement détartrée, elle brillera comme un sou neuf.

Enlevez les taches de rouille sur le chrome en mettant un peu de cola sur la tache. Puis froissez un peu de papier alu et frottez le côté brillant sur le chrome.

Videz une canette de cola dans les toilettes. Laissez agir pendant la nuit. Frottez et tirez la chasse.

Éliminez les taches de rouille dans les baignoires avec du cola.

Traitez une tache d'encre ou de feutre avec du cola. Laissez agir, frottez, épongez bien et lavez avec de l'eau additionnée d'un peu de lessive ou de shampooing.

Lavez du linge très sale et qui sent très mauvais en ajoutant une canette de cola à votre lessive.

Lavez plus blanc en ajoutant le contenu d'une canette de cola à votre lessive.

Enlevez les taches de graisse sur les vêtements très sales en ajoutant une canette de cola à votre lessive. Utilisez de préférence de la lessive en poudre.

Attaquez les taches de beurre, de margarine ou de cambouis en vidant une canette de cola sur les taches, puis passez au lave-linge.

Retirez les taches de goudron ou de grésil avec le contenu d'une canette de cola. Passez à la machine avec de la lessive en poudre.

Nettoyez les vis rouillées dévissées en les faisant tremper une nuit dans du cola.

Dégivrez un pare-brise avec du cola.

Nettoyez la corrosion sur les terminaux de batterie en les nettoyant avec du cola.

Accélérez l'écoulement de l'eau de l'évier en vidant une bouteille de cola dans le trou d'évacuation. Cela peut suffire à faire partir les dépôts de gras dans la tuyauterie.

Jardin

Arrosez de temps en temps les plantes qui aiment les sols acides avec les restes de cola.

Attirez les limaces et les escargots avec du cola. Les pauvres bêtes se noieront dedans.

Tentez les souris et les rats avec un peu de cola dans un récipient. Ils adorent cette boisson, mortelle pour eux.

COMPRIMÉS POUR NETTOYER LES DENTIERS

Nettoyez vos ongles en les trempant quelques minutes dans un petit bol d'eau tiède avec un comprimé pour nettoyer les dentiers. Puis brossez-les avec une brosse à ongles.

Délogez la nourriture brûlée qui s'accroche aux plats en Pyrex® avec de l'eau bouillante, dans laquelle vous jetterez 2 ou 3 comprimés destinés à nettoyer les dentiers.

Détachez la graisse brûlée dans un plat ou une casserole, avec de l'eau bouillante et des comprimés pour nettoyer les dentiers. Laissez agir pendant 1 heure et frottez.

Nettoyez les vases en verre ternis avec de l'eau et 2 comprimés pour nettoyer les dentiers. Laissez agir 30 minutes et rincez soigneusement à l'eau claire.

Rénovez vos récipients en plastique avec de l'eau très chaude et 1 comprimé pour nettoyer les dentiers. Laissez agir pendant la nuit.

Détartrez votre bouilloire avec de l'eau et 2 pastilles pour nettoyer les dentiers pendant une nuit. Videz et rincez soigneusement avant de vous servir de votre bouilloire.

Nettoyez les thermos en les remplissant d'eau chaude avec 1 comprimé pour nettoyer les dentiers.

Détartrez et nettoyez vos toilettes en y jetant 1 pastille destinée à nettoyer les dentiers.

Nettoyez la tuyauterie en jetant quelques comprimés pour nettoyer les dentiers dans le trou d'évacuation, puis faites couler l'eau chaude.

Astiquez les enjoliveurs avec 1 comprimé pour nettoyer les dentiers dans 1 verre d'eau. Frottez pendant que le mélange fait des bulles. Rincez à l'eau claire.

Faites étinceler vos diamants en les plongeant dans un verre d'eau avec 1 comprimé pour nettoyer les dentiers pendant 2 minutes.

CRAIE

Polissez le métal et le marbre avec des bâtons de craie écrasée en poudre fine. Rincez à l'eau claire.

Éliminez les verrues en les frottant avec un bâton de craie 2 fois par jour, aussi longtemps que nécessaire.

Ralentissez le noircissement des couverts en argent en les rangeant avec un morceau de craie.

Empêchez vos outils de rouiller en mettant quelques bâtons de craie dans la boîte à outils.

Traitez les taches de graisse avec de la craie blanche, brossez et lavez comme d'habitude.

Absorbez l'humidité dans un placard en y suspendant une poignée de bâtons de craie attachés par un élastique.

Frottez l'extrémité du tournevis avec de la craie pour éviter qu'il ne glisse dans la fente de la vis.

Bouchez un trou dans un mur en plâtre en y mettant un morceau de craie, poncez et plâtrez.

Donnez du calcium aux plantes qui en manquent en écrasant de la craie blanche dont vous saupoudrerez le pied des plants.

Enrichissez le sol en calcium avant de faire vos plantations en le saupoudrant de bâtons de craie blanche écrasés.

Éloignez les fourmis avec une ligne de craie en poudre. Elles ne la franchiront pas.

Découragez les escargots en saupoudrant de la craie pilée autour des plantes. Les escargots ne s'y attaqueront plus.

DENTIFRICE

Asséchez et faites désenfler rapidement un bouton en le recouvrant, le soir au coucher, avec un peu de dentifrice ordinaire blanc.

Calmez les piqûres d'abeille, de guêpe, de frelon, d'aoûtat, de fourmi et de moustique avec du dentifrice.

Soulagez une brûlure avec du dentifrice. Laissez sécher et ne rincez pas avant plusieurs heures. Le dentifrice évite les cloques et accélère la guérison.

Attaquez un bouton d'herpès avec un mélange de bicarbonate et de dentifrice 3 fois par jour.

Nettoyez des mains malodorantes en les frottant avec du dentifrice, puis rincez.

Lavez des pieds qui dégagent des odeurs désagréables avec du dentifrice.

Enlevez les marques de teinture à cheveux sur la peau avec du dentifrice.

Astiquez la robinetterie avec un mélange de dentifrice et de bicarbonate. Utilisez une vieille brosse à dents pour bien frotter dans tous les recoins.

Frottez les verres rayés avec du dentifrice.

Otez le goudron collé aux pieds nus avec du dentifrice.

Effacez les rayures sur les chaussures avec un peu de dentifrice.

Bouchez des petits trous de clous dans le mur avant l'état des lieux du propriétaire avec du dentifrice.

Astiquez l'argenterie avec du dentifrice. Frottez dans les recoins avec une vieille brosse à dents. Rincez, essuyez et faites briller.

Évitez que les miroirs ou les vitres ne s'embuent en les frottant avec du dentifrice.

Faites rutiler la robinetterie avec un mélange de dentifrice et de bicarbonate. Utilisez une vieille brosse à dents pour atteindre les endroits difficiles.

Traitez les taches d'encre avec du dentifrice. Mettez-en sur l'endroit et l'envers de la tache. Laissez sécher puis passez au lave-linge.

Effacez les traits de crayon sur du papier peint non lavable avec un peu de dentifrice.

Estompez les marques faites par des plats trop chauds sur le bois avec du dentifrice et du bicarbonate. Frottez les marques pendant quelques minutes avec un chiffon humide trempé dans ce mélange.

Effacez les traces d'eau sur le bois avec du dentifrice ou avec un mélange de dentifrice et de bicarbonate.

Nettoyez les touches de piano avec un peu de dentifrice sur un chiffon humide, frottez, essuyez et faites-les briller avec un chiffon doux.

EAU GAZEUSE

Soulagez un estomac lourd avec un verre d'eau gazeuse.

Éliminez les mauvaises odeurs dans les cheveux avec 1 mesure de vinaigre dans 10 mesures d'eau gazeuse. Versez sur les cheveux et laissez sécher. Le lendemain ou au moins 6 heures plus tard, faites un shampooing.

Rendez vos crêpes plus légères en remplaçant la moitié du lait par de l'eau gazeuse.

Traitez les taches d'acide, d'urine, de vomissures, de bière, de café, de thé, de chocolat, de graisse avec de l'eau gazeuse.

Nettoyez les taches de graisse sur un pull en laine avec de l'eau gazeuse.

Recouvrez les taches de vin ou les autres sur un tapis avec de l'eau gazeuse.

Lavez les plans de travail et la table avec de l'eau gazeuse.

Effacez les traces d'eau sur un évier en acier inoxydable avec de l'eau gazeuse.

Rincez le four avec de l'eau gazeuse.

Évitez que la nourriture ne colle dans les cocottes en fonte en y versant de l'eau gazeuse.

Rincez le carrelage avec de l'eau gazeuse pour le faire étinceler.

Retirez la graisse sur le pare-brise avec de l'eau gazeuse.

Arrosez vos plantes 1 fois par semaine avec de l'eau gazeuse devenue plate.

FÉCULE DE MAÏS

Arrêtez la diarrhée avec 1 cuiller à café de fécule diluée dans 1 verre d'eau et buvez cette potion toutes les 4 heures.

Soulagez un coup de soleil sur une grande surface avec 1 tasse et demie de bicarbonate et une demi-tasse de fécule dans un bain tiède. Plongez-vous dans ce bain aussi longtemps que possible. Ne vous essuyez pas en sortant. Laissez la peau sécher à l'air libre.

Calmez les brûlures en les recouvrant d'une pâte faite de fécule additionnée d'un peu d'eau.

Soignez le pied d'athlète en saupoudrant le pied et l'intérieur de la chaussure de fécule.

Desséchez un herpès avec 1 cuiller à café de fécule et quelques gouttes d'eau pour faire une pâte. Tartinez ce plâtre sur le bouton.

Calmez le zona en faisant trempette dans un bain d'eau chaude additionnée de fécule.
Soulagez les irritations en les saupoudrant de fécule.

Minimisez les douleurs de l'épilation en saupoudrant les surfaces qui vont souffrir avec un peu de fécule avant d'étaler la cire.

Facilitez le passage du rasoir électrique sur vos jambes en les saupoudrant avec un peu de fécule.

Éradiquez les points noirs avec un masque préparé avec 2 cuillers à soupe de fécule et juste assez de vinaigre pour faire une pâte.

Faites un shampooing sec pour cheveux gras en saupoudrant une toute petite dose de fécule sur vos cheveux. Prenez soin de ne pas en mettre trop et de bien la distribuer.

Préparez votre amidon en faisant dissoudre entièrement 1 cuiller à soupe de fécule dans un demi-litre d'eau froide.

Nettoyez de la boue sur un tapis en la recouvrant avec de la fécule. Laissez agir 15 minutes, puis passez l'aspirateur.

Chassez les cafards en leur concoctant un petit mélange moitié fécule et moitié plâtre qu'ils vont avaler goulûment.

Faites briller votre voiture en la saupoudrant avec 1 cuiller à soupe de fécule puis en l'astiquant.

Défaites facilement les nœuds d'une ficelle en les saupoudrant de fécule.

Retirez l'excédent de cire sur les meubles en les saupoudrant avec un peu de fécule et en frottant avec un chiffon doux.

HUILE DE BAIN POUR BÉBÉ

Éliminez les gerçures et les peaux mortes sur les lèvres en les frottant avec quelques gouttes d'huile de bain pour bébé.

Évitez les maux d'oreilles à la piscine en mettant quelques gouttes d'huile de bain pour bébé dans vos pavillons avant de vous baigner.

Enlevez votre maquillage en un tour de main avec de l'huile de bain pour bébé.

Faites-vous une peau de soie avec 2 cuillers à soupe d'huile de bain pour bébé diluée dans l'eau du bain.

Soignez vos ongles en les trempant dans de l'huile de bain pour bébé chaude.

Soulagez les piqûres d'insectes avec de l'huile de bain pour bébé.

Astiquez l'acier inoxydable, le bronze et le chrome avec quelques gouttes d'huile de bain pour bébé sur un chiffon doux.

Faites briller le bois avec de l'huile de bain pour bébé sur un chiffon doux.

Nettoyez la graisse et la saleté sur les surfaces en formica et les hottes aspirantes avec de l'huile de bain pour bébé.

Enlevez les traces de colle laissées par les étiquettes sur le verre, le métal, le formica et le plastique avec de l'huile de bain pour bébé.

Séparez 2 bols ou deux verres coincés en faisant glisser quelques gouttes d'huile de bain pour bébé le long des côtés.

Nettoyez les traces d'encre sur les mains et les surfaces en vinyle avec de l'huile de bain pour bébé.

Effacez les taches de graisse et d'huile sur la peau avec de l'huile de bain pour bébé.

Nettoyez des mains recouvertes de peinture avec de l'huile de bain pour bébé, aussi efficace et moins agressive que le white-spirit ou la térébenthine.

Effacez les rayures sur les chaussures en cuir verni en les frottant avec de l'huile de bain pour bébé sur un chiffon doux.

Retirez les traces de savon sur la porte de la douche, le rideau de douche, les fenêtres et les meubles de la salle de bain et de la cuisine avec de l'huile de bain pour bébé.

Lubrifiez les pas de vis avec de l'huile de bain pour bébé.

Nettoyez les pinceaux avec de l'huile de bain pour bébé.

Enlevez le goudron sur la carrosserie de la voiture sans abîmer la peinture avec de l'huile de bain pour bébé.

HUILE D'OLIVE

Accélérez la cicatrisation de mamelons gercés avec un peu d'huile d'olive. Inutile de rincer avant d'allaiter, les bébés apprécient le goût.

Vous vous êtes brulé(e) avec une boisson trop chaude ? Apaisez la sensation de brûlure en avalant immédiatement 2 cuillers à soupe d'huile d'olive.

Stimulez un transit paresseux avec 1 cuiller à soupe d'huile d'olive le matin à jeun et le soir après le dîner.

Soignez des engelures plusieurs fois par jour avec de l'huile d'olive tiédie au bain-marie.

Prévenez les érythèmes fessiers de votre bébé en lui appliquant régulièrement de l'huile d'olive sur les fesses.

Évitez les maux d'oreilles attrapés à la piscine en mettant quelques gouttes d'huile d'olive tiède dans les oreilles avant d'y aller.

Neutralisez les piqûres de méduse en les recouvrant avec de l'huile d'olive, en attendant le médecin.

Après le bain ou la douche, soulagez un psoriasis en mettant de l'huile d'olive sur les parties atteintes de la peau encore mouillée.

Lubrifiez les peaux sèches avec de l'huile d'olive en l'appliquant directement sur la peau ou en l'ajoutant à l'eau du bain.

Pas de crème ou de mousse à raser ? Utilisez de l'huile d'olive.

Votre vernis est un peu terne, frottez vos ongles avec un peu d'huile d'olive pour lui redonner de l'éclat.

Soignez les ongles et les cuticules dans un bain d'huile d'olive.

Hydratez des cheveux très secs en ajoutant 2 cuillers à café d'huile à votre après-shampooing habituel. Rincez comme d'habitude.

Faites étinceler votre évier en acier en le frottant avec un peu l'huile d'olive.

Frottez votre argenterie avec un peu d'huile d'olive pour qu'elle ternisse moins rapidement.
Idem pour le laiton qui sera bien brillant et noircira moins rapidement.

Nettoyez le métal laqué avec quelques gouttes d'huile d'olive sur un chiffon doux.

Faites reluire un parquet ciré en mélangeant en quantités égales huile d'olive et vinaigre que vous appliquerez avec un torchon plié en quatre et fixé sur votre balai.

Enlevez les taches de peinture sur du parquet avec une fine couche d'huile d'olive. Laissez agir pendant 5 minutes, puis passez de la paille de fer très fine.

Évitez que vos petits pulls de laine ne piquent en ajoutant une demi-cuiller à café d'huile d'olive à l'eau de lavage du lave-linge ou à celle du lavage à la main.

Nettoyez les feuilles des plantes vertes avec de l'huile d'olive.

Chassez les taupes avec de l'huile d'olive.

Graissez vos outils avec de l'huile d'olive.

Nettoyez des mains très sales avec de l'huile d'olive et du sucre avant de les laver au savon.

LAQUE À CHEVEUX

Calmez la douleur des piqûres de moustiques en vaporisant un peu de laque dessus.

Éloignez les insectes petits ou grands avec de la laque premier prix.

Découragez les poux sur les cheveux de vos chérubins avec un petit coup de laque avant de les emmener à l'école.

Disciplinez vos sourcils avec un peu de laque.
Retirez les taches d'encre, de stylo à bille, de feutre indélébile en les vaporisant avec de la laque.

Enlevez les traces d'encre sur le vinyle avec de la laque.

Évitez qu'une tache de vinaigrette ne s'étale et ne s'incruste dans le tissu en la vaporisant avec de la laque.

Retirez les taches de colle sur le tissu avec de la laque. L'alcool qu'elle contient fera disparaître la colle.

Détachez la peinture acrylique avec de la laque avant de la gratter avec l'ongle.

Donnez un brillant exceptionnel à vos chaussures en les vaporisant avec un peu de laque fixation forte après les avoir cirées. Faites briller avec un chiffon doux.

Évitez que votre fil à coudre ne s'effiloche avec un peu de laque à cheveux.

Stoppez une maille de bas ou de collant qui file avec un jet de laque.

Vaporisez les orteils et les talons des bas et des collants avec de la laque après chaque lavage.

Neutralisez l'électricité statique des bas ou des collants avec un petit jet de laque.

Empêchez le cuivre et le laiton de ternir trop rapidement avec un petit coup de laque.

Évitez que les taches de graisse sur l'ancien papier peint en place ne ressortent sur le nouveau papier que vous posez par-dessus, en les vaporisant avec de la laque avant de retapisser.

Faites tenir des bretelles qui tombent ou des brides de sandales avec de la laque.

LINGETTES POUR SÈCHE-LINGE / ASSOUPLISSANT

Les lingettes pour sèche-linge peuvent être réutilisées pour nettoyer, dépoussiérer, désodoriser mais elles sont très polluantes. La solution, c'est de fabriquer vos propres lingettes écologiques avec des torchons trempés dans un mélange d'eau et de liquide assouplissant.

Éloignez les abeilles, les guêpes et les moustiques avec des lingettes.

Dissuadez les souris, les rats, les taupes, les chats et même les cerfs avec les mêmes lingettes.

En panne de dissolvant ? Utilisez une lingette pour retirer votre vernis.

Faites briller vos chaussures avec une lingette.

Enlevez le savon sur la porte de la douche avec une lingette.

Effacez les traces d'eau sur les miroirs et la robinetterie avec une lingette.

Éliminez la poussière et l'électricité statique sur les écrans de téléviseurs, d'ordinateurs, les claviers, les téléphones, les stores à lamelle avec des lingettes.

Désodorisez vos chaussures, sacs de sport, panier à linge, aspirateur, valises, placards, cave, grenier, voiture avec des lingettes.

Éliminez l'odeur de moisi d'un livre en coinçant quelques lingettes entre les pages et en enfermant le livre dans un sac en plastique bien fermé.

Enlevez les poils de chats sur les meubles avec des lingettes.

Désodorisez et parfumez votre tente et vos sacs de couchage en les rangeant avec des lingettes.

Détachez la nourriture collée dans les plats, les casseroles et les cocottes en recouvrant les dégâts avec une lingette et de l'eau bouillante.

Passez une aiguille enfilée dans une lingette pour éviter que le fil ne fasse des nœuds.

Éliminez l'électricité statique des bas, des collants ou autres vêtements en les frottant avec une lingette humide.

Utilisez une lingette **pour essuyer la sciure**, après avoir percé ou poncé du bois.

MIEL

Soignez les boutons d'acné en les enduisant de miel pour la nuit.

Encouragez votre bébé à téter en mettant un peu de miel sur le mamelon avant de le lui présenter.

Évitez l'infection des mamelons gercés en les recouvrant de miel et d'un peu de gaze.

Soulagez les brûlures avec du miel recouvert d'une gaze.

Calmez une conjonctivite avec 1 ou 2 gouttes de miel directement dans l'œil. Si vous préférez les bains oculaires, faites dissoudre 3 cuillers à soupe de miel dans 2 tasses d'eau bouillante que vous laisserez tiédir avant de vous en servir.

Luttez contre la constipation avec 1 cuiller à soupe de miel 3 fois par jour, tel quel, sur vos tartines ou dans les boissons.

Désinfectez les coupures, les blessures infectées, les piqûres d'insectes avec du miel.

Soignez une toux tenace en ajoutant du jus de citron et du miel dans 1 tasse d'eau bouillante.

Un mélange de 2 cuillers à soupe de miel et d'1 cuiller à café de poivre est un expectorant puissant **contre le mucus et assèche les sécrétions**.

Calmez les maux de gorge en vous gargarisant avec un mélange de miel et de citron.

Soulagez les démangeaisons et les irritations avec une fine couche de miel sur la peau malade. Le miel désinfecte et accélère la guérison.

Soignez l'urticaire en appliquant une fine couche de miel sur la peau atteinte.

Éradiquez les verrues en les recouvrant de miel puis d'un sparadrap 2 fois par jour. La verrue devrait commencer à montrer des signes de reddition au bout de 2 jours.

Désinfectez vos intestins contaminés par les indésirables appelés *salmonelle, colibacille* ou *shigelle* avec une demi-cuiller à café de miel toutes les heures.

Faites remonter une écharde à la surface en enduisant la peau de miel.

Soulagez les érythèmes fessiers de votre bébé en laissant ses fesses à l'air pendant 15 minutes, puis en les recouvrant délicatement de miel avant de lui remettre une couche.

Chassez le hoquet avec 2 cuillers à soupe de miel.

Survivez aux lendemains difficiles avec 2 à 6 cuillers à café de miel toutes les 20 minutes dès le réveil, selon l'intensité des dégâts. Continuez la cure de miel jusqu'à ce que vous vous sentiez mieux.

Lorsque vous sentez arriver une migraine ou que vous souffrez des libations de la vieille, prenez 2 cuillers à soupe de miel à chaque repas.

Traitez le pied d'athlète avec du miel le soir au coucher. Couvrez avec du film étirable, de la gaze ou une vieille chaussette pour la nuit.

Évitez le rhume des foins en mangeant 2 cuillers à café par jour du miel de la région dans laquelle vous habitez à partir du mois de février.

Faites-vous une peau satinée en ajoutant une demi-tasse de miel à l'eau de votre bain.

Retrouvez des mains douces en les enduisant avec du miel pendant 5 minutes, rincez et hydratez.

Donnez brillance et volume à vos cheveux avec 1 cuiller à café de miel dilué dans un demi-litre d'eau tiède. Versez sur les cheveux sans rincer.

Faites la guerre aux pellicules en massant votre cuir chevelu avec 1 cuiller à café de miel dilué dans 1 tasse d'eau chaude. Puis faites votre shampooing.

PIMENT DE CAYENNE / TABASCO®

Arrêtez le sang d'une coupure en la recouvrant avec une bonne dose de piment de Cayenne, qui en plus désinfecte et favorise la cicatrisation.

Soignez la goutte et les rhumatismes avec des compresses. Faites bouillir 1 cuiller à soupe de piment de Cayenne ou 2 cuillers à café de Tabasco® dans une tasse de vinaigre de cidre et une tasse d'eau, et appliquez sur les articulations douloureuses.

Chassez le mal de tête résultant d'une nuit d'excès avec une demi-cuiller à café de piment ou de Tabasco® dans 1 verre d'eau. Buvez lentement. Ce remède va activer la circulation et soulager la migraine.

Stimulez la circulation du sang avec 1 cuiller à café bien bombée de piment de Cayenne ou une demi-cuiller à café de Tabasco® dans un jus de fruit ou un verre d'eau.

Soignez les maux de gorge en vous gargarisant avec une demi-cuiller à soupe de piment de Cayenne ou 1 cuiller à café de Tabasco® dans 1 verre d'eau chaude. Avalez ce breuvage de feu qui va activer la circulation au fond de la gorge. Vous pouvez ajouter du miel si vous en avez envie.

Soulagez les maux de dents avec 1 pincée de piment sur la gencive ou quelques gouttes de Tabasco®. Au début vous aurez encore plus mal aux dents, mais en quelques secondes, vous serez soulagé(e).

Calmez des règles abondantes avec un quart de cuiller à café de piment ajouté à un demi-verre d'eau tiède, à boire 3 fois par jour.

Tuez un rhume ou un coup de froid dans l'œuf grâce à un bain de pieds dans de l'eau très chaude avec 3 grosses cuillers à soupe de piment en poudre ou un quart de bouteille de Tabasco®.

Décongestionnez tout le système respiratoire en buvant un quart de cuiller à café de piment ou 20 gouttes de Tabasco® dans 1 verre de jus de tomate.

Débouchez les sinus en mangeant du piment ou en l'ajoutant à un verre d'eau.

Faites des inhalations de piment avec 1 cuiller à soupe de piment dans un bol d'eau très chaude. Respirez aussi longtemps que possible. Faites une pause et recommencez le processus pendant une dizaine de minutes.

Soignez les toux grasses en vous gargarisant avec une demi-cuiller à café de piment ou 20 gouttes de Tabasco® dans un verre d'eau ou de jus de fruit. Avalez tout jusqu'à la dernière goutte.

Éradiquez les pucerons, les cochenilles et les chenilles en les pulvérisant avec 1 cuiller à café de liquide vaisselle et 1 pincée de piment dans 1 litre d'eau.

Chassez les chats, les chiens, les rongeurs avec un mélange de piment et d'ail dans de l'eau.

Éloignez les fourmis avec une ligne de piment de Cayenne.

POIVRE

Stoppez le sang d'une coupure qui saigne abondamment en la recouvrant avec une bonne dose de poivre.

Arrêtez les saignements de nez en mangeant du poivre ou en buvant 1 verre d'eau avec une demi-cuiller à soupe de poivre.

Calmez la toux avec 2 cuillers à soupe de miel et 1 cuiller à café de poivre. Le poivre est un expectorant puissant qui nettoie le mucus et assèche les sécrétions.

Évitez que les couleurs ne déteignent en ajoutant 1 cuiller à café de poivre moulu à votre lessive.

Stoppez momentanément une petite fuite du radiateur de votre voiture en versant 1 cuiller à café de grains de poivre dans le radiateur. Ils tombent au fond, se gonflent et bouchent les trous.

Chassez les mites avec des petits sachets remplis de poivre dans les placards et les tiroirs.

RUBAN ADHÉSIF

N'oubliez pas de faire un test en collant du ruban adhésif sur une petite surface de peau pour vous assurer que vous ne faites pas d'allergie à ce produit et que vous pourrez l'arracher sans douleur.

Évitez les ampoules en mettant du ruban adhésif sur les endroits où vous risquez d'en avoir.

Soulagez un doigt en compote en le fixant solidement contre le doigt le plus proche avec l'adhésif. Cette attelle de fortune le protègera.

Enlevez une épine avec du ruban adhésif que vous collez sur l'épine avant de l'arracher. Le ruban adhésif permet de retirer la plupart des épines et des échardes sans douleur et sans effort.

Soulagez une foulure ou une tendinite avec un *strapping* fait avec du ruban adhésif pour soutenir et reposer votre cheville.

Fabriquez-vous un soutien-gorge pour une robe qui n'en permet pas le port, avec du ruban adhésif large. Coupez des bouts d'adhésif et pressez-les sur une serviette éponge avant de les coller sur la peau pour remonter et rapprocher vos seins. (Voir page 150, SOS Décolleté).

Faites un ourlet temporaire avec du ruban adhésif.

Réparez temporairement un accroc sur votre jean avec du ruban adhésif. Mettez le jean à l'envers, rapprochez les bords de l'accroc autant que possible et collez le ruban. Passez un fer à repasser chaud dessus. Cette réparation de fortune sur votre jean résistera à plusieurs lavages.

Rebouchez le vin ou le champagne avec du ruban adhésif.

Percez des trous dans le carrelage ou d'autres surfaces en céramique sans problème, en faisant une croix sur le carrelage avec du ruban adhésif et en perçant au centre de la croix.

Protégez les poignées des portes et des fenêtres avec du ruban adhésif avant de faire des travaux de peinture.

Évitez que du bois tendre ou du contre-plaqué ne se fendent lorsque vous les sciez, en collant du ruban adhésif sur l'endroit que vous allez couper.

Évitez les problèmes de serrure gelée en collant un morceau de ruban adhésif sur la serrure de votre voiture. N'oubliez pas de laisser largement dépasser les coins pour que l'adhésif soit plus facile à décoller.

SEL

Santé

Attaquez vos boutons d'acné avec une demi-cuiller à café de sel dans un petit verre d'eau tiède. Lotionnez les boutons délicatement. Le sel fait désenfler les coupables et en atténue les rougeurs.

Soignez les aphtes en faisant des bains de bouche avec 1 cuiller à café de sel dans 1 verre d'eau bouillie tiédie.

Soulagez les brûlures buccales par des bains de bouche avec 1 cuiller à café de sel dans 1 verre d'eau chaude toutes les 15 minutes.

Stoppez les envies de fumer avec un peu de sel sur le bout de la langue.

Sortez une épine récalcitrante du doigt ou de l'orteil en commençant par un bain d'eau chaude additionnée d'1 cuillère à soupe de gros sel pendant 5 minutes. L'épine sera alors plus facile à extraire avec une pince à épiler ou une aiguille stérile. N'oubliez surtout pas de désinfecter.

Défatiguez-vous dans un bain chaud avec 1 kilo de gros sel de mer pendant 15 minutes.

Soignez les maux de gorge en vous gargarisant plusieurs fois par jour avec 1 cuiller à café de sel dans un verre d'eau chaude, mais n'avalez pas l'eau.

Requinquez des pieds "en compote" dans une cuvette d'eau froide avec 2 bonnes poignées de gros sel de mer.

Traitez le pied d'athlète avec des bains de pieds d'eau salée pendant 15 minutes, 2 fois par jour. Le sel tue le champignon et réduit la transpiration.

Calmez une sinusite avec des inhalations de vapeur d'eau salée, au-dessus d'un grand bol d'eau salée aussi chaude que possible.

Attaquez une laryngite en vous gargarisant avec de l'eau salée plusieurs fois par jour.

Soulagez des yeux qui coulent avec un petit bain d'eau salée matin et soir. Faites fondre une demi-cuiller à café de sel dans un demi-litre d'eau.

Calmez les piqûres d'abeille, de guêpe et de moustique en mouillant la piqûre et en la recouvrant de sel.

Hygiène & beauté

Dégonflez vos paupières en posant pendant 15 minutes des compresses trempées dans 4 tasses d'eau tiède avec 1 cuiller à café de sel.

Durcissez vos ongles dans un bol d'eau tiède avec 2 cuillers à café de sel.

En panne de dentifrice ? Trempez votre brosse à dents mouillée dans un peu de sel.

Faites un petit gommage en massant votre peau mouillée avec du sel.

Lavez des mains très sales avec de l'eau et du savon, faites bien mousser, ajoutez du sel et frottez vigoureusement avant de rincer.

Faites un shampooing sec en frottant vos cheveux avec du sel, laissez agir 10 minutes et brossez vigoureusement pour tout retirer.

Maison

Nettoyez les projections, éclaboussures et autres débordements dans un four encore chaud en les saupoudrant avec du sel.

Si les projections sont sèches, mouillez-les avant de les recouvrir de sel. Attendez que le four soit froid pour les gratter et laver le four.

Faites briller vos bronzes, cuivres, étains et laitons en utilisant une pâte à sel préparée avec 1 cuiller à café de sel fondu dans 1 tasse de vinaigre, à laquelle vous ajouterez de la farine pour faire une pâte. Etendez-la sur le métal pendant 1 heure ou 2. Rincez à l'eau chaude et astiquez avec un chiffon doux et quelques gouttes d'huile de bain pour bébé.

Évitez la condensation sur les vitres en mettant un petit récipient avec du sel sur le rebord de la fenêtre.

Nettoyez les traces d'œuf cru sur un beau parquet en saupoudrant généreusement l'œuf de sel. Laissez agir puis nettoyez avec du papier absorbant ou un chiffon. Il n'y aura plus aucune trace sur le parquet.

Ravivez vos tapis en les saupoudrant avec du sel. Laissez sécher et passez l'aspirateur.

Nettoyez la suie en la recouvrant avec une épaisse couche de sel, puis passez l'aspirateur.

Traitez les taches de vin sur les tapis en les saupoudrant immédiatement avec du sel, et aspirez une fois que le sel est sec.

Conservez plus longtemps les fleurs coupées en ajoutant 1/4 de cuiller à café de sel à l'eau du vase.

Facilitez le repassage du linge en ajoutant un peu de gros sel à l'eau de rinçage.

Évitez que les couleurs ne déteignent en ajoutant 1 tasse de sel à votre lessive.

Ravivez les couleurs en ajoutant une demi-tasse de sel à votre lessive.

Assouplissez vos jeans en ajoutant une demi-tasse de sel à votre lessive. Ils seront doux au toucher et garderont leur couleur plus longtemps.

Avant de traiter les taches d'encre mouillées, essayez d'absorber le maximum avec du sel.

Absorbez la graisse et l'huile des taches que vous venez de faire en les recouvrant avec du sel. Laissez sécher, frottez et passez au lave-linge.

Nettoyez la semelle d'un fer à repasser en saupoudrant un peu de sel sur du papier absorbant, que vous passerez dessus plusieurs fois.
Ou frottez la semelle avec un chiffon trempé dans du vinaigre puis dans du sel fin. Essuyez avec un chiffon sec.

Optimisez l'arôme du café en ajoutant une pincée de sel dans le filtre à café.
Idem pour l'arôme du thé et du chocolat. Ajoutez une pincée de sel aux feuilles de thé et à la poudre de chocolat.

Effacez le goût amer d'un café bouilli en ajoutant une pincée de sel.

Rafraîchissez une bouteille de champagne rapidement en alternant les couches de glaçons et les couches de sel dans le seau à glace. Le champagne sera prêt à être servi en 10 minutes.

Conservez un citron entamé au réfrigérateur, retourné sur une soucoupe avec un peu de sel fin.

Évitez que le fromage ne moisisse en mettant un peu de sel dans la boîte à fromage.

Accélérez la prise de la gélatine avec une pincée de sel.

Conservez le lait plus longtemps en lui ajoutant 1 pincée de sel.

Assurez-vous que la salade reste croquante en la saupoudrant avec du sel.

Faites bouillir l'eau à des températures plus élevées et réduisez ainsi le temps de cuisson en ajoutant du sel.

Écalez les œufs plus facilement en ajoutant du sel à l'eau de cuisson.

Épluchez des noix de toutes sortes plus facilement en les faisant tremper quelques heures dans l'eau salée.

Lessivez les murs, plafonds, portes, plinthes et fenêtres avec un demi-verre de gros sel dans un seau d'eau chaude.

Lavez les meubles en rotin avec une solution salée et ils ne jauniront pas.

Éteignez une poêle ou une friteuse en feu en jetant deux bonnes tasses de sel sur les flammes.

Jardin

Découragez les mauvaises herbes en saupoudrant un peu de sel sur les endroits où vous ne voulez pas qu'elles poussent.

Tuez le pissenlit en versant du sel dessus.

Éloignez les fourmis avec une ligne de sel. Elles ne la franchiront pas.

Tuez les limaces en saupoudrant les malheureuses avec une poignée du sel. Ça les tuera aussi sûrement et rapidement que n'importe quel anti-limace chimique.

Évitez le gel sur les fenêtres en les lavant avec une solution d'eau salée, puis en les frottant pour les sécher.

Empêchez la neige et le gel de rester sur votre pare-brise en le frottant avec un petit sac en tissu rempli de sel et passé sous l'eau.

SHAMPOOING

Démaquillez-vous les yeux, même s'ils sont sensibles, avec 1 mesure de shampooing pour bébé dans 2 mesures d'eau.

Dégraissez vos mains avec du shampooing.

En panne de liquide vaisselle ? Prenez du shampooing.

Vous n'avez plus de produit pour nettoyer la baignoire ? Un peu de shampooing fera l'affaire.

Plus de mousse à raser ? Utilisez du shampooing.

Lavez vos pulls en laine à la main avec du shampooing.

Attaquez les taches de chocolat avec de l'eau gazeuse puis du shampooing. Rincez à l'eau gazeuse et épongez avec du papier absorbant.

Traitez les taches de graisse avec du shampooing, frottez avec une brosse douce et rincez avec de l'eau gazeuse.

Effacez les taches de jus d'orange, préalablement rincées à l'eau gazeuse, avec du shampooing et une brosse à dents. Rincez à l'eau gazeuse.

Retirez les taches de cambouis déjà traitées avec du dégrippant en aérosol (4 fonctions, 3-en-1 ou autre), en les frottant avec du shampooing avant de les passer au lave-linge.

Enlevez les traces de rouge à lèvres en mettant du papier absorbant sous la tache, avant de frotter avec du shampooing.

Blanchissez les meubles en rotin en les lavant avec du shampooing.

TALC

Évitez les ampoules en frottant du talc sur vos pieds. Mettez-en aussi dans vos chaussettes et vos chaussures pour éviter la friction entre la chaussure et le pied.

Remplacez le déodorant par un petit coup de talc sous les bras pour absorber l'humidité et éliminer les bactéries.

Rendez votre épilation moins douloureuse en saupoudrant les parties à épiler avec un peu de talc, avant de les recouvrir de cire.

Facilitez le passage du rasoir électrique sur vos jambes en les saupoudrant avec un soupçon de talc, avant d'attaquer votre système pileux.

Évitez que votre rouge à lèvres ne file en passant un peu de talc sur vos lèvres maquillées et après avoir mordu dans un mouchoir en papier.

Faites un shampooing sec avec un peu de talc sur les cheveux. Frottez pour bien distribuer le talc, attendez 10 minutes et brossez.

Séchez, désodorisez et enfilez vos gants en caoutchouc plus facilement en saupoudrant du talc à l'intérieur.

Absorbez l'huile et la graisse de taches récentes sur un tapis en les saupoudrant avec du talc tous les jours jusqu'à ce qu'elles disparaissent.

Traitez les taches de boue en les saupoudrant avec du talc, laissez agir 15 minutes, puis passez l'aspirateur.

Attaquez les taches d'encre mouillée en les recouvrant de talc. Puis mettez du papier absorbant ou des mouchoirs sous la tache et vaporisez-la avec de la laque. Changez régulièrement le papier absorbant.

Nettoyez les taches de graisse sur le daim et le nubuck avec du talc. Laissez agir 12 heures puis brossez.

Enlevez les taches de suie sur les vêtements en les recouvrant généreusement de talc. Laissez agir et secouez à nouveau avant de les passer au lave-linge.

Traitez des semelles en crêpe devenues un peu collantes en les recouvrant généreusement de talc. N'oubliez pas de les essuyer avant de les remettre.

Mettez fin aux grincements du parquet en versant du talc dans les fentes et en marchant dessus pour bien le distribuer.

Éloignez les fourmis avec une ligne de talc.

Éliminez les pucerons sur vos plantes en saupoudrant les feuilles avec du talc.

Découragez les escargots avec du talc autour des plantes.

Transformez un pot de peinture brillante en peinture mate en lui ajoutant du talc.

Réparez le carrelage mural ébréché avec un mélange de talc et de résine époxy.

Gardez des ciseaux bien lisses lorsque vous coupez des matériaux collants en les saupoudrant de talc avant de couper.

THÉ

Santé

Durcissez la peau de vos pieds avant de partir en randonnée ou de courir un marathon, avec des bains de pieds dans du thé noir 2 fois par jour, tous les jours pendant 3 semaines.

Soignez les aphtes avec un sachet de thé trempé dans de l'eau tiède et pressé contre l'aphte aussi longtemps que possible. L'acide tannique du thé accélère la guérison.

Lotionnez les brûlures avec un thé noir très fort et tiède.

Éliminez les cals avec des sachets de thé infusés en compresse sur les cals, pendant 30 minutes par jour pendant 2 semaines. Ou faites un bain de pieds quotidien de 30 minutes par jour pendant 3 semaines dans du thé noir bien fort.

Soignez les cors avec vos sachets de thé usagés en compresse pendant 30 minutes, tous les jours durant 1 semaine ou 2. Les cors devraient disparaître sans problème.

Soulagez une conjonctivite avec un sachet de thé noir passé sous l'eau froide. Mettez-le sur l'œil pendant 10 minutes. Répétez plusieurs fois par jour. Vous pouvez compléter en donnant un petit bain de thé très léger à l'œil ou aux yeux endoloris.

Calmez les coups de soleil avec un thé bien fort, 6 sachets par litre d'eau. Laissez refroidir et lotionnez délicatement les dégâts. Ou mettez une douzaine de sachets de thé dans l'eau de votre bain et prélassez-vous dedans pendant une bonne trentaine de minutes.

Soulagez un cuir chevelu victime d'un coup de soleil avec une bonne tasse de thé vert refroidi.

Arrêtez les saignements et soulagez la douleur provoquée par une coupure en appliquant un sachet de thé trempé dans de l'eau chaude.

Faites mûrir un furoncle en le recouvrant avec 1 sachet de thé trempé dans de l'eau très chaude. Collez le sachet avec du ruban adhésif et laissez en place pendant la nuit. Le furoncle devrait se vider le lendemain matin.

Gommez les gerçures avec un sachet de thé passé sous l'eau chaude. L'acide tannique contenu dans le thé resserre la peau des lèvres et l'hydrate.

Lotionnez un herpès avec du thé noir de préférence. Faites infuser 1 sachet dans une tasse d'eau bouillante pendant 10 minutes. Laissez refroidir avant de tamponner les lésions douloureuses. Au bout de 4 à 5 jours, une croûte devrait se former.

Séchez des mains moites avec vos sachets de thé usagés. Prenez-en un dans chaque main et serrez-les pendant 15 minutes tous les jours. Comptez 3 semaines avant d'obtenir un résultat satisfaisant.

Calmez les maux de gorge avec un thé bien serré. Jetez 3 sachets dans une tasse d'eau bouillante. Laissez infuser jusqu'à ce que le thé soit pratiquement noir mais toujours chaud. Gargarisez-vous longuement sans avaler toutes les heures jusqu'à ce que ça aille mieux.

Calmez la douleur après une extraction dentaire avec 1 sachet de thé. Trempez-le dans de l'eau bouillante, pressez-le et laissez-le refroidir. Appliquez-le sur la cavité endolorie pendant 30 minutes. L'acide tannique contenu dans le thé est très astringent, il arrête les saignements.

Soulagez les maux de dents et des gencives qui saignent avec un sachet de thé.

Bichonnez vos pieds fatigués grâce à un bain dans une cuvette d'eau tiède additionnée de thé très fort, fait avec 10 sachets de thé noir ou avec la moitié d'un bocal de thé instantané non sucré.

Traitez le pied d'athlète avec un bain de pieds dans un thé bien fort. Infusez 8 sachets dans 1 litre d'eau bouillante pendant 10 minutes et ajoutez de l'eau tiède avant d'y tremper vos pieds.

Faites mûrir un orgelet avec 1 sachet de thé noir passé sous l'eau et appliqué en compresse le soir au coucher. Maintenez-le en place pour la nuit avec un sparadrap.

Calmez les piqûres d'insectes avec 1 sachet de thé passé sous l'eau chaude et appliqué en compresse.

Soulagez votre bébé après une piqûre faite par le médecin avec 1 sachet de thé passé sous l'eau chaude et appliqué à l'endroit de la piqûre.

Éradiquez une verrue en la recouvrant avec 1 sachet de thé pendant 15 minutes par jour, tous les jours durant 10 jours ou jusqu'à volatilisation de la verrue.

Calmez les spasmes intestinaux dus aux vomissements et réhydratez-vous en buvant beaucoup de thé.

Soulagez des yeux douloureux avec un bon thé. Buvez-en une tasse et utilisez le reste pour faire un bain oculaire.

Utilisez les sachets usagés **pour vous faire des compresses sur les paupières endolories.**

Hygiène & beauté

Faites désenfler vos paupières avec 2 sachets de thé usagés que vous mettez au congélateur pendant quelques minutes avant de les poser sur vos paupières.

Désodorisez vos pieds avec un bain de thé. Faites infuser 5 sachets de thé dans 1 litre d'eau. Laissez tiédir avant d'y plonger les pieds pendant 30 minutes.

Donnez de beaux reflets aux cheveux bruns et roux avec un thé bien fort refroidi que vous verserez sur les cheveux après le shampooing. Laissez agir 30 minutes avant de rincer à l'eau tiède.

Maison

Désodorisez le réfrigérateur avec un sachet de thé.

Nettoyez un tapis en saupoudrant des feuilles de thé, laissez agir 15 minutes et passez l'aspirateur.

Lavez le parquet verni avec du thé bien fort.

Colorez les rayures sur le parquet avec du thé froid.

Nettoyez le bois laqué avec un chiffon trempé dans du thé noir froid. Séchez et faites briller avec un chiffon doux.

Faites briller vos meubles cirés avec un chiffon imbibé de thé noir froid.

Jardin

Donnez à boire et à manger à vos plantes en les arrosant avec du thé tiède une fois par semaine et en ajoutant des feuilles de thé à la terre de vos plantes. Le thé est riche en azote et en potasse. Ajoutez quelques sachets de thé au fond des pots lors du rempotage

Arrosez le jardin avec les restes de thé. Mettez les feuilles de thé utilisées, en vrac ou en sachet, au pied des plants et recouvrez-les avec un peu de terre.

Réparez un gazon pelé en recouvrant les plaques chauves avec des feuilles de thé usagées ou avec des sachets de thé.

Accélérez la germination des graines de gazon avant de les semer en les faisant tremper dans du thé refroidi pendant 1 heure.

VASELINE

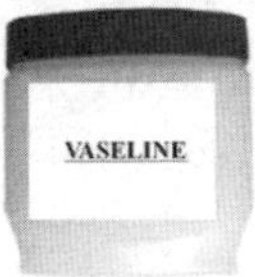

Santé

Évitez les ampoules en tartinant une généreuse couche de vaseline sur les endroits sensibles des pieds et les points de friction avec la chaussure.

Prévenez la formation des bosses en appliquant immédiatement de la vaseline sur l'endroit touché.

Accélérez la guérison des brûlures légères en les recouvrant de vaseline.

Attaquez les cors avec de la vaseline.

Soulagez la peau craquelée et desséchée par un herpès avec de la vaseline.

Calmez les démangeaisons du psoriasis en appliquant de la vaseline sur les parties irritées après le bain ou la douche, sans vous sécher, pour conserver l'humidité.

Prévenez les érythèmes fessiers en appliquant une fine couche de vaseline sur les fesses de votre bébé.

Hygiène & beauté

Démaquillez le visage et les yeux avec de la vaseline si vous n'avez plus de démaquillant.

En panne de crème hydratante ? Utilisez de la vaseline, étalez-en une toute petite quantité tout en ajoutant progressivement beaucoup d'eau.

Vous n'avez plus de mousse à raser ? La vaseline est un excellent ersatz. Vos jambes seront impeccablement rasées et d'une douceur incroyable. La lame de votre rasoir, par contre, sera bonne pour la poubelle.

Évitez les rougeurs et les irritations après le rasage du maillot en passant de la vaseline sur la partie rasée.

Faites-vous des lèvres toutes douces en les massant avec un peu de vaseline.

Apaisez des lèvres gercées avec de la vaseline si vous n'avez plus de baume à lèvres.

Ressuscitez votre rouge à lèvres préféré complètement desséché en le mélangeant avec un peu de vaseline.

Nettoyez des mains très sales en les frottant avec de la vaseline, attendez 5 minutes avant de les rincer dans de l'eau savonneuse bien chaude.

Hydratez des mains très sèches avec de la vaseline additionnée de quelques gouttes d'huile d'olive. Massez vos mains et mettez-les dans des sachets en plastique enveloppés dans des serviettes chaudes.

Faites briller vos ongles et traitez les cuticules en les massant avec de la vaseline.

Empêchez le bouchon des flacons de vernis à ongles de coller à la bouteille en mettant un peu de vaseline à l'intérieur du bouchon ou sur le flacon.

Évitez de vous mettre de la teinture sur le visage en enduisant la peau près des cheveux d'une fine couche de vaseline.

Contrôlez des cheveux rebelles avec un soupçon de vaseline chauffée dans les mains.

Disciplinez vos sourcils avec un peu de vaseline.

Maison

Empêchez l'argent, le cuivre, le laiton et l'étain de ternir trop rapidement une fois nettoyés en les frottant avec un peu de vaseline.

Nettoyez le nickel avec une pâte de bicarbonate ou de sel et de vaseline. Frottez et polissez-le avec une peau de chamois.

Faites briller les meubles en bois avec un peu de vaseline sur un chiffon doux.

Effacez les taches, éraflures, rayures et autres traces sur des meubles en bois en recouvrant les accidents avec de la vaseline. Laissez agir 24 heures, frottez, retirez l'excédent et faites briller.

Recouvrez une tache de rouge à lèvres avec de la vaseline et passez au lave-linge.

Nourrissez, imperméabilisez et faites briller tous vos cuirs, meubles compris, avec un peu de vaseline sur un chiffon doux.

Nettoyez des chaussures vernies avec un peu de vaseline puis faites-les briller avec un chiffon doux ou une peau de chamois.

Nourrissez des chaussures en cuir qui ont été mouillées en les enduisant de vaseline une fois qu'elles sont bien sèches. Laissez agir toute une nuit et cirez-les le lendemain.

Enfoncez une vis plus facilement en l'enduisant auparavant de vaseline. Elle sera aussi plus facile à dévisser et ne rouillera pas. La vaseline est antirouille.

Évitez que les vis et les écrous et autres boulons ne rouillent ensemble en mettant un peu de vaseline sur les 2 parties avant de les visser ensemble. Vous les dévisserez sans problème au moment voulu.

Protégez les gonds des portes et des fenêtres avant de faire des travaux de peinture avec un peu de vaseline.

Mettez fin aux horripilants grincements des portes en lubrifiant les gonds avec de la vaseline, pratique parce qu'elle ne coule pas, sur un Coton-Tige®. Soulevez la porte ou la fenêtre pour dégager les gonds et frottez-les entièrement avec de la vaseline.

Enduisez de vaseline les serrures de la voiture en cas de gel.

Évitez la corrosion de la batterie et les problèmes de démarrage en enduisant les terminaux bien nettoyés avec de la vaseline.

Lubrifiez les roues des rollers et des skates en mettant de la vaseline autour des cylindres sur les roues.

Retirez une bague serrée à votre doigt en l'enduisant de vaseline.

VICKS VAPORUB®

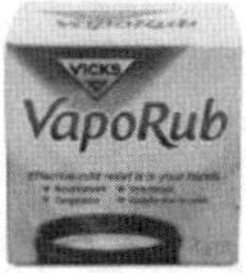

Terrassez les boutons d'acné en les tamponnant avec un peu de Vicks VapoRub®.

Évitez la formation de cloques et calmez la douleur d'une brûlure en la recouvrant immédiatement de Vicks VapoRub®.

Massez vos cals avec du Vicks® et recouvrez d'un sparadrap. Renouvelez l'opération pendant plusieurs jours.

Régénérez des pieds fatigués en les massant ainsi que les chevilles, avec du Vicks® au coucher. Mettez une paire de chaussettes en coton pour la nuit et le lendemain matin vos pieds seront "rénovés" et hydratés.

Attaquez une mycose de l'ongle ou onychomycose en appliquant du Vicks VapoRub® sur l'ongle et sous l'ongle 2 fois par jour aussi longtemps que nécessaire. Recouvrez d'un sparadrap.

Le Vicks VapoRub® est un **répulsif qui éloigne la plupart des insectes, y compris les moustiques** qui détestent l'odeur d'eucalyptus.

Calmez les piqûres d'insectes avec du Vicks VapoRub®.

VINAIGRE D'ALCOOL

Santé

Soulagez un bleu ou une bosse avec une compresse de vinaigre. Évitez de faire couler du vinaigre dans l'œil si le bleu ou la bosse est près de l'œil.

Empêchez votre doigt qui a reçu un coup de marteau, ou coincé dans une porte, d'enfler et de devenir bleu en le trempant dans un verre de vinaigre.

Évitez de vous faire piquer par les moustiques en vous passant un peu de vinaigre sur la peau.

Hygiène & beauté

Prolongez la vie de votre vernis à ongles en passant du vinaigre sur vos ongles avant de poser le vernis.

Nettoyez les verres de vos lunettes avec du vinaigre.

Maison

Nettoyez votre lave-vaisselle en remplaçant le produit de lavage par 1 tasse de vinaigre pour un cycle de lavage complet à vide une fois par mois.

Votre lave-vaisselle sera toujours bien propre si vous ajoutez 1 tasse de vinaigre dans le compartiment du liquide de rinçage à chaque lavage.

Optimisez votre produit pour lave-vaisselle – vous pouvez prendre le moins cher – avec quelques cuillers à soupe de vinaigre.

En panne de produit de rinçage pour le lave-vaisselle ? Remplacez-le par du vinaigre.

Lavez des plats encrassés par de la nourriture qui s'accroche avec 1 cuiller à soupe de vinaigre ajoutée à l'eau de vaisselle.

Décollez de la nourriture brûlée au fond d'une cocotte, d'une casserole, d'une poêle ou d'un plat en recouvrant le fond du récipient avec du vinaigre. Faites bouillir, laissez refroidir et retirez sans effort les restes décollés.

Nettoyez un plat que vous ne pouvez poser sur le feu en faisant bouillir du vinaigre additionné de sel que vous verserez dans le plat. Attendez une heure ou deux. Les reliefs brûlés collés ne vous résisteront plus.

Détartrez vos casseroles et cocottes en les remplissant de vinaigre. Laissez agir pendant la nuit et rincez.

Enlevez les traces tenaces de thé et de café sur vos tasses et vos chopes en les remplissant avec un mélange d'eau et de vinaigre ou en les frottant avec une pâte de bicarbonate ou de sel et de vinaigre.

Faites scintiller les verres et les couverts en ajoutant 1 cuiller à soupe de sel et de vinaigre à l'eau de vaisselle.

Attaquez les taches tenaces sur le verre, l'aluminium ou la porcelaine en faisant bouillir les objets tachés dans un mélange d'eau et de vinaigre, avant de les laver comme d'habitude.

Détartrez votre bouilloire, vidée de son eau, en la remplissant de vinaigre. Laissez agir pendant la nuit, videz le vinaigre et remplissez la bouilloire d'eau. Faites bouillir et jetez l'eau avant de vous faire un petit thé.

Effacez les taches d'eau sur l'acier inoxydable avec du vinaigre.

Supprimez les petites taches noires qui piquent votre argenterie en plongeant celle-ci dans un bain de vinaigre chaud pendant 15 minutes.

Éliminez le vert de gris en brossant vos bronzes avec une brosse à dents trempée dans du vinaigre additionné de sel fondu.

Décrassez vos chromes avec un chiffon imbibé de vinaigre, frottez puis essuyez avec un chiffon propre.

Décapez des cuivres très oxydés, tachés de vert de gris, en les plongeant dans du vinaigre d'alcool bouillant additionné d'une poignée de sel marin. Laissez agir et rincez soigneusement.

Nettoyez le laiton avec une solution d'une mesure de vinaigre pour 10 mesures d'eau.

Faites étinceler le laiton avec une peau de chamois trempée dans du vinaigre. Astiquez-le une fois par semaine.

Lavez la baignoire ou le carrelage avec du vinaigre, puis trempez l'éponge dans le bicarbonate et frottez.

Nettoyez les montants des fenêtres et des portes en aluminium ou en plastique avec du vinaigre.

Enlevez les traces de calcaire et de savon sur la porte de douche en la vaporisant avec du vinaigre. Laissez agir 15 minutes, puis frottez avec du bicarbonate. Rincez et séchez avec un chiffon en microfibres.

Détartrez un pommeau de douche entartré en le faisant tremper dans un récipient rempli de vinaigre.

Si le pommeau est fixé au mur, mettez du vinaigre dans un sac en plastique et fixez-le au pommeau avec un élastique ou une ficelle. Laissez agir pendant la nuit. Le lendemain, le calcaire aura disparu.
Astiquez les robinets avec du vinaigre pur.

Faites briller les vitres en ajoutant du vinaigre dans votre eau de lavage.

Nettoyez les portes en verre de la cheminée avec du vinaigre sur du papier journal ou avec une pâte de bicarbonate et de vinaigre.

Frottez les poutres apparentes de la maison avec un chiffon trempé dans du vinaigre avant de les cirer.

Nettoyez les parquets et boiseries avec une demi-tasse de vinaigre et une demi-tasse de bicarbonate dilués dans 1 seau d'eau chaude.

Lavez un parquet ciré avec de l'eau froide et un peu de vinaigre. L'eau froide n'enlèvera pas la cire, le vinaigre supprimera la saleté, et le parquet conservera son éclat initial.

Faites briller votre parquet avec un mélange moitié vinaigre et moitié huile d'olive que vous appliquerez avec un torchon plié en quatre et fixé sur votre balai. Ça donnera une jolie couleur à votre parquet sans le rendre glissant.

Nettoyez un parquet peint avec 1 tasse de vinaigre dans 4 litres d'eau chaude. S'il reste des taches, frottez-les avec un peu de bicarbonate.

Lavez les linos non cirés avec une solution de vinaigre et d'eau. Comptez une demi-tasse de vinaigre pour un demi-seau d'eau.

Lessivez les sols en brique ou en pierre avec 1 verre de vinaigre dilué dans un demi-seau d'eau. Rincez à l'eau claire.

Faites disparaître les traces de ciment sur la pierre ou le carrelage en les brossant avec du vinaigre bouillant.

Lavez le carrelage avec une demi-tasse de vinaigre dans un demi-seau d'eau. Rincez-le avec de l'eau gazeuse pour le faire étinceler.

Nettoyez l'acajou avec un mélange en quantités égales de vinaigre et d'eau chaude. Trempez un chiffon dans l'eau vinaigrée, passez-le sur le meuble et faites briller avec une peau de chamois.

Lavez le bois verni avec un chiffon qui ne peluche pas trempé dans 1 litre d'eau tiède additionnée d'1 cuiller à soupe de vinaigre. Polissez avec un chiffon doux. Le vinaigre est trop dilué pour endommager le vernis.

Empêchez le chat de se faire les griffes sur un meuble en vaporisant du vinaigre sur les parties du meuble qu'il attaque habituellement.

Traitez une tache de graisse sur un meuble en la frottant avec du vinaigre pur. Terminez avec du vinaigre dilué avec de l'eau. Rincez et laissez sécher.

Astiquez votre table en verre ou en plexiglas sans effort avec un mélange d'eau et de vinaigre.

Éliminez les mauvaises odeurs ou les odeurs de nourriture dans la cuisine en faisant frémir une casserole de vinaigre. Il ne doit jamais bouillir.
Ou mettez un bol rempli de vinaigre dans la pièce. Évidemment ça va sentir le vinaigre, mais une fois que les mauvaises odeurs seront absorbées, vous parfumerez la pièce.

Supprimez l'odeur de la fumée après un feu de friteuse en ouvrant toutes les fenêtres et en faisant bouillir 1 casserole d'eau avec 1 tasse de vinaigre dans la cuisine.
Mettez des tranches de pain, de préférence de pain de mie, généreusement aspergées de vinaigre, aux quatre coins de toutes les pièces **pour absorber l'odeur de fumée.**

Désodorisez des vêtements propres mais qui empestent la fumée en les suspendant toute une nuit au-dessus d'une baignoire remplie d'eau très chaude et additionnée d'1 tasse de vinaigre.

Nettoyez votre réfrigérateur et votre congélateur avec un mélange d'eau et de vinaigre.

Nettoyez votre lave-linge une fois par mois avec 1 litre de vinaigre blanc. Faites un cycle complet de lavage à vide. Ça débouchera aussi tous les tuyaux.

Remplacez le produit assouplissant qui encrasse la machine par 1 tasse de vinaigre qui, en prime, est antistatique. Fini les bouloches !

Adoucissez le coton, les tenues de bébé et les couvertures de laine en ajoutant 2 tasses de vinaigre au cycle de rinçage. Ou en trempant les vêtements dans du vinaigre pendant 10 minutes avant de les laver.
Ou dans de l'eau additionnée d'une demi-tasse de sel et d'une demi-tasse de vinaigre pendant 1 heure, avant de les mettre au lave-linge.

Ravivez les couleurs en ajoutant 1 tasse de vinaigre à votre lessive.

Enlevez les marques de transpiration sur les vêtements avec du vinaigre et de l'eau avant de les mettre au lave-linge.

Nettoyez les traces de colle avec du vinaigre après avoir fait un test pour vérifier que la couleur résiste au vinaigre.

Enlevez les traces de brûlures au fer sur un chemisier blanc avec de l'eau très vinaigrée, avant de le mettre au lave-linge.

Faites des plis de pantalons impeccables en les repassant avec une pattemouille imbibée d'un mélange moitié eau, moitié vinaigre. Rassurez-vous, l'odeur de vinaigre disparaitra totalement dans le quart d'heure qui suit.

Prolongez la vie de vos bas et de vos collants en les trempant pendant quelques heures dans l'eau froide vinaigrée, et en ajoutant du vinaigre à l'eau de rinçage de chaque lavage.

Enlevez la rouille sur les outils, les clous, les vis, écrous, boulons etc. en les mettant à tremper toute une nuit dans du vinaigre.

Débouchez votre fer à repasser en remplissant le réservoir à eau de vinaigre. Faites chauffer le fer. Une fois qu'il est chaud, appuyez sur le bouton vapeur 4 ou 5 fois. Toute la saleté accumulée va être expulsée. Videz le vinaigre et rincez soigneusement avec de l'eau.

Nettoyez un fer qui laisse des traces jaunâtres en frottant la semelle avec un chiffon trempé dans du vinaigre puis dans du sel fin. Essuyez avec un chiffon sec.

Nettoyez régulièrement le siphon de votre évier en versant 1 tasse de bicarbonate dans le trou d'évacuation, puis 1 tasse de vinaigre. Attendez 15 minutes avant de faire couler de l'eau très chaude.

Débouchez votre évier en versant 4 tasses de bicarbonate dans le trou d'évacuation, ajoutez un demi-litre de vinaigre blanc chaud. S'il n'y a pas de corps étranger solide dans la tuyauterie, ce traitement devrait suffire à déboucher l'évier.

Évitez d'avoir à gratter la glace sur votre pare-brise le matin en appliquant la veille au soir 1 mélange de 3/4 de vinaigre et 1/4 d'eau.

Enlevez facilement les vignettes collées sur le pare-brise en les imbibant de vinaigre chaud.

Ralentissez le processus de séchage du plâtre de réparation et de l'enduit de rebouchage en ajoutant du vinaigre à l'eau utilisée pour le préparer. Comptez une demi-cuiller à café par litre d'eau.

Jardin

Donnez une belle couleur bleue aux hortensias en les arrosant avec 2 tasses de vinaigre dilué dans 4 litres d'eau et mettez de l'ardoise pilée au pied des plants ou plantez de grands clous rouillés dans le sol en direction des racines.

Tuez les mauvaises herbes en les arrosant avec du vinaigre.

Testez l'alcalinité du sol en versant quelques gouttes de vinaigre sur une poignée de terre. Si le vinaigre fait des bulles, le sol est alcalin.

Éloignez les fourmis avec du vinaigre.

Détruisez une fourmilière en versant de l'eau dessus avant de la saupoudrer de bicarbonate. Attendez 30 minutes puis versez du vinaigre sur le bicarbonate.

Tuez les limaces en les vaporisant avec un mélange moitié vinaigre et moitié eau. Soumises à ce cruel traitement, les malheureuses meurent très rapidement.

Dans le jardin aussi, **éloignez les chats** en vaporisant du vinaigre sur les endroits qui leur sont interdits.

Éliminez les insectes et les résidus de pesticides dans la salade et les légumes en les lavant dans de l'eau vinaigrée.

Désodorisez vos mains qui sentent l'ail, l'oignon ou l'échalote en les frottant avec du vinaigre avant de les laver.

Enlevez de la colle sur le bois avec du vinaigre chaud.

Neutralisez le calcaire dans la terre des plantes vertes avec quelques gouttes de vinaigre.

Conservez les fleurs coupées plus longtemps en ajoutant 1 cuiller à café de vinaigre à l'eau du vase.

Augmentez l'acidité du sol pour les plantes qui en ont besoin, comme les azalées, les gardénias et les rhododendrons, en l'arrosant de temps en temps avec un mélange d'eau et de vinaigre. Comptez 1 tasse de vinaigre pour 4 litres d'eau.

Arrosez vos roses 1 fois par mois avec 2 cuillers à soupe de vinaigre dans 4 litres d'eau.

VINAIGRE DE CIDRE

Santé

Soulagez les aigreurs d'estomac avec 2 cuillers à café de vinaigre de cidre et 2 cuillers à café de miel dilués dans 1 verre d'eau à prendre avant les repas.

Prévenez les flatulences en ajoutant 1 cuiller à soupe de vinaigre de cidre à l'eau de cuisson des légumineuses.

Stoppez les prémices d'une crise d'asthme avec 1 cuiller à café de vinaigre de cidre.
Si vous avez du mal à respirer, trempez 2 bandes de tissu blanc imbibées de vinaigre et enroulez-les autour des poignets.

Prévenez les cals, cors et autres durillons avec des bains de pieds au moins 3 fois par semaine dans de l'eau additionnée de vinaigre, de cidre et de gros sel.

Éliminez un cor au pied avec un petit bout de tissu trempé dans du vinaigre de cidre que vous nouez autour de l'orteil atteint. Laissez en place pendant la nuit. Le vinaigre ramollit la peau dure. Renouvelez le traitement aussi longtemps que nécessaire pour faire disparaître le cor.

Traitez la constipation avec 2 cuillers à café de vinaigre de cidre dans 1 verre d'eau 2 fois par jour.

Chassez le blues lié à un manque de potassium avec 2 cuillers à café de vinaigre de cidre dans 1 verre d'eau 3 fois par jour.

Calmez les brûlures avec des compresses trempées dans un mélange de 2 tasses de vinaigre de cidre dans 2 tasses d'eau. Répétez aussi souvent que nécessaire pour maintenir la peau humide. Vous éviterez la pelade et les cloques disgracieuses.

Soulagez vos courbatures avec 3 bonnes tasses de vinaigre de cidre dans un bain très chaud.

Évitez les crampes en buvant matin et soir 1 verre d'eau chaude additionnée de 2 cuillers à café de vinaigre de cidre et d'1 cuiller à café de miel.

Évitez la déshydratation due à la diarrhée ou la chaleur en buvant 1 verre d'eau chaude additionnée de 2 cuillers à café de vinaigre de cidre et d'1 cuiller à café de miel.

Soulagez les maux d'une digestion difficile en buvant lentement 2 cuillers à soupe de vinaigre de cidre dilué dans 1 verre d'eau pendant le repas.

Calmez les démangeaisons de l'eczéma en ajoutant une bonne rasade de vinaigre de cidre dans votre bain ainsi qu'une petite rasade d'huile pour bébé.

Soulagez les démangeaisons de l'urticaire et toutes les autres en remplaçant le savon par 1 cuiller à café de vinaigre dans une demi-tasse d'eau.
Vous pouvez aussi ajouter 1 tasse de vinaigre à l'eau de votre bain.

Soignez les engelures en appliquant du vinaigre aussi chaud que possible additionné de sel sur les parties gelées. Vous pouvez aussi faire prendre un bain aux extrémités concernées dans un mélange de vinaigre, de sel et d'eau tiède. Terminez par un petit massage avec de l'huile d'olive.

Soulagez les entorses et les foulures en les recouvrant avec un linge trempé dans du vinaigre. Recouvrez ce linge avec du film alimentaire étirable et faites un bandage pour la nuit.

Calmez les douleurs provoquées par un excès d'acide urique, des articulations douloureuses, la goutte ou une tendinite dans un bain additionné de 2 tasses de vinaigre.

Complétez le traitement en buvant 2 cuillers à café de vinaigre de cidre et 2 cuillers à café de miel dans 1 verre d'eau à chaque repas.

Faites baisser votre tension en prenant, entre autres, 2 cuillers à soupe de vinaigre de cidre dans 1 verre d'eau.

Soulagez un mal de gorge en vous gargarisant plusieurs fois par jour avec 1 verre d'eau tiède additionnée d'1 cuiller à café de vinaigre. Puis avalez.

Évitez les otites ou autres infections douloureuses des oreilles en mettant quelques gouttes de vinaigre de cidre dans vos pavillons auditifs après la douche ou la piscine.

Donnez un grand coup de frais à vos pieds en les massant vigoureusement avec du vinaigre.

Combattez la mauvaise haleine en buvant 1 cuiller à soupe de vinaigre de cidre dans 1 verre d'eau avant les repas.

Chassez le mal de tête en faisant des inhalations pendant 5 minutes au-dessus d'un bol d'eau très chaude additionnée d'une demi-tasse de vinaigre de cidre. Puis allongez-vous pendant 30 minutes. Le mal de tête devrait disparaître. Si ce n'est pas le cas, répétez la procédure.

Soignez le pied d'athlète avec des bains de pieds dans un mélange d'eau et de vinaigre de cidre durant 10 minutes, 2 fois par jour pendant 10 jours. Puis tamponnez la peau infectée avec du coton imbibé de vinaigre. Laissez sécher.

Attaquez une mycose de l'ongle ou onychomycose en trempant l'ongle atteint dans du vinaigre de cidre 2 fois par jour. Laissez sécher, mettez une dose de Vicks VapoRub® et recouvrez avec du sparadrap.

Soulagez les piqûres d'insectes et de méduse avec du vinaigre, chaud de préférence, pour calmer la douleur, désinfecter et faire désenfler l'épiderme malmené.

Calmez la brûlure des orties avec du vinaigre.

Modérez votre appétit en buvant 1 verre d'eau additionnée de 2 cuillers à café de vinaigre de cidre avant les repas. Si ça ne suffit pas, buvez un autre verre pendant le repas.

Soulagez les démangeaisons d'un psoriasis dans un bain froid additionné d'1 tasse de vinaigre.

Diminuez les pertes de sang des règles trop abondantes en buvant 2 cuillers à café de vinaigre de cidre dans 1 verre d'eau, 3 fois par jour avec les repas.

Soignez le rhume ou un coup de froid en ajoutant à votre pharmacopée une potion préparée avec une demi-tasse de vinaigre et une demi-tasse de miel. Prenez-en 1 cuiller à soupe 6 fois par jour.

Stoppez les saignements de nez en mettant un petit bout de coton imbibé de vinaigre dans la narine, et buvez 2 cuillers à café de vinaigre dans un verre d'eau chaude.
A titre préventif, les enfants comme les adultes qui saignent souvent du nez devraient boire cette mixture 3 fois par jour, tous les jours.

Soignez une sinusite avec de la vapeur de vinaigre. Mettez 2 verres de vinaigre de cidre dans une petite casserole et faites chauffer juste assez pour qu'il y ait de la vapeur sans pour autant vous brûler le nez. Répétez aussi souvent que nécessaire. Ajoutez à ce traitement 1 cuiller à café de vinaigre dans un verre d'eau à boire au moment des repas.

Calmez une tendinite au pied avec des bains de pieds dans du vinaigre de cidre chaud 2 fois par jour.

Éradiquez une toux sèche dès les premiers picotements dans la gorge en buvant 1 verre d'eau avec 2 cuillers à café de vinaigre de cidre.

Soulagez une laryngite en buvant 1 cuiller à café de vinaigre de cidre dans un demi-verre d'eau toutes les heures pendant 7 heures.

Éliminez une verrue en la recouvrant d'un coton trempé dans du vinaigre de cidre maintenu en place par du sparadrap. Si la verrue vous lance, c'est que le vinaigre l'attaque. Les résultats sont rapides.

Stoppez les vomissements en prenant 1 cuiller à café de vinaigre de cidre non dilué toutes les 2 heures jusqu'à disparition des vomissements.

Soulagez les feux du zona en buvant 1 verre d'eau additionnée de 2 cuillers à café de vinaigre 3 fois par jour pendant les crises. Tamponnez les lésions avec 1 cuiller à café de vinaigre diluée dans un verre d'eau.
Ou prenez un bain additionné de 2 tasses de vinaigre.

Hygiène & beauté

Neutralisez l'eau calcaire en ajoutant 1 tasse de vinaigre de cidre à l'eau de votre bain.

Remplacez le déodorant avec un coton trempé dans un mélange moitié eau, moitié vinaigre pour en tamponner généreusement vos aisselles. Ne vous inquiétez pas, l'odeur du vinaigre disparaît rapidement.

Contrôlez l'odeur de pieds à problèmes avec un bain de pieds tous les soirs dans de l'eau chaude additionnée d'1/3 de tasse de vinaigre.

Déridez des mains fripées par un séjour prolongé dans l'eau en les massant avec du vinaigre.

Enlevez les résidus de gel ou de laque dans vos cheveux et restaurez le pH de votre cuir chevelu en ajoutant 1 cuiller à soupe de vinaigre de cidre à votre bouteille de shampooing habituel. Secouez bien pour mélanger.

Jardin

Éradiquez l'oïdium, le mildiou, la tavelure, la rouille et la fonte des semis en vaporisant les plantes infectées le matin avec 3 cuillers à soupe de vinaigre de cidre dilué dans 4 litres d'eau. Ce remède marche bien également pour traiter la tache noire de la rose causée par le champignon *Diplocarpon rosae*, la maladie des roses de jardin la plus répandue au monde.

Revitalisez une plante qui dépérit en l'arrosant avec 1 cuiller à soupe de vinaigre de cidre dilué dans 1 litre d'eau. Faites profiter toutes vos plantes de ce mélange.

VODKA

Santé

Désinfectez et anesthésiez une ampoule ouverte avec de la vodka.

Donnez un grand coup de frais à vos pieds en les massant avec de la vodka.

Désinfectez les coupures et les blessures avec de la vodka si vous n'avez rien d'autre sous la main. Ça brûle mais c'est efficace pour prévenir les infections et accélérer la guérison.

Désinfectez un furoncle qui se vide en lavant soigneusement la plaie avec de la vodka si vous n'avez rien d'autre.

Retirez un sparadrap sans douleur en le mouillant avec de la vodka.

Fabriquez votre lotion pour la goutte et les rhumatismes en remplissant un grand bocal en verre avec de la lavande fraîche recouverte de vodka. Fermez le bocal et mettez-le au soleil pendant 3 jours. Filtrez le liquide et frictionnez là ou vous avez mal avec cette préparation.

Lotionnez un bouton d'herpès avec de la vodka pour le dessécher.

Séchez des mains moites en les frottant avec un peu de vodka.

Soulagez un mal de gorge en vous gargarisant avec de la vodka et du miel dans un peu d'eau chaude. Avalez ou pas en fonction de ce que voulez anesthésier : uniquement la gorge ou la gorge et son propriétaire.

Anesthésiez temporairement les maux de dents après une extraction en faisant des bains de bouche à la vodka.

Préparez un bain de bouche puissant en versant 2 cuillers à soupe de cannelle et 1 tasse de vodka dans 1 bocal hermétique. Fermez-le bien et secouez-le vigoureusement 2 fois par jour pendant 2 semaines. Filtrez le liquide et voilà. En cas d'urgence, ajoutez 1 cuiller à soupe de cette mixture à 1 verre d'eau chaude et rincez-vous la bouche.

Après la piscine, mettez quelques gouttes de vodka **dans vos oreilles pour faire évaporer l'eau qui s'y trouve et les désinfecter**.

Calmez la douleur, désinfectez et faites désenfler un épiderme malmené par les piqûres d'insectes avec de la vodka.

Remplissez un vaporisateur avec de la vodka pour attaquer les guêpes et les abeilles.

Neutralisez les piqûres de méduse, en attendant le médecin, en les tamponnant avec de la vodka.

Hygiène & beauté

Vous êtes en panne de déodorant ? Si vous n'avez rien d'autre dans vos placards, un peu de vodka sous les bras fera très bien l'affaire.

Traitez des pieds malodorants en les lavant discrètement avec de la vodka.

En panne de lotion tonique pour la peau ? Imbibez un morceau de coton avec de la vodka pour éliminer les résidus de démaquillant et resserrer les pores.

Préparez une lotion tonique anti-rides en mélangeant 2 cuillers à soupe de vodka, 1 cuiller à soupe de grains de fenouil et 2 cuillers à café de miel. Mélangez bien. Laissez reposer pendant 3 jours. Filtrez, ajoutez 2 cuillers à soupe d'eau minérale.

Nettoyez les verres de vos lunettes avec de la vodka.

Prolongez la vie des lames en mettant votre rasoir à tremper dans de la vodka.

Maison

Nettoyez les montants des fenêtres et des portes en aluminium, acier ou en plastique, avec une éponge mouillée trempée dans de la vodka, si vous n'avez rien d'autre sous la main ou si elle est imbuvable.

Astiquez les robinets avec de la vodka.

Effacez les taches d'eau sur l'acier inoxydable avec de la vodka.

Décrassez vos chromes avec un chiffon imbibé de vodka.

Nettoyez des carreaux très sales avec de la vodka.

Faites disparaître les traces de laque à cheveux sur le miroir ou le carrelage de la salle de bain avec de la vodka. Puis faites-les briller avec un chiffon en microfibres ou du papier journal. Astiquez votre table en verre ou en plexiglas sans effort avec de la vodka.

Nettoyez le cuir avec un quart de tasse de vodka, un quart de tasse de vinaigre et quelques gouttes d'huile d'olive. Mettez dans un flacon et secouez vigoureusement avant chaque application. Versez sur un chiffon doux et frottez sur le cuir.

Nettoyez les écrans des téléviseurs et des ordinateurs, les claviers et les téléphones avec de la vodka si vous n'avez rien d'autre sous la main.

Fabriquez un lave-glace antigel en ajoutant 1 goutte de liquide vaisselle dans 1 petit verre de vodka.

Enlevez les traces de rouge à lèvres sur un vêtement en mettant du papier absorbant sous la tache et en la frottant avec un coton imbibé de vodka, avant de le passer au lave-linge.

Jardin

Exterminez les moucherons en lavant les plantes infestées avec de l'eau du robinet puis en tamponnant délicatement les feuilles avec un coton imbibé de vodka.

Traitez les taches d'herbe sur un tissu peu fragile en les frottant avec de la vodka.

Éradiquez les mauvaises herbes en les vaporisant avec un mélange de 3 cuillers à soupe de vodka dans 2 tasses d'eau.

Conservez vos fleurs coupées plus longtemps en ajoutant 1 cuiller à café de vodka à leur eau.

Conclusion

Ce livre a tenu ses promesses ? Vous avez apprécié les astuces et les trucs vous ont tenté ? Alors écrivez-nous pour nous le dire.
Et si vous avez, vous aussi, des recettes secrètes dont vous vous voulez nous faire profiter avec la bénédiction de feu votre tante Hortense, nous nous ferons un plaisir de les ajouter au livre lors du prochain tirage.

INDEX

– D –

Dépôt légal : mai 2010
IMPRIMÉ EN FRANCE

Achevé d'imprimer en décembre 2010
sur les presses de l'imprimerie EMD S.A.S.
53110 Lassay-les-Châteaux
N° d'imprimeur : n° 24329